● 诉讼法学文库 2011（8）

总主编　樊崇义

刑事诉权研究

RESEARCH ON THE CRIMINAL RIGHT OF ACTION

陶　杨　著

中国人民公安大学出版社

·北 京·

图书在版编目（CIP）数据

刑事诉权研究/陶杨著. —北京：中国人民公安大学出版社，2011.8
（诉讼法学文库/樊崇义主编）
ISBN 978 - 7 - 5653 - 0512 - 2
Ⅰ.①刑… Ⅱ.①陶… Ⅲ.①刑事诉讼—权利—研究 Ⅳ.①D915.304
中国版本图书馆 CIP 数据核字（2011）第 143078 号

诉讼法学文库

刑事诉权研究

陶 杨 著

出版发行：中国人民公安大学出版社
地　　址：北京市西城区木樨地南里
邮政编码：100038
经　　销：新华书店
印　　刷：北京泰锐印刷有限责任公司

版　　次：2011 年 8 月第 1 版
印　　次：2011 年 8 月第 1 次
印　　张：13.5
开　　本：787 毫米×1092 毫米　1/16
字　　数：250 千字

书　　号：ISBN 978 - 7 - 5653 - 0512 - 2
定　　价：38.00 元

网　　址：www.cppsup.com.cn　www.porclub.com.cn
电子邮箱：zbs@cppsup.com　zbs@cppsu.edu.cn

营销中心电话：010 - 83903254
读者服务部电话（门市）：010 - 83903257
警官读者俱乐部电话（网购、邮购）：010 - 83903253
法律图书分社电话：010 - 83905745

"诉讼法学文库" 总序

诉讼法制是现代法治的重要内容和标志之一，也是依法治国的重要保障。我国法制建设的历程已经证明，诉讼制度是否健全与完善，直接决定着实体法律的实际效力：没有相应的诉讼制度作为依托，实体权利只能是"镜中花、水中月"；没有完善的诉讼制度予以保障，实体法律将无法如其所愿地实现其追求的立法目的。更为重要的是，诉讼法制的完善程度如何，还直接反映和体现着一个国家、一个民族进步、文明、民主和法治的程度，是区分进步与落后、民主与专制、法治与人治、文明与野蛮的标志。在现代法治国家，诉讼制度作为法治的一个重要环节，受到前所未有的重视。美国联邦最高法院法官威廉·道格拉斯曾谈道，"权利法案的大多数规定都是程序性条款，这一事实绝不是无意义的。正是程序决定了法治与恣意的人治之间的基本区别"。①

我国 1999 年宪法修正案正式确立了"依法治国，建设社会主义法治国家"的治国方略，为推进我国社会主义民主、法制建设，完善我国司法体制，提出了新的纲领和目标。而社会主义市场经济的初步发展则培育了公众的权利观念，并由此对司法公正提出了更高的要求。在此大背景下，通过增设新的诉讼制度以充实公民实体权利的实现途径，通过完善现行诉讼制度以保障实体法律的公正实施，从而推进依法治国，加快社会主义民主与法制建设的步伐，已经成为我国法治建设的关键所在。

诉讼制度的构建，与人们对诉讼原理的认识和把握有着密切的关系。诉讼原理是人类在长期的诉讼实践中，在大量经验教训的基础上总结出来的对有关诉讼活动的规律性认识。诉讼原理在诉讼制度的构建及运作中发挥着高屋建瓴的作用。只有正确认识和准确把握诉讼原理，才能构建较为完善的诉讼制度，才能推动诉讼活动向良性运作的状态发展。我国在改革与完善诉讼法律制度时，对于人类经过长期理论与实践探索获得的原理性认识，不能不予以重视，也不能不认真加以借鉴、吸收。

我国诉讼的立法和实践曾十分严重地受到"左"倾思潮和法律虚无主义的影响，诉讼规律和诉讼原理被长期忽视和冷落。由此造成的后果之一：司法机

---

① 转引自季卫东：《法律程序的意义》，载《比较法研究》总第 25 期。

关和诉讼制度的功能被狭隘化。例如，刑事司法机关和刑事诉讼法律仅仅被视为镇压敌人、惩罚犯罪并通过镇压敌人、惩罚犯罪来维护社会秩序的功能单一的工具，忽视了司法机关和诉讼法制度所具有的制约国家权力使之不被滥用和保护包括犯罪嫌疑人、被告人在内的公民基本人权的作用，忽视了刑事诉讼所具有的独立品格和价值。对诉讼原理、诉讼规律认识的片面和浅陋，已经严重地制约了我国诉讼法制发展的步伐，而且直接对公正、文明地进行诉讼活动产生了非常消极的影响。要扭转这一局面，必须在宏观法律观念上作一个大的转变，同时大力借鉴、吸收法治发达国家丰富的研究成果和宝贵的实践经验，加强对诉讼原理、诉讼规律的研究。

对诉讼原理的正确认识是诉讼立法科学化的前提条件。正确把握诉讼原理，可以帮助我们全面地认识司法机关的功能，并对各种不同的诉讼模式及规则进行正确的取舍，从而在一定的诉讼原理的指导下构建更为科学和更适合"本土资源"的诉讼模式及规则。由此制定的法律，将具有更强的民主性、文明性和科学性。反之，如果不能正确把握诉讼原理，对于存在内在价值冲突的各种可供选择的立法方案就可能难以作出正确的选择，立法活动就可能要多走许多弯路，甚至要付出沉重的代价。

对诉讼原理的正确认识对于司法活动同样具有重要的积极价值。对诉讼原理的正确把握可以在一定程度上弥补立法的不足。法律永远是抽象的。要将抽象的法律适用于具体的案件，就必须有科学的观念作为指导。对基本诉讼原理的正确认识，将有利于指导人们对司法活动中必然存在的种种法律适用问题作出科学的解释，从而使法律文本本身存在的不足得到补救。在现代社会，由于法律的稳定性与现实生活千变万化之间的落差只能通过赋予司法人员自由裁量权的途径予以调和，所以对基本诉讼原理的认识，还直接决定着司法人员在行使法律赋予的自由裁量权时，能否作出符合公正标准的决定或者裁判。

要贯彻"依法治国，建设社会主义法治国家"的治国方略，保障诉讼活动的公正进行，就必须认真研究诉讼原理，把握诉讼规律。当前，我国已有不少学者开始探索一些诉讼原理性的问题，如诉讼法律观、诉讼法哲学、诉讼目的、诉讼职能、诉讼价值、诉讼法律关系等，并已取得了一定的研究成果，这有力地推动了人们法律观念的变化，并对立法和司法活动发挥着积极的影响作用。但总的来看，我国诉讼法学界对诉讼原理问题的研究距离立法、司法实践的需求还有很大差距，还需要继续深入。尤其是现有的研究成果一般只是就诉讼的某一方面进行探讨，缺乏对一般性诉讼原理的全面和系统的探讨。因此，随着我国法治进程的推进，探讨一般性诉讼原理已经成为我国诉讼法学界必须研究的课题。

　　为吸引更多的诉讼法学者致力于诉讼原理的研究，同时也为了能够促使诉讼原理研究及时对立法、司法、学理研究等多个领域产生积极的影响，并对司法实践工作有所帮助，中国政法大学诉讼法学研究中心特意组织力量进行此项题为"诉讼法学文库"的大型丛书的编辑出版工作。"诉讼法学文库"是中心的一项长期出版项目，面向国内外专家、学者开放，凡以诉讼原理、诉讼规律为内容且有新意、有深度、有分量的专著、译著，以及对公安、司法工作有指导意义，对立法工作有参考价值的其他诉讼法学著作均可入选。

　　"诉讼法学文库"自 2001 年面世以来，得到了诉讼法学界专家、学者、实务工作者的热情支持，现已出版发行专著 60 多部，这些成果深受广大读者的青睐，已有多部著作获省部级以上的奖励，在这里特向广大读者和作者致以诚挚的谢意！由于编辑工作的需要，该文库从 2006 年起，每年以入选先后另行排序。特此说明。

中国政法大学诉讼法学研究中心名誉主任

樊崇义

2007 年元月于北京

序

　　近些年来，随着理论研究的深入，通过引进国外的一些理论，如刑事诉讼目的论、刑事诉讼行为论、刑事诉讼客体论等，刑事诉讼法学基础理论体系的框架已经初步成型，并且值得欣慰的是刑事诉讼法学界这些对基础理论的研究已经能够在一定程度上反映刑事司法实践的需求，同时也对刑事司法立法与实践起着重要的指导作用。此外，出于对刑事司法人权保障的关注，刑事诉讼法学似乎成了法学学科中的显学。这些因素都促使刑事诉讼的理论研究呈现出一派欣欣向荣的局面。然而，在繁荣的表面下，我也有一丝隐忧：刑事诉讼的理论研究仍然未能超越传统的研究范围，许多研究工作不过是在进行重复性的劳动，并且初步成型的理论框架也还未能站稳脚跟。如何拓展刑事诉讼法学的研究视野，进一步完善和深入刑事诉讼基础理论体系是一个摆在我们面前亟待解决的问题。

　　面前的这部《刑事诉权研究》让我有了一丝欣喜。在这本书中陶杨博士走出了刑事诉讼法学的领域，触及一个以前并未为刑事诉讼法学者们所关注的理论——诉权理论。诉权在传统上是民事诉讼法学界的研究内容，近些年来扩展到了行政诉讼法学与刑事诉讼法学的研究中。但是相对于已趋于成熟的民事诉权理论而言，刑事诉权的研究还显得非常稚嫩。同时基于传统意义上诉权理论的深奥与晦涩，不仅许多民事诉讼法学者将其视为一块难啃的骨头，避之不及，由于在传统的理论体系中欠缺对其的研究，刑事诉讼法学者更是敬而远之。陶杨博士敢于探索，选择以刑事诉权为主题进行研究，系统介绍了刑事诉权的基础性理论与相关制度问题，体现了其在学术上的创新精神，对于进一步繁荣刑事诉讼法学研究来说也是一种十分有益的尝试。

　　本书从介绍诉权理论开始写起，接着重点对诉权理论在刑事诉讼中的导入进行了分析论证，进而在此基础上构建出了刑事诉权理论的基本框架，并借用刑事诉权理论对具体制度进行了分析。在写作上虽然是借鉴民事诉权理论，在民事诉权理论的基础上来构建刑事诉权理论体系，但是却又并非完全依照传统诉权理论的分析模式，而是考虑到了刑事诉讼制度与民事诉讼制度的差异，真正融入了对刑事诉讼本身特点的认识，因此并未出现依葫芦画瓢的局面，这一点是难能可贵的。

此外，本书最大的亮点在于，参照之前民事诉权理论的研究成果，刑事诉权理论也应当属于一个纯理论的话题，但作者却并未将视野局限在纯理论的思辨上，而是结合了刑事诉讼中的一些具体制度进行论证与阐述，这样就使本身显得空洞和乏味的理论问题变得具体而生动。这些论证使原来一些刑事诉讼法学界所为之苦恼，曾经激烈争论过却没有定论的问题有了新的观察视角，还有一些则是一些近年来新提出或者借鉴的制度，作者也从刑事诉权理论的角度给予了深入的分析，从其分析中我们能看到新的思维方式及新的研究方法，其研究不但跳出了传统的诉权理论的圈子，也不再囿于刑事诉讼的传统视阈，而是更强调两者的融合，这为现在的刑事诉讼法学界的研究增添了新鲜的血液与新的活力。

陶杨是我指导的2005级诉讼法学专业博士，已于2008年在中国人民大学法学院获得法学博士学位。在博士研究生就读期间，他博览群书，刻苦勤奋，学习成绩优异，发表了不少富有见地的学术论文。对于本书的主题而言，他在一入校时就已向我提出，希望将刑事诉权作为博士论文的选题，我当时虽为其能否把握好这一题目有所担忧，但为其勇气所感动而表示了应允。的确，最后他所提交给我审阅的博士论文也没有让我失望。本书是在其同名博士学位论文的基础上修订而成，虽然框架结构没有大的变化，但在博士毕业后历时两年的修订过程中，他增加了许多对热点问题的诉权理论分析，并对原文的表述进行了字斟句酌的修改，最后才能有这本呈现在读者面前的书。本书的写作过程中凝聚了作者大量的心血，应当说是对其博士阶段的一个交代，同时也是其两年工作的小结。当然，由于刑事诉权理论尚不成熟，还有许多值得深入探讨的问题本书未能涉及，也有个别地方的论证还不够严谨，但瑕不掩瑜，本书总体上是一篇优秀的学术著作。作为其导师同时也是本书的第一读者，我欣然向广大读者推荐此书，并希望陶杨在今后的工作中能再接再厉，学问更上一层楼。

程荣斌
2010年6月2日于万柳新纪元家园

目　　录

律的信仰和尊重，构成对法治现代化建设的潜在威胁。公众在权利受到侵犯，社会发生矛盾后就可能不再求助于法律和司法程序而是求诸政治化的表达，最终造成法制的虚无化，导致社会陷入进一步的无序与混乱。如何来避免人类社会陷入这一个怪圈之中，即便有法律，却又迈不进法律之门？笔者相信，这一问题也是困扰着现代社会法制建设的一个难题。

社会学理论认为，人类社会存在即有纠纷相伴随，纠纷又往往与利益及权利相关联，涉及利益的安排。如果社会不能及时有序地解决纠纷就可能导致社会解体和倒退，如果纠纷能够公正解决则使积压的不满情绪及时释放，就能对社会起到"减压阀"的作用。这样纠纷解决机制的产生就具有了迫切性。从宏观历史上看，人类社会的纠纷解决机制是一个从非理性到理性，从野蛮到文明的过程，而法律层面的纠纷解决机制的发展趋势则是从私力救济占主导地位的模式转向以公力救济为主的法律纠纷解决机制。这里所谓的公力救济，主要是指以诉讼制度为主要表现形式的救济模式。在此种模式中，国家司法权力介入纠纷的解决，主要扮演了纠纷裁判者的角色。诉讼方式在出现不同主张之间冲突的时候，把它们转换成法律主张，并且在法庭听证之后以一种具有实际约束力的方式加以裁决，以实现法律秩序的社会整合功能和法律的合法性主张。① 诉讼制度这种纠纷解决功能主要是通过对权利的救济来实现的。"当应予以补救的伤害未予补救，这被人们视为没有完成司法（正义）。"② 诉权便可视作在纠纷和侵害发生后，对受侵害权益予以救济，完成司法正义的权利。纠纷双方当事人在纠纷发生后的权利主张主要就是通过诉权来表达的。上面所谈到的寓言中"守门人"的角色接近于诉讼法领域中的诉权，诉权控制着诉讼程序的启动与运行的整个过程，是诉讼程序中的核心概念，对于整个诉讼程序的架构也具有至关重要的作用。没有诉权就谈不上诉讼程序的启动，进而也谈上进入"法律之门"。可以说，没有诉权整个法律制度的框架就形同虚设，不过是一种虚幻的海市蜃楼。

"享有一项权利，就意味着享有一种正当的诉求，意味着可以有资格提出某种要求。"③ 宪法规定了公民享有一系列实体上的基本权利，但这些权利

① 参见［德］哈贝马斯：《在事实与规范之间：关于法律和民主法治国的商谈理论》，童世骏译，三联书店2003年版，第245页。
② ［美］理查德·A. 波斯纳：《法理学问题》，苏力译，中国政法大学出版社2002年版，第402页。
③ 夏勇：《人权概念的起源——权利的历史哲学》（修订版），中国政法大学出版社2001年版，第28页。

如果没有诉讼救济的保障便只会落于空谈。黑格尔也曾将权利分为人格权、物权和诉权三类，① 由此可观之诉权在权利体系中的重要性。诉权在纠纷与诉讼程序之间所扮演的角色就是将纠纷引向诉讼程序，并推动诉讼程序对纠纷的解决。"司法制度的巨大威力在于，它能使一项请求变成一条受保护的权利（装甲的权利）。据此，就使请求变成了人们自觉的意识。另外，将请求变成权利也使法院的最终判决罩上了正当性的外壳。更重要的是，将统治权力隐蔽在了法院判决的背后。"② 正是由于诉权把社会纠纷以及权利的治理纳入了正统化的司法轨道之中，法律成了现代社会治理的一种主要形式，"法律之门"也才真正地开启。

由此可见，诉权作为一项基础性权利，不仅仅对于实现与救济实体权利有保障作用，对整个权利体系的架构与实现均具有根本性的意义，因此，诉权有"现代法治社会中第一制度性人权"③ 之称。同时诉权在作为司法救济主要空间的诉讼程序中也具有重要的功能，是启动和推动诉讼程序进程的核心力量。然而诉权也是一种易受侵犯的权利。侵犯的力量主要来自于国家权力，尤其是裁判权。诉权的行使对象是裁判权，裁判权对于诉权的实现起着至关重要的作用。但同时，裁判权如果滥用也会构成对诉权的侵犯，可能会压制诉权行使的空间，或者使诉权的行使成为一种形式化的过程，不能真正影响到裁判的形成。此外，作为公共利益代表的公诉权由于渗透着国家强制力因素，也可能作为一种强大的权力，使原来的诉权平等性结构失衡，导致弱势的辩方诉权受到压制。因此，诉权的保障问题在现代法治社会已经成为当务之急。

当前中国正处于经济改革与社会转型的关键时期，在这样一个利益格局剧烈碰撞、调整的历史变迁过程中，一些社会矛盾开始凸显，在司法领域主要体现为各种法律纠纷数量的上升，如何解决这些法律纠纷，平息矛盾，成为当前中国法治社会进程中一个亟待解决的问题。将这些纠纷纳入司法的轨道之中，促进程序化解决可以说是一条毫无商量余地的路径。于是，诉权的重要作用也开始日益凸显。在刑事法领域，既有的研究往往过度注重刑事追诉目标的实现，即实现惩罚犯罪的目的，而忽视了刑事诉权的实现及其保障。在刑事司法制度及实践中，刑事诉权的命运多舛，不仅仅在诉权保障的制度

---

① 参见［德］黑格尔：《法哲学原理》，范扬、张企泰译，商务印书馆1961年版，第48页。

② ［日］小岛武司等：《司法制度的历史与未来》，汪祖兴译，法律出版社2000年版，第28页。

③ 参见莫纪宏：《诉权是第一制度性人权》，载《宪法研究》（第1卷），法律出版社2002年版。

上有所缺失，或者是制度导向有所偏差，而且在司法实践中，也屡屡出现了刑事诉权备受漠视，抑或受到压制和侵犯的事例，不仅对于案件的最终处理无益，在一些个案当中甚至于进一步扩大或者恶化了纠纷。

刑事诉权作为诉权在刑事诉讼程序中的类型化产物，对于刑事诉讼程序而言具有重大意义。在已经进行的刑事司法改革中，立法者与司法者也对诉权的保障有所关注，但这些改革却似乎并未达到如初所设想，许多关键性的问题也未能得到解决。面对制度与实践中刑事诉权的现实状况，应从理论上来全面地阐释和论证刑事诉权理论，以回应社会对于刑事诉权保障的迫切需求。

虽然当前刑事诉讼的理论研究已然呈现出"百花齐放、百家争鸣"的局面，但诉讼程序自身应用性和程式化的特性容易使这门学科的理论变得直观和浅俗，研究还有急功近利的心态，关注焦点过于单一和浅薄，疲于应对当下热点与难点问题，出现什么问题，就解决什么问题，没能从多方位和深层次来考虑问题，使刑事诉讼理论逐渐走向僵化。同时，许多问题如果沿袭传统的就制度论制度的研究方法，难以得出令人满意的结论。这样，理论上通过导入诉权理论来丰富刑事诉讼法学的研究对象，对这些问题进行解答实有必要。引进诉权理论，以刑事诉权理论来审视刑事诉讼中的原则和制度，从而促进诉权保障理念的形成，并以诉权研究为契机形成对当事人的其他诉讼权利的尊重，对于刑事诉讼法律制度及其运作机理都会产生重大的影响。

基于以上对刑事诉权重要性以及刑事诉讼理论体系完善的认识，笔者选取了刑事诉权问题作为研究的内容。

二、研究现状

诉权理论的研究具有重要意义，它对于更新诉讼理念，完善诉讼理论，促进司法文明，有着不容低估的意义。然而，从诉权研究的现状来看，遗憾的是当前诉权理论的研究基本上属于民事诉讼法学研究的专利，在其他诉讼法学研究中少有涉及。

我国理论界和实务界所谓的"诉权"一词是外来的专业术语，并非中国法上的固有概念。诉权作为一个概念产生于古罗马法，但作为一种理论体系却生成于德国。诉权理论最初仅仅限于民事诉讼领域的探讨，并且形成了多种理论学说。中国的诉权理论由国外传入，但是在很长一段时间内，由于过度注重学科之间的差异格局，诉权的理论研究也仅仅局限于民事诉讼领域。

但是近年来，随着社会中法律纠纷的不断增加，既有的民事诉权理论出现了无力回应当下社会权利保障需求，不能有效阐释一些新领域中涌现的权利救济问题的困境，迫切需要拓展其理论边界。另外，随着法学学科理论研究的热潮，诉讼法学的理论体系也逐步走向成熟，学科之间的交流也开始得到促进。打破民事诉讼领域对诉权理论研究的垄断，拓宽诉权理论研究的视阈已经成为当下中国法学者们刻不容缓的学术使命。基于此，诉讼法学各个学科之间的共性也重新纳入人们的视野之中，引发了学者们对诉权的重新审视。一些法理学、宪法学者开始将诉权纳入基本权利体系当中进行研究，将诉权作为诉讼制度架构的一个重要因素进行探讨。行政诉讼法学与刑事诉讼法学者也开始认识到了诉权的重要性，已经有了一些相关专著和论文对诉权理论进行研究。但是在刑事诉讼法学领域，诉权理论的研究有所滞后。这主要是由于我国在历史传统上奉行的是国家本位，在诉讼模式上奉行的是大陆法系的职权主义，诉讼中公民个人地位长期得不到应有重视，在理论研究上也对诉权理论有所忽视。

我国学者对刑事诉权的理论研究起步较早，在民国时期的刑事诉讼法教程当中已经出现诉权的概念，也对刑事诉权进行了初步的阐述。但之后很长一段时期的文献却少见对刑事诉权的研究，直到 20 世纪 90 年代才出现了一些刑事诉讼法学者对于刑事诉权的研究。但现有的刑事诉权研究状况仍然不容乐观，一方面从研究的数量来看，关注刑事诉权研究的学者屈指可数，侧面反映了刑事诉权研究还未真正引起刑事诉讼法学者的重视；另一方面从研究的质量来看，现有的研究也过于简单。从笔者手中所掌握的刑事诉权理论研究的素材来看，虽然学者们开始关注到诉权理论在刑事诉讼法学研究中的意义，但是他们的研究由于缺乏先前的理论基础，仅仅关注到了诉权理论引入刑事诉讼法学研究领域的意义，对于刑事诉权理论的具体内容也未能深入下去。而且现有的刑事诉权理论研究总体上仅仅限于对刑事诉权重要性和意义的探讨，并未涉及刑事诉权具体层面上的内容，显得较为空洞，更谈不上刑事诉权理论体系的建构。对于诉权理论的导入问题，大多数学者都是一种想当然的态度，没有深入其中，对于刑事诉权理论导入的合理性以及障碍进行深入的分析和论证，即使有部分学者进行了一些分析论证，也仍然还停留于表层，未能真正深入下去。因此，事实上，现有的刑事诉权理论架构的基础并不牢固，还未能改变刑事诉权研究的困窘局面。同时，即使有学者对刑事诉权有所展开，也往往是对民事诉权理论的一种简单套用，未能正视刑事诉权自身的特点，没有能够形成真正的刑事诉权自身的理论体系。

三、研究方法、思路及架构

"工欲善其事，必先利其器"，研究方法对于理论研究而言至关重要。从某种意义上来说，方法的选择在很大程度上能够决定研究的结论以及研究的整体效果。运用不同的研究方法，从不同的角度，对同一个问题可能会得出不同的结论。传统刑事诉讼法学的研究更多的是关注法条的诠释，在当代，学科之间的交融得到大步的推进，各个学科的研究出现了一种交叉的趋势，呈现出研究方法多元化的态势。而对于一个课题的研究而言，单一的研究方法已经很难适应这种趋势，大多是采用多元化与综合性的研究方法，这样才能真正地、多视角地解读理论与制度。基于此，本书在研究方法上力图超越以规范分析与介评为传统学术路径，从政治学、社会学、犯罪学等视角对刑事诉权理论展开论述，其间，又将注释式、对策式、思辨式以及比较分析等研究方法穿插结合起来，寓理论分析于制度分析之中。这样一种方法上的综合，从应然层面来看，能够起到互补，使结论更具有说服力，然而在实然层面上是否能够达到这一效果，还有待于读者的检验。

刑事诉权理论要得以存在并发展，就必须提出自己所研究的、不为刑事诉讼法学其他理论所完全包容的问题。同时这种研究也应当与刑事诉讼具体制度结合起来，并能用于引导司法实践，否则就会变成一门玄学，不具有现实意义。以此思路为研究的旨向，在文章的架构安排上也是一个需要慎重考虑的问题。

在本书的第一章中，笔者首先对诉权理论的形成进行了概要性的介绍。介绍的框架主要是围绕诉权概念的生成以及诉权理论的形成及发展而展开，对数个世纪的诉权理论发展史作了简略回顾。作为一个概念，诉权最早产生于罗马法当中，但是作为一种理论却在19世纪的德国才开始形成，并且历经了私法诉权说、公法诉权说、宪法诉权说、诉权否认说、多元诉权说等多个阶段，至今仍然有较大争议。诉权理论最早形成于民事诉权理论之中，并在其中发展，但近年来诉权理论的研究范围有所扩展，已经形成了广义上的诉权理论，延伸到了其他诉讼法领域之中。这可以说是刑事诉权产生的理论背景。在本章中，除了对诉权理论的研究状况有一个简明扼要的介绍以外，笔者还抽象出了民事诉权的特征与内涵，从而为界定广义诉权的内涵作了一个铺垫。这种介绍是十分有必要的，刑事诉权理论源自于民事诉权，同时也生成于广义诉权的理论背景之下，刑事诉权的内涵界定也不能完全脱离这两个背景，因此，文章的这个部分看似与刑事诉权关联性不大，但事实上却是刑事诉权理论导入的理论背景。

本书的第二章花了较大的篇幅对刑事诉权理论的导入问题进行了较为深入的分析，尤其是对于刑事诉权导入可行性的诠释。现有的刑事诉权研究往往忽视了这个方面的论证，因此，为了理论上的创新，笔者对于此问题进行了深入的思考，从诉权的语源、诉讼制度作为纠纷解决机制的本质、公诉与自诉两种程序中诉权的存在以及诉权的宪法化和国际化两种趋势这四个方面在理论上论证了刑事诉讼法领域中诉权理论导入的合理性。当然，论证过程并不能仅仅从积极因素来考虑刑事诉权存在的合理性，还需要从消极方面对阻碍刑事诉权理论导入的因素进行反驳，主要是通过对诉权的平等性、处分性以及审前程序中诉权三个可能的阻碍刑事诉权理论导入的顾虑出发，逐一进行反驳。通过积极与消极两个方面的论证，使刑事诉权存在的合理性问题基石更加牢固。在本章的最后，交代了费尽心思引入刑事诉权理论的缘由及意义。

在刑事诉权理论的导入可行性的质疑解决之后，本书在第三章转入了对刑事诉权内涵界定、特征以及功能的分析，这种分析主要还是一种对刑事诉权本体的研究。在界定刑事诉权内涵时，笔者运用词语结构的分析方法，从解构到重构，将诉权置于刑事诉讼程序之中，形成了兼具诉权本来含义，又具有刑事诉讼特征的刑事诉权的内涵。随后，从与民事诉权比较的角度，阐释了刑事诉权五个方面的独有特征。最后，笔者从启动和推动刑事司法程序、权利保障和权力实现、权力制约三个方面对刑事诉权的功能进行了概要的分析，进一步明确了刑事诉权的重要意义。

第四章中，笔者借鉴民事诉权的理论体系对刑事诉权的运作机理进行了探讨。这种探讨首先从当事人适格与诉的利益两个方面探讨了刑事诉权享有的前提要件。然后，从动态的角度考察了刑事诉权行使的方式及其条件两方面的问题，在刑事诉权行使的方式上主要是从公诉权与自诉权两个角度展开，而行使的条件则主要借鉴了诉讼条件学说，建构了刑事诉权行使条件的理论框架。刑事诉权的行使也是一个动态的过程，因此，笔者按照审前、审中和审后三个诉讼阶段对刑事诉权的行使过程进行了介绍，展示了刑事诉权的动态过程。同时，在展示动态过程的同时，刑事诉权的效力也随之展开。随后，笔者从理念、制度和实践三个层面具体阐述了刑事诉权保障的问题。最后，由于刑事诉权存在滥用的可能性，也需要进行规制，因而，在本章最后一部分以滥用诉权为核心对刑事诉权的规制问题展开了分析。

本书的最后一章，承接上一部分对刑事诉权的制度框架进行介绍之后，又从理论框架的角度展开了对刑事诉权理论的探讨。笔者主要从宏观与微观两个层面展开论述。宏观层面主要从刑事诉权理论与其他刑事诉讼基本理论之间的关系入手，阐释了刑事诉权理论在整个刑事诉讼理论体系中的地位及作用。而微观层面，笔者选取了八个刑事诉讼中有代表性的具体理论与制度问题，试着以刑事诉权理论的视角进行分析，从这种分析中，体现出刑事诉权作为一种理论分析框架的优势。

第一章　诉权理论的形成

"诉权"一词在诉讼法学界使用频率相当高，诉权理论在诉讼法中也并非一个新的研究领域，然而，诉权的含义却又相对模糊，在内涵与外延上呈现出一种相对混乱的状态。但是，这一词语在不同场合也可能出现完全不同的含义和功用，甚至于在一些场合发生了对"诉权"一词的误用，如将诉权的外延缩小，或者是将诉权等同于起诉权等。时至今日，也很难说在学界对诉权的内涵达成了一致性的意见。出现这种状况主要归因于诉权理论的艰深，有学者将之称为"哥德巴赫猜想"。但是作为一个诉讼法中的核心概念，对诉权研究的脚步也一直未有停歇，只是当前进展较为缓慢。同时，值得注意的是，诉权相关理论的探讨始于民事诉讼法学并且成为民事诉讼法学的核心理论，但在其他相关诉讼法学的理论中并不常见对其的探讨。鉴于本书写作的目的是要将民事诉讼领域中的诉权引入刑事诉讼法学的研究视野中，因此，十分有必要对诉权理论的来源及发展进行一定的梳理，以形成对诉权的正确理解。

第一节　民事诉权理论概述

诉权理论最初是在民事诉讼法学领域中萌生并发展起来的，就诉权内涵的探讨而言，也是以民事诉权为基础而展开的。要在刑事诉讼、行政诉讼领域研究诉权也不能脱离诉权最基本的内涵，因此考察民事诉权理论就十分必要。我们把握诉权及其理论的生成和演进路径，也将主要依赖于对民事诉权的研究。

一、民事诉权学说的形成及其演进

列宁曾指出："在社会科学问题上有一种最可靠的方法，它是真正养成正确分析这个问题的本领而不致淹没在一大堆细节或大量争执意见之中必需的，对于用科学眼光分析这个问题来说是最重要的，那就是不要忘记基本的历史联系，考察每个问题都要看某种现象在历史上是怎样产生的，在发展中经过了哪些主要阶段，并根据它的这种发展去考察这一事物现在是怎样的。"① 只有对诉权学说的来源和演变路径进行纵向梳理和考察，才能更好地对诉权的内涵和本质特征有深入的了解。

（一）诉权概念的生成及制度渊源

诉权概念最早出现于古罗马法 actio 之中，actio 一词既表示诉权，也表示诉和诉讼。罗马法学家杰尔苏为 actio 一词所下的定义为："诉讼不过是通过审判要求获得自己应得之物的权利"（actio nihil aliud est quam ius persequendi iudicio quod sibi debetur），这一定义特别赋予 actio 以权利的含义，因此，在许多情况下，将 actio 译为"诉权"更为准确。② 古罗马法时代，人们认为诉讼是提供给公民借以要求国家维护自己遭受漠视的权利的手段，而诉权所解决的也就是"可以进行诉讼的权利"。因为古罗马法中有这样一种理念：权利必须有诉权的保障，否则即形同虚设。因此古罗马人就认为，先有诉权而后才能谈到权利。虽然当时并未能形成诉权的理论体系，但"罗马的权利体系是一种诉权体系"③ 这一评价无可置疑。在罗马法时代，诉讼法与实体法合于一体，实体上的请求权与诉权也结合于一起，不存在没有诉权的实体权利，因而古罗马法时期的 actio 还意味着实体权利。与这种状况相适应的是古罗马法中的诉讼都是与具体的实体权利类型结合在一起，几乎所有的权利均表现为诉权，实体权利只有通过提起诉讼才能行使，不能脱离诉讼而独立存在。由此可见，在古罗马法时代，诉权在社会中占据了极其重要的地位。

（二）民事诉权理论的形成及演进

古罗马法中的诉权只是涉及了概念的生成，而诉权真正成为有初步体系的理论学说还是在德国对古罗马法的继受过程当中。德国法在对罗马法的继受过程中，诉权（actio）这一制度也随之传入，已经走向没落的古罗马时代的诉权体系在继受的基础上又开创了一个新的诉权体系。然而历史和时代已经变迁，社会生活也日益复杂，法律关系也相应变迁，古罗马时代的诉权逐渐与实体权利相分离，实体权利发展为请求权，诉权只剩下一个空壳。在这

① 《列宁全集》（第37卷），人民出版社1986年版，第61页。
② 参见黄风编：《罗马法词典》，法律出版社2002年版，第4页。
③ ［意］朱塞佩·格罗索：《罗马法史》，黄风译，中国政法大学出版社1994年版，第247页。

样的历史背景之下，对诉权的理论研究也开始进入人们的视野，而且逐渐形成有一定体系的理论学说。

一般认为较为系统的诉权理论学说肇始于19世纪前半叶德国法中，最早萌发于乌印特侠印道《罗马私法诉讼》一书的研究中。最早的诉权学说以探讨罗马法中 actio 的性质开始，认为诉权是以解决"因何可以提起诉讼"这一问题的需要而产生的。然而，诉权理论产生的更为深层的原因是诉讼法与实体法分离的制度现实和理论，对诉权的理论研讨基点最后都落于诉讼法与实体法的关系之上。诉权理论学说自产生后随着理论研究的深入和法律制度状况的变化主要经历了私法诉权说与公法诉权说两个理论发展阶段。

私法诉权说也称为实体诉权说，此说可谓诉权理论的起源。私法诉权说认为诉权是一种私权，只能向对方当事人提出请求，而非向法院提出的诉求，将诉讼法看做借助法院的力量实现实体法规定的权利的单纯技术持续而已，漠视了诉讼法的独立价值，扭曲了诉讼法与实体法的关系。此说盛行于公法观念及理论不甚发达而私法理论繁荣的时代，随着时代背景的变迁，这一学说由于其局限性注定会被公法诉权说所替代。

公法诉权说是在19世纪后半叶，随着强调国家有义务保护国民权利的自由主义法治国家观和公法理论的发达而发展起来的。在"法治国家观"的视野里，国家与个人是完全统一的，并非对立的两极，国家的使命就是要保护和实现个体权利。而随着诉讼制度的发达及其功能的强大，诉讼被人们视为公权行使的方式。学者们开始从公法的角度来阐释诉权，当事人与国家在民事诉讼中发生的关系不是私法性质的关系，而是要求国家作出公正判决的公法上的请求权。这样诉权与实体上的请求权就完全区分开来，即诉权是当事人对国家提出的公法上的请求，而实体上的请求权是民事主体相对方提起的私法上的请求。如果说私法诉权说启动了诉讼法与实体法分离的旅程，奠定了诉权理论的基础，那么公法诉权说则使诉权法与实体法实质性相分离，更具有划时代的意义。由于研究视角的不同，持公法诉权说的学者就诉权的内涵理解也有所不同，历史上主要经历了从抽象诉权说到具体诉权说两个重要的发展阶段，后来又衍生出本案判决请求权说、司法行为请求权说等学说。①

在苏联诞生之后，学者们根据苏维埃法律的性质和要求，结合社会主义法制的特点，建立起自己的诉权理论。苏联以顾尔维奇、多勃罗沃里斯等为代表的学者认为，诉讼就是通过查明并肯定主体民事权利而使它得到真正保护的手段，审判权具有服务和保护作用，而不具有创造权利的作用。以这种思想为指导，在批判资产阶级诉权学说的基础上形成了三元诉权说和二元诉权说，这两种学说意思上大同小异，被合称为多元诉权说。多元诉权说的核心是将诉权分为程序意义上的诉权和实体意义上的诉权，得出的结论是诉权依据实体法而产生，诉讼法只是实现这种诉权的手段。

诉权学说历史上还有诉权否认说和宪法诉权说。诉权否认说以法国社会连带法学派狄骥为代表，他否定一切权利，他将具体诉权说引向极端，认为依法申请的可能性本身不构成一种权利，只不过是依照法律行事。② 日本的三月章也认为诉权并不具有特定内容，国家受理起诉并审理、裁判也并非给当事人以什么恩惠。③ 宪法诉权是根据"二战"后日本宪法第 32 条的规定，"任何人在法院接受审判的权利不可剥夺"，由斋藤秀夫提出的，他将诉权定位在宪法上接受裁判的权利，从而赋予了诉权学说新的内容。这种学说将接受裁判权的内涵引入诉权之中，从宪法上找到了诉权的依据，实际上也扩充了诉权的内容。④ 但究其实质，无非只是将诉权上升为宪法权利，以此来强调诉权的重要性。

就民事诉权在中国的研究而言，诉权在我国不是一个本土性的概念，而是一个外来词，是伴随近代西方法律制度移植及法学理论介绍而传入中国的。尽管在民国时期，有一些学者已经对诉权进行了初步的研究，但真正的诉权

---

① 囿于篇幅笔者在此对四种学说不再详述，具体可参见孙森焱：《论诉权学说及其实用》，载杨建华主编：《民事诉讼法论文选辑》（下），五南图书出版公司 1984 年版，第 495 页；王锡三：《近代诉权理论的探讨》，载《现代法学》1989 年第 6 期；［日］兼子一、竹下守夫：《民事诉讼法》（新版），白绿铉译，法律出版社 1995 年版，第 3 页；杨荣馨主编：《民事诉讼原理》，法律出版社 2003 年版，第 43 页；江伟、邵明、陈刚：《民事诉权研究》，法律出版社 2002 年版；［苏联］M. A. 顾尔维奇：《诉权》，康宝田、沈其昌译，中国人民大学出版社 1958 年版，第 47 页，等著作中学者对诉权学说发展的阐释。

② ［法］莱翁·狄骥：《宪法论》（第一卷　法律规则和国家问题），彭利平译，商务印书馆 1959 年版，第 217 页。狄骥在文中所提到的"依法申诉"实际上就是"诉权"，这一点体现在他在后文的论述中也使用了"诉权"一词。

③ ［日］三月章：《民事诉讼法》，有斐阁昭和 58 年版，第 13 页，转引自江伟、邵明、陈刚：《民事诉权研究》，法律出版社 2002 年版，第 31 页。

④ 参见江伟、邵明、陈刚：《民事诉权研究》，法律出版社 2002 年版，第 29～30 页。

理论研究局面的形成是在新中国成立后。在很长一段时期，我国对苏联法学理论照搬较多，对诉权理论的研究并不够深广。二元诉权说在我国诉讼法学界长期占据主导地位，时至今日教科书也多以二元诉权说对诉权理论进行阐释。当然目前的学说大多已经对二元诉权说进行了修正，但是总体上这些二元诉权说仍是建立在程序意义诉权和实体意义诉权二分法的基础上的，与苏联的二元诉权说仍然有着千丝万缕的联系。① 直到 20 世纪 80 年代中期以来，开始有学者对二元诉权说提出了质疑，并在此基础上提出了一元诉权说或者是新二元诉权说。目前二元诉权说一统天下的研究格局也开始转变，学术界对诉权内涵的界定也呈现出多样化的特点。

（三）民事诉权立法上的界定

诉权的概念最早生成于古罗马法律制度，在古罗马法律中对诉和诉权有非常明确的规定，只有享有诉权，才能享有实体权利。但在具体的法律条文中并没有对诉权的内涵进行界定，只是在当时钦定的罗马私法教科书《法学总论》一书中对诉权的概念进行了解释：“诉权无非是指在审判员面前追诉取得人们所应得的东西”。② 该书虽然只是教科书，但同时还作为《查士丁尼国法大全》的一个组成部分与《查士丁尼法典》、《查士丁尼学说汇编》和《查士丁尼新律》三个部分，在古罗马法时代都具有同等的法律效力。因此，可以勉强说在古罗马法时代对诉权的概念就有了初步的立法界定。

及至近现代民事诉权理论形成并发展的时代，却少有国家的法律制度就诉权的内涵进行明确的界定，法国算是一个例外。就笔者有限的阅读而言，法国是目前唯一将诉权概念法典化并用以指导民事诉讼程序的国家。法国《新民事诉讼法典》专列第二编来对诉权进行规定，涉及第 30 ~ 32 条，其中在第 30 条明确对诉权进行了定义：“对于提出某项请求的人，诉权是指其对该项请求之实体的意见能为法官所听取，以便法官裁判该请求是否有依据的权利；对于他方当事人，诉权是指辩论此项请求是否有依据的权利。”③ 在这一定义之下，诉权这一词语就从纯理论性探讨的用语走向了法律用语，并直

---

① 二元诉权说的代表著作有：常怡主编：《民事诉讼法学》（第三版），中国政法大学出版社1999 年版；谭兵主编：《民事诉讼法学》，法律出版社 1997 年版；江伟、单国军：《关于诉权若干问题的研究》，载陈光中、江伟主编：《诉讼法论丛》（第 1 卷），法律出版社 1998 年版等。一元诉权说的代表著作有：顾培东：《法学与经济学的探索》，中国人民公安大学出版社 1994 年版；刘荣军：《程序保障的理论视角》，法律出版社 1999 年版；李祥琴：《论诉权保护》，载《中国法学》1991 年第 2 期；张卫平主编：《民事诉讼法教程》，法律出版社 1998 年版等。

② ［古罗马］查士丁尼：《法学总论》，张企泰译，商务印书馆 1989 年版，第 205 页。

③ 参见罗结珍译：《法国新民事诉讼法典》，中国法制出版社 1999 年版，第 9 页。

接具有法律效力。尽管由法律明确对诉权的含义进行界定的初衷是为了使诉权的概念明确化，相对来说增强了法律规范的确定性，也在一定程度上便于制度上的协调。但是，此定义在我们看来仍然较为抽象并不便于理解诉权的具体内涵，至今在法国学术界也未放弃对民事诉权内涵的论争。

　　除法国以外，还有一些大陆法系国家和地区在法典条文中对诉权的概念有朦胧的表达，如我国澳门地区民事诉讼法典第 1 条"诉诸法院之保障"中就规定："（一）透过法院实现法律所给予之保护，包括有权在合理期间内，获得一个对依规则向法院提出之请求予以审理，并具有确定力之司法裁判，以及有可能请求执行司法裁判。（二）除非法律另有规定，就所有权利均有适当之诉讼，以便能向法院请求承认有关权利，对权利之侵害予以预防或弥补，以及强制实现有关权利，且就所有权利亦设有必需之措施，以确保诉讼之有用效果。"① 这类规定虽然并未在法律条文中指明"诉权"，但大致包含了我们在本书中所要探讨的诉权的基本内涵。

　　从以上的介绍我们不难看出，当下在世界各国诉权事实上并不是以制度性概念而存在的，更多的是作为一种理论概念而存在。法律上虽然并未对诉权内涵予以界定，或者甚至在法律文本中丝毫未提及"诉权"二字，并不意味着否定诉权及诉权制度在这些国家或者地区的存在，也不意味着在这些国家或者地区公民不享有请求法院对纠纷进行裁判，对权利进行救济的权利。

　　总体上看，由于诉权理论本身较为抽象，至今在民事诉讼法学界对诉权的内涵也未真正形成较为一致的见解，无论是域外抑或国内学界对诉权内涵的争论仍在继续。诉权内涵理解上的多元性反映了人们对事物认识的过程性，也恰恰表明了诉权在民事诉讼法学中所处的重要地位。也正是由于诉权理论的博大精深，研究的难度较大，近些年来，即使在诉权理论已然兴起和展开的德国与日本，对诉权的研究也几乎没有实质性的进展。基本上可以说，目前无论域外还是国内的民事诉讼法学界民事诉权理论的研究均陷入了一种困顿的局面，一方面是由于民事诉权在整个民事诉讼制度与理论体系中处于核心地位，其意义不言而喻，受到人们的恒久关注；另一方面又由于民事诉权理论的抽象与精深，被称为民事诉讼法学的"哥德巴赫猜想"，想要有理论上的重大突破较为困难，以至于往往为学者们所淡忘。

---

　　① 参见中国政法大学澳门研究中心、澳门政府法律翻译办公室编：《澳门民事诉讼法典》，中国政法大学出版社 1999 年版。

二、民事诉权的特征

在这样一种理论纷争较大的学术背景之下，如何来把握诉权的内涵，本身就是一个相对困难的问题。然而理论的纷争，总有一个相对确定的标的，至少在理解上不存在较大的偏差，否则就容易失去争论的同一性，造成学术讨论的混乱。从当前对民事诉权理论的相关论述来看，尽管对诉权理论解说未能完全统一，但基于诉权发展的历史进程是从私法诉权到公法诉权、从抽象到具体这两个基本方向，总结现今民事诉讼法学界关于民事诉权的各种主流学说，并从这些学说的共识中抽象出民事诉权的一般性特征，或许能有助于我们对民事诉权内涵的理解。

（一）纠纷及其解决机制的存在是民事诉权存在的前提

民事诉权总是基于一项具体的民事实体权利义务争议而产生的，或者是契约纠纷或者是侵权纠纷，但往往都是在实体权利受到一定损害后产生的，无争议便无诉权。纠纷的存在要求对受侵害的实体权利进行救济，对利益进行重新分配，也就是要求有相应的纠纷解决机制对纠纷予以平息和消弭。虽然救济方式和解纷机制随着社会发展呈现出多样化的趋势，但自国家出现后，为维护正常社会秩序的需要，避免多样化的解纷机制使社会进一步陷入混乱，国家在解纷机制中发挥的作用越来越大，纠纷的解决开始由私人占主导地位的"私力救济"转向国家占主导地位的"公力救济"，国家开始负担起解决社会纠纷并给受损权利以救济的义务，国家的审判机构适应这种需要而产生。此时，解决民事纠纷的请求指向由原来针对对方当事人转化为指向审判机构，要求国家审判机构对纠纷进行解决。然而，由于纠纷本来只是当事人双方之间的事，国家对纠纷的介入以及社会对纠纷解决的要求需要有恰当的媒介，而民事诉权的机能正是将纠纷引入国家审判机构。没有民事纠纷的发生及纠纷的公力解决机制的存在，民事诉权的存在也毫无用处。

（二）民事诉权是一项公法权利

民事诉讼法学领域，学说史上最早出现的"私法诉权说"认为民事诉权行使的对象是对方当事人，体现的是市民与市民相互之间的私人关系，故而性质上是一项私权。此说出现的时代背景是公法及其理论不甚发达，程序法仅被作为实体法的一个组成部分，在这种情况下，人们认为诉权是实体法上请求权的变形或派生物，是实体权利的一个阶段，同时这种救济请求是针对对方当事人而提起的。随着强调国家有义务保护国民权利的自由主义法治国家观和公法的兴起，公法诉权说逐步占据主要地位，目前已经成为通说。公法诉权说认为，诉权体现的是国家与公民之间的关系，触及了公共领域，这是一种公法上的权利义务关系，认为国家权利源自国民，因此公民针对法院的诉权不是依私法上的请求权派生的，而是针对国家审判机关的权利，就其性质而言，这种权利具有公法性质。从诉权产生的原因我们也不难看出其公法性质。诉权是一种救济权，是国家以公力救济来取代私力救济的对价而出现的，从根本上体现的是国家与国民在纠纷解决过程中的关系。

（三）民事诉权本质上是一项程序性权利

民事诉权产生的前提是民事实体权益纠纷解决的需要，其目的是要将这种实体权益的纠纷引向审判权，请求法官作出公正裁判，对受到侵犯的实体权利进行救济。基于此，行使诉权必须以实体法的请求权作为依据，也就是要求有"诉的利益"，如果实体权利没有实际遭到侵害就没有行使诉权的必要。同时民事诉讼制度也对诉权的行使方式和范围作出了相关限定，所以诉权也应是以诉讼法为依据的。但是我们应当看到实体权利的救济有多种方式，而诉权只有在诉讼程序中才能运行，诉权也只有与审判权互动才能推动诉讼程序的进行。所以，本质上诉权与实体权利有严格的区别，诉权的行使以诉讼法和实体法为依据，但根本上却是一项程序性权利。

（四）民事诉权主体在平等的基础上进行对抗

民事诉权产生的原因是当事人双方的民事实体权益纠纷，故而诉权享有的资格不仅存在于原告一方，也同时存在于被告一方。对于起诉方即原告而言，诉权是用以陈述其实体主张，以便法官判断其请求是否具有法律根据的一种权利；而对于被起诉方即被告来说，诉权是针对对方的请求是否有法律根据进行抗辩的权利。其他诉讼参与人由于不是纠纷的权益相关当事人，只是诉讼活动参与者，故而不享有诉权。同时，需要注意的是，双方当事人的诉权虽然在表现形态和具体行使方式上有所不同，但在实质上是平等的。由于当事人各自诉讼主张的不同，实体权益纠纷还处于悬而未决的状态，在诉讼中就会表现为当事人之间诉权的对抗，只有建立在当事人诉讼手段和诉讼地位平等的基础之上，诉权的对抗才具有实质意义，也才能促使法院更好地查清案件事实，促进纠纷的解决。

（五）民事诉权贯穿诉讼的全过程

民事诉权并不能简单地等同于程序的启动权，也不能与具体诉讼权利中的任何一种画等号。它从民事实体权益纠纷发生之时起即已经潜在地享有，当事人在纠纷解决机制多元化的背景之下自主选择纠纷的处理方式，如果当事人选择通过诉讼方式来解决纠纷，这时诉权就正式地进入实施阶段，并在诉讼中展现为一系列具体诉讼权利，直至诉讼终结。诉讼奉行的是"不告不理"，没有诉权，程序不会启动。原告方启动诉讼程序的诉权表现为起诉权，被告方参加诉讼表现为应诉权，同时在诉讼进行过程中，双方的诉权还分别表现为辩论权、举证权、上诉权、反诉权等具体的诉讼权利。当事人也可以对诉权进行处分，如可自由决定起诉范围、撤诉、和解等。因此说诉权贯穿整个诉讼过程，每一个诉讼环节都围绕诉权展开，诉权构成了整个诉讼程序的基石。

三、民事诉权的内涵

本书并没有沿袭先解释内涵再由内涵分解得出具体特征的理论阐释路径，笔者认为，对于诉权这一争议较大的概念，"横看成岭侧成峰"，从不同的侧面和角度考察可能有不同的结论。而也许换一种思维模式，从描述其特征再到归纳出内涵，也许能够相对准确地概括出民事诉权的内涵，至少是能够综合各种学说，综合各个侧面，在取长补短的基础上得出一种相对可接受的诉权内涵。

诉权学说林林总总，但是总结各家观点，从中抽象出诉权的共识性特征，我们便可撩开诉权的神秘面纱，找到隐藏在幻象背后中的实质，这也是一个对诉权祛魅的过程。通过总结各种学说，我们不难看出民事诉权是民事诉讼制度的伴生物，实际上就是国家为国民提供的一种利用诉讼方式进行救济的权利，是一种向法院的请求权，是国民应当平等享有的宪法基本权利。民事诉权的内涵虽然说至今未有较为统一的看法，从不同的视角也许会有不同的概括，很难有确切的定义。但是，通过梳理民事诉权的五个基本特征，至少我们能对民事诉权的概念形成一个相对较为明确的认识，即民事诉权是指国民之间的民事权益发生纠纷之后，双方当事人将纠纷提交法院，并请求法院作出公正裁判的权利。这一概念又涵括了程序与实体两方面的内容：民事诉权程序意义上的内涵指的是纠纷双方当事人向法院请求行使审判权，即旨在启动司法审判程序；实体意义上的内涵则是指对法院作出公正裁判的请求，具体在民事诉讼领域而言就是要保护民事权益或者解决民事纠纷的请求。

民事诉权内涵的双重性并不影响诉权概念的统一性。我们并不能简单地像二元诉权论那样将民事诉权割裂为程序意义上的诉权和实体意义上的诉权，并且将之与起诉权或胜诉权简单地画等号。程序意义上的内涵无疑是实现诉权实体意义上内涵的方式和途径，而实体意义上的内涵则是程序意义上内涵的目的。二者相辅相成，缺失程序意义上的内涵，没有引导纠纷走向司法的中介，则实体意义上的内涵无法达到，诉权缺乏实体意义上的内涵，则意味着为了诉讼而诉讼，诉权则徒具空洞的形式，带有盲目性。民事诉权程序和实体两方面的内涵紧密结合，交融在一起才构成了诉权的完整含义。

第二节　广义诉权理论的兴起

一、广义诉权理论兴起的背景

民事诉权学说纷呈，但是私法诉权说、公法诉权说、二元诉权说等都无法令人满意地解决"为何可以提起诉讼"这一诉权的基本问题。无法得出满意答案的原因一方面是诉权理论本身的精深，另一方面也可以归因于民事诉权学者的视野不够宽广。同时，由于诉权理论长期以来局限于民事诉讼法学研究领域的探讨，而刑事诉讼、行政诉讼领域对诉权的探讨十分欠缺，造成了民事诉权理论一枝独秀的局面。这种局面有悖于诉讼制度整体协调发展的需要，也制约着诉权理论本身的发展。忽视诉讼制度纠纷解决机制这一本质特征，将诉权视为民事诉讼研究专利的观念已经不能适应诉权理论发展的需要，也不利于司法实践中对诉权的保护。于是，学者们开始了对诉权的反思。学者们走出狭窄的民事诉讼法学视角，开辟了诉权理论发展的一片新天地。

诉权研究视角转换的重要一步就是宪法诉权说的提出，将诉权与宪法关联起来研究可以说开启了广义诉权理论兴起的钥匙。20世纪初，持"诉权否定说"的法国社会连带主义法学家狄骥就在其《宪法论》一书中从宪法学的视角对诉权有所论述，但是由于当时社会条件和认识上的局限，他并未将诉权上升到宪法基本权利的高度。20世纪中期以来，随着人权保障运动的兴起，程序保障的宪法化、国际法与社会化潮流的出现，宪法诉权说开始真正在大陆法系国家兴起。宪法诉权说将诉权与宪法上的接受裁判权关联起来，并且将诉权上升为宪法基本权利，强调了诉权的重要性。尽管宪法诉权说的提出颇受民事诉讼法学界的质疑。其至有学者认为，如果将诉权与接受裁判的权利等同起来，那么势必将接受裁判的权利中所包含的要求法院作出的各种司法行为等内容牵强附会地扯入诉权之中，致使诉权内容"重量化"和散漫化，从而导致法院和当事人都将难以把握。[①]诉权与接受裁判权虽然在内

---

① 参见［日］新堂幸司：《民事诉讼法》（第2版补正版），弘文堂1989年版，第172页，转引自刘荣军：《程序保障的理论视角》，法律出版社1999年版，第259页以下。

涵上有一定区别，并不能简单地将二者等同起来，但"如果从宏观上把握诉权的话，诉权产生原因的另外一个侧面应该是当事人有权接受裁判的权利"。① 正是基于这一认识，学者们发现了诉权与宪法上的接受裁判权之间的联结点，以此为着眼点，将诉权也上升到宪法的高度。而宪法作为一个国家的根本大法，其涉及面很广，作为具有宪法属性的诉权也不应仅仅赋予民事诉讼中的当事人，而应涵盖整个国家的各种类型的诉讼制度中的当事人。宪法诉权说也不应当仅仅限于民事诉讼领域诉权的宪法议论，而应当是从宪政的维度来看待整个国家诉讼制度下的诉权。如此一来，宪法诉权说开始走出民事诉讼法的场域看待诉权，拓宽了人们思考诉权的视角，并且大大地充实了诉权本身的内涵。

目前在民事诉权理论形成与发展的同时，有些民事诉讼法学者和行政诉讼法学者在对诉权进行研究时指出应当树立广义诉权的观念，认为诉权理论广泛存在于各种诉讼制度中。② 这些学者在其著述中零零碎碎地开展了对广义诉权的研究，但是并未真正形成诉权研究的氛围，没有在各自的学科中形成较强的影响力。随着理论研究对象的拓展，研究方法的更新，诉权也吸引了宪法学、法理学、刑事诉讼法学和行政诉讼法学学者们的眼球。包括民事诉讼法学者在内的研究者从诉讼制度作为纠纷解决机制的共性出发，将诉权理论适用到各类型的诉讼制度中，抽象出本类型诉讼的诉权理论。这样，诉权理论就跳出了民事诉讼的范畴，其内涵和外延都得到了相对的扩展。

从我们现有的研究来看，的确"诉权"已经不再作为"民事诉权"的缩略语，仅仅局限于民事诉讼法学领域探讨，而是衍生出了民事诉权、刑事诉权、宪法诉权和行政诉权等多种类型。诉权领域的扩张，可以拓宽诉权研究视野，深化对诉讼制度纠纷解决机制这一本质的整体性认识，把握诉讼制度发展规律，也是对各种诉讼制度内在联系的准确表征。同时诉权与各种诉讼制度密切结合，立足于诉权的保护，有利于诉讼制度之间的衔接和协调发展。

二、广义诉权的内涵

广义诉权的概念是在将诉权作为宪法上基本权利的前提下构建的，将原来仅限于在民事诉讼中讨论的诉权扩展到宪法权利层面。按照现在较为通行

---

① 江伟、邵明、陈刚：《民事诉权研究》，法律出版社 2002 年版，第 146 页。
② 参见江伟、邵明、陈刚：《民事诉权研究》，法律出版社 2002 年版，第 143 页；常怡主编：《比较民事诉讼法》，中国政法大学出版社 2002 年版，第 141 页；薛刚凌：《行政诉权研究》，华文出版社 1999 年版，第 5 页；王红岩、严建军：《广义诉权初探》，载《政法论坛》1994 年第 5 期。

的观点，可以将诉讼细分为民事诉讼、行政诉讼、刑事诉讼和宪法诉讼四种。广义诉权也就成了民事诉权、行政诉权、刑事诉权、宪法诉权的上位概念。各诉讼法中的诉权都以广义诉权的内涵为基础，结合各自的特点分别形成了民事诉权、行政诉权和刑事诉权。

鉴于诉权理论长期以来仅在民事诉讼领域探讨的特殊性，从用语习惯的角度来说，我们可以将诉权分为狭义的诉权和广义的诉权。狭义的诉权仅指民事诉权，但它也应从属于广义诉权的范畴。广义的诉权则是存在于民事诉讼、刑事诉讼、行政诉讼、宪法诉讼之中的诉权，指社会纠纷的当事人双方在纠纷发生后，享有的请求法院对争议进行裁决，并予以司法救济和保护的权利。这里的社会主体是多元的，不再仅限于公民或社会组织，而且将国家和社会也纳入争议主体的一方之中，认为国家和社会也是诉权享有的主体。同时，这里所指的社会纠纷也不仅仅限于民事法律，而是扩大到了刑事诉讼、行政诉讼、宪法诉讼之中的各种利益上的纠纷。可见，用这一定义来界定广义诉权的内涵，是建立在传统民事诉权理论的基础上，但又通过扩大诉权享有主体和纠纷类型使得诉权适用领域大大地扩展。

第二章　刑事诉权理论的导入

通过对民事诉权及广义诉权理论的概要介绍，把握了诉权的渊源及发展趋势、诉权的内涵及本质特征，也就为诉权理论引入刑事诉讼奠定了基础。本书写作的主旨是要将诉权理论导入刑事诉讼法学研究之中，那么究竟在刑事诉讼中是否也同民事诉讼一样存在诉权这一基础理论呢？如果是基于广义诉权理论的视角之下，作为典型诉讼制度之一的刑事诉讼中导入刑事诉权理论自不待言，然而从学科界限的角度来看，刑事诉讼与民事诉讼毕竟有着显著的不同特征和规范领域，诉权理论在诉讼法领域是否具有普适性，还需要得到进一步鞭辟入里的论证。就这一点来说，既有的理论研究，包括广义诉权理论的研究，并未给予充分的论证，更多的是一笔带过式的描述，似乎刑事诉权理论的存在成了一件理所当然而毋庸置疑的问题。在理论踌躇之间，我们不难发现刑事诉权理论的导入并非如此之简单，需要有较为全面的论证。

第一节　刑事诉权理论导入论争评述

就研究现状而言，刑事诉权理论并未真正成为刑事诉讼理论中的显学，也并未真正引起刑事诉讼法学者们的关注，只有极少部分刑事诉讼法学者认识到了诉权理论引入刑事诉讼法学研究的重要性，对刑事诉权进行了初步的论述。[1] 更多对刑事诉权理论的阐述常见于民事诉讼法学者在研究诉权理论

---

① 参见徐静村、谢佑平：《刑事诉讼中的诉权初探》，载《现代法学》1992 年第 1 期；汪建成、祁建建：《论诉权理论在刑事诉讼中的导入》，载《中国法学》2002 年第 6 期；宋世杰：《中国刑事诉讼发展与现代化》，湖南人民出版社 2002 年版，第 10 页；孙宁华：《刑事诉权探微》，载徐静村主编：《刑事诉讼前沿研究》（第 2 卷），中国检察出版社 2004 年版。

时，基于广义诉权理论的观念，而附带性地对刑事诉权理论予以概要性的介绍。[①] 同时，由于广义诉权理论的形成与发展，行政诉讼法学者也开始关注诉权理论，有学者在介绍行政诉权理论时，也对刑事诉权有所涉及。[②] 此外，有部分学者从法理学的角度来对诉权理论进行分析，在对诉权的表现形式类型化时也对刑事诉权予以概要式的介绍。[③] 然而这些著作对诉权理论导入刑事诉讼法学可行性的阐释相对而言都过于肤浅，诉权理论导入的理由论证不够充分，甚至于忽略了刑事诉讼的特殊性，而直接将诉权理论套用到刑事诉讼中。总体而言，我们不难发现，对刑事诉权理导入的论证理由过于单薄，不能合理地支撑起刑事诉权理论的架构。

当然，也有学者对刑事诉权理论提出了质疑，认为刑事诉讼中并不存在所谓的刑事诉权，其理由为：其一，诉权主要存在于民事诉讼中，这是人们普遍认可的观念，它并不适宜引入刑事诉讼或行政诉讼中。其二，关于诉权的议论，主要与民事诉讼的基本价值迅速、公平和经济的议论相结合。所以诉权的独特历史背景致使其并不适宜引入宪法领域、刑事诉讼以及行政诉讼领域。[④]

这种质疑其实也并未提出充分的理由，更多的只是一种表层的认识，没有对民事诉权理论的实质进行深入的考察。我们首先有针对性地对其理由进行反驳。就第一个理由而言，诉权理论最早是在民事诉讼法学领域中形成的，最早与民事诉讼形成关联，但这并不等同于它是民事诉讼法学的专属概念，不能被借鉴和移植。即使我们假定诉权在历史上是专属于民事诉讼法学的概念，但这也不等同于随着社会和理论的发展，这一概念不能走出固守的领域而开辟新的天地，拓展新的领域，否则这一理论只是停滞不前或者发展缓慢。以检察制度为例来看，历史上我们一直将其作为大陆法系国家刑事诉讼中的特色制度，而现代检察制度则不仅走出了大陆法系的圈子向英美法系国家扩展，而且其适用的领域也不断拓宽，民事公益诉讼中也出现了检察制度。这可谓一个诉讼法理论与制度内涵日益丰富，外延不断扩展的鲜活例子。就其第二个理由而言，在对诉权的认识上首先就有失偏颇，可以说是一个伪命题，

---

① 比较具有代表性的是：江伟、邵明、陈刚：《民事诉权研究》，法律出版社 2002 年版，第 143 页；常怡主编：《比较民事诉讼法》，中国政法大学出版社 2002 年版，第 141 页。

② 比较具有代表性的是薛刚凌：《行政诉权研究》，华文出版社 1999 年版，第 28 页。

③ 参见周永坤：《诉权法理研究论纲》，载《中国法学》2004 年第 5 期；任瑞兴：《诉权的法理分析》，吉林大学 2007 届博士学位论文。

④ 左卫民等：《诉讼权研究》，法律出版社 2003 年版，第 14 页。

或者温和一点说是一个不太妥帖的看法。诉权理论最初是以人们"为何可以提起诉讼"为命题展开讨论的，它以民事实体法与民事诉讼法的关系为基点展开研究，这一点从民事诉权理论的发展史不难得出结论。虽然民事诉权与迅速、公平和经济等民事诉讼的基本价值有紧密关联，但这些价值并非仅仅是民事诉讼领域中的特色价值，我们的刑事诉讼、行政诉讼中也出现了对程序基本价值的议论。同样刑事诉讼与行政诉讼中也需要迅速、公平和经济地解决纠纷，这些价值也是诉讼基本价值的重要方面。故而，以基本价值不同来否定诉讼制度之间的关系在理论上根基不牢，只要立足于实体法与诉讼法的关系而展开诉权与诉讼法价值的议论，刑事诉讼、行政诉讼与民事诉讼之间并没有不可逾越的鸿沟。

此外，基于对诉讼制度的整体性考虑，笔者认为上述否认刑事诉讼和行政诉讼中诉权存在的论说除了在否定理由上有较为明显的缺陷，缺乏对观点的理论支撑外，更为重要的一点在于否定刑事诉权与行政诉权的存在人为地割裂了三大诉讼制度的内在联系，有欠理论上的严谨性。首先，从刑事诉讼与行政诉讼本身的制度构成来看，刑事诉讼和行政诉讼中并非仅为单一的刑事诉讼或行政诉讼，还分别存在刑事附带民事诉讼和行政附带民事诉讼两种样态。虽然在附带型诉讼中，制度的主体仍然是刑事诉讼或行政诉讼，附带性的民事诉讼只是依附于刑事诉讼和行政诉讼制度，但所附带的民事诉讼就诉讼构造和外在表现形式而言，实质上与普通民事诉讼制度无异，附带民事诉讼的提起也需有诉权的行使，这种诉权从本质上来看也为民事诉权，所以客观来讲即使否定刑事诉权与行政诉权的存在，在刑事诉讼和行政诉讼中也至少存在附带民事诉权这种形式的诉权。其次，从制度渊源的角度来看，刑事诉讼制度、行政诉讼制度与民事诉讼制度有较为紧密的关系，一般认为刑事诉讼和行政诉讼均是从民事诉讼发展而来的。此处，我们先考虑行政诉讼与民事诉讼之间的渊源关系。从我国的情况来看，在行政诉讼法出台之前，根据1982年试行的民事诉讼法第3条的规定，行政诉讼活动适用民事诉讼法的规定。直到1989年行政诉讼法的出台才在我国正式确立了独立的行政诉讼制度。而且从世界范围来看，目前存在独立行政诉讼制度的国家并不多，在这些国家中行政诉讼大多也是从民事诉讼中分离出来。而且行政诉讼与民事诉讼都是强调诉讼双方的平等，在诉讼构造上极其相似。行政诉讼与民事诉讼虽然旨在解决的纠纷性质不同，具体诉讼规则和证据规则上也有差异，但在请求司法裁判、解决实体权益纠纷这一点上是一致的。这一点共性也是诉权存在的基础，由此可知行政诉权的客观存在也不容否认。以上两点可以作为反驳否认刑事诉讼和行政诉讼中诉权存在的初步证据，但是对于刑事诉讼只解决了刑事诉讼中存在附带民事诉讼诉权的问题，而且附带民事诉讼从性质上看这一诉权仍为民事诉权，带有刑事诉讼本质特征的刑事诉权是否客观存在这一问题还未真正得到圆满的解答，有待于进一步的论证。

第二节　刑事诉权理论导入的可行性分析

刑事诉权理论是否可以导入刑事诉讼法学研究当中其实关键是要看刑事诉权究竟存不存在。如果这一问题能够得到较好的回答，则刑事诉权理论导入的问题基本上也就迎刃而解了。但是综合当下各类论著的观点，均未见有对刑事诉权存在这一问题入木三分的分析，更多的是蜻蜓点水式的一笔带过。出现这种研究现状的原因一方面可能是学者们关注更多的是刑事诉权理论在刑事诉讼中的适用，对其进行实用性的探讨和存在的理论基础有所忽略；另一方面则可归因于刑事诉讼制度具有许多与众不同的特征，刑事诉权是否存在这一问题本身论证较为复杂，客观上限制了学者们的深入思考。总体而言，对于刑事诉权存在的研究，更多的是一种想当然的猜测和假设，缺少有力的、过硬的材料作为立论的基础。当然，学术研究是允许假设的，胡适就曾经说过："大胆地假设，小心地求证。"不过从现有对刑事诉权的研究来看，人们似乎只记住了前半句，而忽视甚至忘记了后半句，学术研究仅凭着一种经验式的想当然而得出刑事诉权存在的结论，并在此基础之上进行刑事诉权的理论架构，在根基上就不牢固，势必广受质疑。笔者认为如果牵强附会地跳过对刑事诉权存在这一问题的论证，不能深谙其存在的理论前提，那么对刑事诉权的研究在整体上就毫无意义。故而，在本章中，笔者决定从以下四个方面对刑事诉权存在的理论基础进行分析：

一、词源探析：对诉权的历史回溯

"诉权"这一语词在我国完全是"舶来品"，没有本土的学术传统根基，通过词源学的研究方法对诉权形成的历史背景、发展脉络等进行回溯性考察，有利于对诉权内涵的把握，在此基础上又可以进一步对刑事诉权存在与否这一问题进行回答和澄清。

每一种制度和学说都形成于一定的历史背景之下，诉权制度及其理论也不例外。考证诉权学说的发展史，应当说诉权理论的确最早是从民事诉讼的角度来论述的，然而如果仅仅从术语使用的角度来看，"诉权"一词最早发端于罗马法的 actio 制度。但是成体系的诉权理论在古罗马时代并未形成,而是直到 19 世纪前半叶德国普通法末期对诉权的理论研究的时代才真正开启。在 1856 年乌印特侠印道所著《罗马私法诉讼》一书中从探讨罗马法中的 actio 的性质开始,创立了私法诉权说,迈出了对诉权理论研究的关键一步。而同年,温德雪德在《从现代法的立场看罗马法的诉权》一书中,也在回顾罗马法中的 actio 性质的基础之上,开展了对诉权理论的探索。由此可见,诉权理论研究的原初对象就是罗马法上的 actio。虽然自诉权理论产生以后,研究的范围与内容有所扩展,对诉权性质如何认识也有着多种学说,但总体上看诉权理论建立的基础还是罗马法中的诉权,罗马法上的 actio 正是诉权的根基之所在。所以要考察诉权的历史渊源,罗马法是必然的重点研究对象。

从历史的角度来看,罗马法并非是人类诉讼制度的起源,但是罗马法对诉讼制度的影响非常深远。正如耶林在《罗马法精神》一书中所指出的:"罗马帝国曾三次征服世界,第一次是以武力,第二次是以宗教(指基督教),第三次是以法律。武力因罗马帝国的灭亡而消亡,宗教随着人民思想觉悟的提高、科学的发展而缩小了影响力,唯有法律征服世界是最为持久的。"[①] 在当今两大法系国家的法律制度中,大多都能找到罗马法的影子。诉权概念更是罗马法的原创,至今在世界各国,尤其是大陆法系国家有着深远影响。

罗马法的发展主要经历了王政时期、共和国时期和帝政时期三个历史阶段,尽管在各个阶段法律渊源并不完全一致,但总体上而言主要包括了《十二铜表法》、《国法大全》等制定法,此外还包括一些习惯法、元老院决议、执法官告示、皇帝敕令和具有法律解答权的法学家的解释。而在这些法律渊源中,最为重要的还是《十二铜表法》,可以说《十二铜表法》是整个古罗马法律制度架构的根基之所在。《十二铜表法》制定于公元前 451~450 年,是罗马第一部成文法,该法共 105 条,大部分内容均为调整民事法律关系的规范。罗马法中私法发达,而刑事法不发达,被置于偏僻角落,备受冷落。以我们今天的法律观念视为刑事法律关系的规范仅有三表,即第八、九、十表所规定的私犯、公法与宗教法,而关于诉讼程序的规定均集中见于该法的第一、二、三表,即传唤、审理以及执行。总体上看该法实行诸法合体,民刑不分,实体法与程序法共存,这一点是整个罗马法律体系的一个重要特征。《十二铜表法》的编排体例在一定程度上反映了诉权与权利之间的关系,即

---

① 参见周枏:《罗马法原论》(上册),商务印书馆 1994 年版,第 12~13 页。

将诉讼法规范在第一、二、三表中规定，位置上是在实体法权利规范之前，可见罗马法对诉讼及诉权的重视。尽管在《十二铜表法》当中并未明确规定 actio 制度，但其中也已经有了若干条关于"诉"的规定，同时也产生了对权利救济的问题。以至于梅因考证后认为《十二铜表法》的损害救济方式所占的地位，虽然不是异常巨大，但却是相当大的。[①]

从现有资料来看，罗马法中"actio"较早的出处是在查士丁尼的《法学总论》当中，是罗马人在长期法律实践中对一些习惯法所作的归纳。在《法学总论》中将诉权解释为"有权在审判员面前追诉取得人们所应得的东西"。[②] 同时由于在罗马，往往是以诉权（actio）的形式来受理诉讼，因案件性质的不同采取不同的诉讼形式，诉讼形式或诉权都是类型化了的诉讼程序。[③] 因此，actio 在《法学总论》中将诉讼分为对人诉讼（actiones in personam）与对物诉讼（actiones in rem），当诉讼对象与权利的对象一致时发生对人诉讼；当诉讼对象为物时，将发生对物诉讼。事实上也就是将诉权分为了对人诉权和对物诉权，这一点也是与罗马法上债权与物权的分类相对应的。罗马法中的物权基本上与我们今天的民法上的物权相类似，而债法就相对较为特殊，涉及今天的民法和刑法两个范畴的内容。就罗马法上的债发生原因而言，主要包括契约（contatus）与私犯（delictum）两种，[④] 其中的契约与准契约之债完全是民事法律关系的范畴。而罗马法上的私犯问题相对而言则比较特殊。

提到私犯这一概念，又涉及罗马法中的公法（jus publicum）与私法（jus privatum）的划分。公私法的划分方法为罗马法所首创，其中公法包括宗教祭祀活动和国家机关活动的规范，私法包括所有权、债权、家庭以及继承关系等方面的法律规范。与此相对应侵犯公法权益的行为就称为公犯（crimen），侵犯私法权益称为私犯（delictum）。梅因也在其著作《古代法》中有过以下表述：所有文明制度都一致同意在对国家、对社会所犯的罪行及对个人所犯的罪行之间，应该有所区别，这样区别的两类损害，我称为公犯（crimen）

① ［英］梅因：《古代法》，沈景一译，商务印书馆1959年版，第207页。
② ［罗马］查士丁尼：《法学总论》，张企泰译，商务印书馆1993年版，第205页。
③ 参见［日］谷口安平：《程序的正义与诉讼》（增补本），王亚新、刘荣军译，中国政法大学出版社2002年版，第65页。
④ 对于债的发生原因，契约之债与私犯之债是一种两分法，也有学者采用三分法将债分为契约之债、私犯之债和其他原因之债，或者四分法分为契约与准契约、私犯与准私犯。

和私犯（delicta）。① 由此也就产生了诉讼制度的不同，分为"私犯之诉"和"公犯之诉"。

　　私犯制度在罗马法上有两个历史阶段。在《十二铜表法》时代，由于当时统一的债法还没有形成，《十二铜表法》第八表"私犯"中虽专门对私犯进行了规定，但却还没有从"债的发生原因"的角度来看待私犯，私犯的范围也较广，包括了一些后来被视作公犯的行为。直到盖尤斯的《法学阶梯》才开始将私犯的规范纳入债法之中规定，成为"私犯之债"，将其与契约一起作为债的发生原因。随着罗马国家机器的发达，公犯的范围也在不断扩大，在罗马共和国末期，一些原属私犯的伤人和侵犯住宅行为也开始被列为公犯范畴。与此同时私犯的范围却有所缩小，这一点我国罗马法学者陈朝璧进行考证后也认为："至帝政时代，昔之所谓私犯者，亦渐入于公犯之范围，可由国家直接处罚之矣。"② 到了盖尤斯时期，罗马法中主要就只有盗窃（furtum）、抢劫（rapina）、损害（damnum iniuria datum）、侵辱（iniuria）四种私犯行为，而这些私犯行为主要都是从侵权行为中产生的，罗马法上对私犯的制裁最初是为了取代报复行为而出现的。对于私犯，在诉讼中采取的是私人告诉制度，只有被害人才有诉权。这些行为在今天看来大多被认为是侵犯了国家与社会公共利益的犯罪行为或者民事侵权行为，在罗马法时代的私犯可以说是现代意义上的犯罪与民事侵权的合体。在罗马法中私犯产生的法律上的后果均为"债"，即"私犯之债"，并且以金钱作为补偿的主要方式。对于私犯之债而言，受害者均享有对私犯的诉权，按照不同情况有时可以提起"损失诉"（actio rei persecutoria），有时可以提起"罚金诉"（action poenae persecutoria），有时还可以提起损失和罚金诉的"混合诉"（action mixta）。其中"罚金诉"在当时看来已经带有刑事制裁的性质。例如，对盗窃这一类私犯而言，为了保护受害人的利益，罗马法上就规定了受害人享有盗窃诉（actio furti）和损失诉（action rei persecutoria）两类诉权，其中盗窃诉具有刑事性质，而损失诉则为民事性质，目的是要获得损失赔偿。也就是说，在古罗马的法律制度中，表面上看虽然上述行为与当代民事法律关系中的侵权行为并无大的差异，被视作行为人与受害人之间的私人纠纷，受到"债"这一民

---

　　① Sir Henry Sumner Maine, Ancient Law, Its Connection with the Early History of Society and Its Relation to Modern Ideas, New Brunswick, N. J. : Transaction Publishers, 2002, p. 368. 需要指出的是在沈景一所译《古代法》版本中，大概由于印刷的疏漏将公犯 crimen 错印为 climina。参见〔英〕梅因：《古代法》，沈景一译，商务印书馆 1984 年版，第 208 页。

　　② 陈朝璧：《罗马法原理》，法律出版社 2006 年版，第 132 页。

事法律关系的调整，在诉讼的外在表征上也与当今民事诉讼基本相同，但实质上这种对私犯的诉权已经部分地具有了请求刑事制裁的性质，即带有刑事诉权的特点。

在罗马法早期，人们认为犯罪行为仅为对个人权益的侵犯，在诉讼程序上并未严格区分民事诉讼和刑事诉讼，都实行私人告诉制度。随着国家权力的深入，公犯的范围逐渐扩张，私犯的范围逐渐缩小，人们意识到有些行为侵犯了国家利益，应当有别于私犯之诉。公犯之诉中最初的公犯是一种"敌对行为"（perduellio），除此以外的犯罪都是私犯。到共和时期，它发展到各种各样的罪状，包括觊觎王位罪（affectatio regni）、侵犯护民官罪、执法官在行使执法权和军事指挥中的过失行为、未经审判而杀死市民的行为、侵犯民众会议的行为等等。① 从公犯的性质来说，与我们现在的刑事犯罪较为类似，对公犯所有罗马公民均有诉权，提出控告的公民是共同体公共利益的代表，也就是实行公诉制度，由国家直接加以刑事制裁。孟德斯鸠在《论法的精神》一书中就已经指出罗马法律对于犯罪的追诉采取群众性的形式，多少都带有民事性质，每一个私人都能够起诉。② 罗马法中这种公诉制度的发展是建立在索贿罪惩治需要的基础上的，起诉者的身份介于私人与国家之间，审判程序也是由"私犯之诉"的程序发展而来。但是"公犯是刑事诉，仅能对犯者本人提起。诉权因其人的自然死亡而消灭，不但不因人格变更而受影响。"③ 可见，罗马法中对公犯的惩处，也是以诉为基础的，其提起的依据也应以享有诉权为基础，而且就其性质而言，应当是刑事诉权。

我国已故的罗马法泰斗周枏教授曾指出："古代各国是先有刑法，后又诸法合一，但古罗马由于商品经济的发展，民法部分远较刑法部分发达，故诉讼法的发展，有关刑诉方面即因袭和附属于民诉。"④ 罗马法当中的民事诉讼程序最早，刑事诉讼程序较民事诉讼晚，主要是在民事诉讼程序的基础之上而建立的。就这一点而言，与罗马法上的诉权发展路径也基本相呼应。罗马法上的公犯之诉范围在不断得到扩大，一些曾经的私犯之诉后来随着时代的变迁成了公犯之诉，相应的诉权也有所变化，从私犯诉权转向公犯诉权。可以说公犯诉权是在私犯诉权的基础之上发展起来的。"公犯之诉"中也存在诉权，这种诉权是应侵犯国家权益的犯罪惩治需要而产生的，具有刑事诉

---

① ［意］朱塞佩·格罗素：《罗马法》，黄风译，中国政法大学出版社1994年版，第133页。
② ［法］孟德斯鸠：《论法的精神》（下册），张雁深译，商务印书馆1961年版，第269页。
③ 周枏：《罗马法原论》（上册），商务印书馆1994年版，第844页。
④ 周枏：《罗马法原论》（上册），商务印书馆1994年版，第926页。

权的性质。另外，就私犯之诉而言，其受害者所享有的诉权就性质上而言主要是民事诉权，但同时也内含着刑事诉权性质。也就是说，在罗马法的"私犯之诉"中也附带性地具有了一些刑事性质的诉权。

综上来看，在罗马法中，无论是在《十二铜表法》，还是在罗马法学家的一些著作当中都在重点阐释罗马私法的同时，也对公法有所发展。作为诉权概念来源的 actio 制度在当时并不仅仅指的是民事法律意义上的诉权，而且还涉及了刑事法律意义上的诉权。

二、诉讼制度的本质：纠纷解决机制

由民事诉权理论的研究可知，民事诉权存在的前提和基本要素是纠纷及其解决机制的存在。对于刑事诉讼而言，由于犯罪被视为对国家安全和社会秩序的破坏，对国家利益的侵犯，在整个刑事诉讼过程中，几乎由国家主导整个诉讼，由国家来对犯罪进行主动性的追诉。在这样一种制度框架内，从表象来看应当没有刑事诉权的存在空间。然而当我们还原诉讼制度的本质，把握各类型诉讼制度之间的共性之后，也许能对诉权有新的认知。

（一）社会学视野下的社会冲突与纠纷

纠纷往往被视为法学领域的研究对象，但是在法学界却往往将纠纷视作一种对既有规范的违反行为，将其作为一种法律调整的社会现象，而从法律功能的角度去探讨纠纷。这种法律解释学的惯性思维仅从法律的眼光来看待纠纷并免过于简单化。其实纠纷并非是法学的独有研究对象，在社会学与人类学的研究中，更是一种非常重要的研究对象。

从社会学与人类学意义上来看，纠纷（dispute）作为一种社会现象，是社会固有的属性，有社会就会有纠纷的存在。"纠纷指特定主体基于利益冲突而产生的一种双边或多边的对抗行为。它又常被称为冲突、争议或争执，其本质可归结为利益冲突"。① 从这一定义来看，纠纷往往被界定为与冲突（conflict）相同的含义，二者在社会学的视阈中并没有十分严格的界限，依照这种判断，我们可以将纠纷纳入社会冲突的视野中进行考察。

社会学理论认为，人类社会自产生以来，形成了各种各样的社会关系，在不同的社会关系中往往凝聚着各种各样的利益，追求利益的各种主体之间发生冲突和纠纷也在所难免。而对于这种利益主体间的冲突与纠纷在纳入社

---

① 徐昕：《迈向社会和谐的纠纷解决》，载徐昕主编：《纠纷解决与社会和谐》，法律出版社 2006 年版，第 66 页。

会学研究范围后，在社会学理论上存在不同的认识，其中较具代表性的是社会冲突理论。

　　一般认为社会冲突理论起源于马克思，其阶级斗争理论成了后来各式各样的社会冲突理论的萌芽。但是当下我们所常谈到的社会冲突理论主要是指20世纪50年代中后期形成的西方社会学流派。结构功能主义的代表帕森斯强调社会成员共同持有的价值取向对于维系社会整合、稳定社会秩序的作用，将冲突看做健康社会的"病态"，努力寻求消除冲突的机制。第二次世界大战后，一些社会学家开始对帕森斯理论的精确性产生怀疑。他们在批评和修正结构功能主义的片面性的基础之上形成了社会冲突理论。社会冲突理论"强调人们因有限的资源、权力和声望而发生的斗争是永恒的社会现象，也是社会变迁的源泉。"① 其中，科塞无疑在社会冲突理论中是领军人物，他将冲突定义为"是在价值观、信仰以及稀缺的地位、权利和资源分配上的斗争，在这种斗争中，一方的目的是企图压制、伤害或消除另一方"。② 同时科塞从齐美尔"冲突是一种社会结合形式"的命题出发，广泛探讨社会冲突的功能，形成了自己的冲突功能论。科塞认为，冲突具有正功能和负功能。他认为在一定条件下，冲突具有保证社会连续性、减少对立两极产生的可能性、防止社会系统的僵化、增强社会组织的适应性和促进社会的整合等正功能。这样，在社会冲突中，人们相互之间的仇恨和不满得以及时宣泄，对于社会而言起着一种"减压阀"的作用，社会冲突在这种积极功能之下实际上又成了社会自我整合、自我完善并进行制度创新的内在动力，新的社会秩序不断得以生成并最终推动人类社会前行。

　　然而，面对社会冲突理论派对社会冲突积极功能的乐观，我们也应认识到科塞的功能主义冲突理论虽然发端于对结构功能理论的批判，但它不是对结构功能理论的全盘否定。对于冲突的负面功能，法国功能主义社会学家涂尔干称，一种对个人的欲望和行为的调节缺少规范、制度化程度差而丧失整合的混乱无序的社会状态即意味着失范，代表了社会秩序紊乱和道德规范失衡的反动倾向。失范如同病症，如果不断恶化下去，最后导致社会寿终正寝。③ 而社会冲突正是失范的一种典型表现，总体上是一种无序。

---

　　① ［美］戴维·波普诺：《社会学》（第十版），李强等译，中国人民大学出版社1999年版，第18页。

　　② ［美］科塞：《社会冲突的功能》，孙立平译，华夏人民出版社1989年版，前言。

　　③ 参见渠敬东：《缺席与断裂：有关失范的社会学研究》，上海人民出版社1999年版，第17～18页。

　　基于社会冲突兼具正负功能的前提下，对于一个社会而言，重要的不是如何消灭和压制社会冲突，而是如何建立一套有效的社会冲突的化解机制，从而兴其利而去其弊，使其控制在合理的限度之内。既要能够促进社会自我整合，促成新社会秩序的建构，又不至于使社会陷入混沌。如何化解与消除社会冲突？社会学家本质上都认为应该采用疏导的方式。科塞在研究社会冲突功能时就注意到社会冲突中安全阀机制的重要性，他强调安全阀机制必须在社会结构当中加以制度化，认为社会理应借助于可控制的、合法的和制度化的疏导机制，使各种社会紧张情绪得以释放，避免灾难性冲突的最终出现，社会系统才有可能处于均衡与和谐的状态。这样一种机制事实上就是我们所说的社会冲突的解决机制，是一种社会控制机制。通过这样一种机制将社会冲突控制在一定的范围之内，重建秩序。社会学理论认为社会控制制度是"保证其成员按照被期待、被认可的方式行动的一套方法。"① 庞德认为"社会控制的主要手段是道德、宗教和法律"。② 道德和宗教主要以社会舆论、传统习惯、规范、戒律、礼仪和内心信念等形式对人们的行为发生作用，一般不具有强制力。庞德从文明发展的角度指出在开始有法律时，最初的社会中，法律与道德、宗教这些控制方式是融合在一起的，没有什么区别。到了近代世界，法律超越道德和宗教成为社会控制的主要手段。③ 究其原因，法律控制以国家强制力为后盾，具有较强的规范性和权威性。这种优势使法律成了社会控制的主要机制，以法律来控制和疏导社会冲突。

　　社会学意义上的冲突或纠纷本来与我们在法律框架下探讨的内涵并不完全相同，接受法律评价的社会冲突和纠纷仅是其中的一部分，但社会冲突理论所谓的"社会冲突"与法学研究中的"纠纷"在本质上是同一的，即都是主体间矛盾的表现，是一种权利或利益分配上的斗争与对抗。然而，社会学意义上的纠纷是涵盖了法律纠纷在内的广义的概念，若就法学意义上而言，纠纷的外延则狭窄许多。社会中除了法律纠纷之外，还存在大量无法或者不适于通过法律调整或解决的纠纷，如情感纠纷、宗教纠纷、道德纠纷等。只有那些可以纳入法律调整范围，或者可以通过法律予以解决的纠纷，我们才称为法律纠纷。

---

　　① ［美］伊恩·罗伯逊：《社会学》（上册），黄育馥译，商务印书馆1990年版，第77页。

　　② ［美］罗·庞德：《通过法律的社会控制法律的任务》，沈宗灵、董世忠译，商务印书馆1984年版，第9页。

　　③ 参见［美］罗·庞德：《通过法律的社会控制法律的任务》，沈宗灵、董世忠译，商务印书馆1984年版，第9~10页。

法学上对法律调控社会冲突的研究也是以社会学理论中对社会冲突及其控制的研究为基础的。"纠纷解决（dispute resolution），是指在纠纷发生后，特定的解纷主体依据一定的规则和手段，消除冲突状态、对损害进行救济、恢复秩序的活动。"① 法律纠纷的解决机制则是指缓解和消除法律纠纷的方法和制度，其目的就是要通过一系列规则和程序，实施一定行为，以消解纠纷，恢复和重建秩序。从人类社会演进的宏观历史来看，解决纠纷的方式经历了从非理性向理性、从私力救济到公力救济这样一个逐步发展的过程。在国家出现以前，私力救济是社会纠纷解决的常态。私力救济是指纠纷主体依自己的力量解决纠纷，维护自己的权益的一种救济渠道。人类最初使用的方式是氏族内部裁断和纠纷双方之间血亲复仇与同态复仇式的武力自决，即所谓的"以牙还牙，以眼还眼"式解纷方式。随着社会的发展，赎金、赔礼等也逐渐出现，在一些情况下成为暴力方式的替代性措施。这种纠纷的解决方式在冲突的解决中举足轻重，冲突主体也就是解决冲突的主体。没有中立的裁判者，诉讼更不知其为何物。由于私力救济具有弱肉强食、随意性和容易引发进一步社会冲突的固有缺陷，在人类社会的历史进程中逐渐走弱。在阶级和国家出现后，对于统治秩序的追求，私力救济在很大范围内逐渐被予以限制乃至禁止。这是因为"国家是属于统治阶级的各个个人借以实现其共同利益的形式"，② 社会秩序的一般要求上升到统治阶级利益的高度，并在此基础上形成了法律。私人之间的冲突与纠纷就不再仅仅涉及私人利益，而上升到了与统治阶级利益和社会秩序相关的高度。国家既然限制了公民私力救济的自由，作为统治阶级的工具就必然担负起解决各类社会冲突的职责，要作为第三方介入社会冲突的解决当中，为纠纷的双方当事人提供其他一些替代性的定纷止争的机制，以维护或实现纠纷双方当事人的合法权益。这样在国家及法律制度的框架下，公力救济方式逐步取代私力救济成了纠纷解决中占主导地位的机制。公力救济是指社会力量的代表者——国家利用公权力解决纠纷，其中最为典型的就是诉讼方式。国家通过诉讼程序解决纠纷是维护法律秩序的最佳手段，诉讼具有规范的形式和依据，可以免受个人情感、意志的左右，使纠纷的解决建立在和平、理性的基础上。因此，就诉讼制度而言，它是整个纠纷解决机制中最正式和最权威的方式。诉讼制度的出现对社会纠纷的解决有着里程碑式的意义，在当今社会中作为纠纷解决机制的主导性和正统地

① 范愉：《纠纷解决的理论与实践》，清华大学出版社2007年版，第71页。
② 《马克思恩格斯选集》（第1卷），人民出版社1972年版，第69页。

位已经得到牢固的确立。

（二）犯罪及刑事诉讼本质的回复

由于对纠纷的认识存在一定的偏差，有一种习惯性的思维把纠纷仅定位于民事关系的范畴，因此在很长时间内纠纷的含义较为含混，对于其本质不易准确把握。其实在人类社会早期，社会关系较为简单，纠纷形式也较为单一，而随着生产力的发展和社会的变迁，纠纷也逐步多样化和类型化。按照纠纷的性质可以将一国范围内常见的法律纠纷分为宪法纠纷、民事纠纷、刑事纠纷和行政纠纷。民事纠纷与行政纠纷其实总体上并不难理解，民事纠纷是指平等民事主体之间的人身和财产纠纷，只是涉及私权之间的利益冲突，而行政纠纷是指行政相对人与行政主体之间的纠纷，尽管行政相对人与行政主体在行政管理领域地位不同，但是在发生争议时，二者也是代表国家进行行政管理的行政主体与作为行政相对人的个人或单位之间的利益冲突。而最难理解与诠释的应当是刑事纠纷，长期以来我们往往直接将刑事案件定位于公法调整的范畴，在探讨纠纷时，我们也往往忘记了刑事纠纷的存在，似乎在刑事法领域就不存在纠纷。那么在刑事领域纠纷的表象与本质又是怎样的呢？

我们在谈到"纠纷"一词时更多的是以民事法律为探讨的起点，一般认为民法上的纠纷主要包括侵权纠纷和契约纠纷等类别，其中侵权纠纷由侵权法来调整，指的是一个人由于从事了有过错的行为，这一行为给他人或他人的财产造成了损害，侵犯了他人的相关利益。由于刑事领域主要涉及犯罪的追究与惩处问题，其核心概念在"犯罪"。虽然说侵权行为人通常是通过金钱性的损害赔偿来受到惩罚，而对犯罪的惩罚则是通过监禁或极刑来进行，但本质都是对促成纠纷的行为的一种惩罚。故而，正是犯罪引起了刑事纠纷，因此需要对犯罪的本质纳入纠纷的视野中进行考察。

我们需要对刑法史进行回溯性考察。梅因在考证人类法律史后认为，"在法律学幼年时代，公民赖以保护使不受强暴或欺诈的，不是犯罪法而是侵权行为法。"[1] 人类历史上最初的刑事纠纷被认为是对私人权益的侵犯，与民事纠纷中的侵权具有内在联系，犯罪与侵权并未严格区分，还未能完全上升到侵犯公共利益的层面。这一点从我们前面所谈到的古罗马成文法《十二铜表法》中所规定的"私犯"也完全可以得出这一结论。只是后来随着统治者通过国家来控制社会的意识高涨和对犯罪本质认识的深入，犯罪与侵权之

---

[1]　［英］梅因：《古代法》，沈景一译，商务印书馆1984年版，第209页。

间的距离越拉越开，人们才开始注意到犯罪还危及国家和社会秩序，侵犯统治阶级利益，国家也开始主动追究犯罪。但总体上看，刑法是从侵权法的基础上发展起来的，犯罪行为与侵权行为在性质上具有同源性，也可以说刑法对应了民法当中的侵权法。犯罪与侵权行为历史上的融合，最为直接的后果就是刑事诉讼程序与民事诉讼程序的混同。有学者指出，"民事诉讼，作为一种平等（没有权力）主体之间的抗辩式程序，是基本的、原生的；而刑事诉讼则是其衍生的变异物。"① 的确，从诉讼程序发展的历史维度来看，民事诉讼作为诉讼制度的起源，至少在最初民事诉讼与刑事诉讼是未被严格区分的。②

　　随着国家本位观的强势，刑法与侵权法的界限也越来越清晰与明确，犯罪似乎就与侵权行为断绝了联系。犯罪与侵权同源性也逐渐成了一种历史性认知，出现了断代，而不具有现代意义。在近现代法学研究突飞猛进的时代背景下，基于不同的时代背景与社会条件，对于犯罪的概念和本质的认识在中外刑事法学界成了一个争议较大的问题，尤其是在崇尚逻辑性的大陆法系国家。在刑法学界主要存在"阶级斗争说"、"社会危害性说"、"权利侵害说"、"法益侵害说"、"规范违反说"等对犯罪本质认识的理论流派。但理论上大致发展趋势是从"阶级斗争说"到"社会危害性说"，再到"法益侵害说"。目前"法益侵害说"已经成了刑法学界对犯罪本质认识的主流学派。对于"阶级斗争说"而言，主要是在一些社会主义国家占主导地位。马克思与恩格斯曾经在《德意志意识形态》一书中对犯罪这种极端的社会冲突形式的本质进行了阐释："犯罪——孤立的个人反对统治关系的斗争，和法一样，也不是随心所欲地产生的。相反，犯罪和现行的统治都产生于相同的条件。同样也是那些把法和法律看做某些独立自在的一般意志的统治的幻想家才会把犯罪看成单纯是对法和法律的破坏。"③ 这一论断在很长一段时间里，成了社会主义国家对犯罪本质界定的通说。但事实上，这一界定其实只能算作犯罪的政治学界定，只能反映出犯罪的阶级性一面，将犯罪的本质定位于危害

---

　　① ［斯洛文尼亚］卜思天·M. 儒攀基奇：《刑法—刑罚理念批判》，何慧新等译，中国政法大学出版社 2002 年版，第 224 页页下注。

　　② 这个结论是就世界范围而言的，从中国历史来看，尽管按《周礼》的记载，西周时期有"狱"（刑事诉讼）"讼"（民事诉讼）之分，但这种划分只是初步的划分，但事实上在三千多年的发展过程中，刑事诉讼与民事诉讼一直缺乏明确的概念划分。参见张晋藩：《中国民事诉讼制度史》，巴蜀书社 1999 年版，第 9～10 页。

　　③ 《马克思恩格斯全集》（第 3 卷），人民出版社 1960 年版，第 379 页。

了统治关系。然而这一对犯罪本质的认识却在很长一段时间内，将人们对犯罪本质的认识引入了误区。"社会危害性说"则是目前我国刑法教科书和大部分学者所持的一种观点，最早是由贝卡利亚的《犯罪与刑罚》中提出，书中他认为应从社会危害性的角度对犯罪本质进行认识，"一切犯罪，包括对私人的犯罪都是在侵犯社会，然而它们并非试图直接地毁灭社会。"① 社会危害性过度重视对社会的保护，而忽视了对个人权利的尊重，也难以说明一些具有社会危害性，但却为法律所明确否定违法性的理由。对犯罪的社会危害性及犯罪一般客体的过分强调也在某种程度上忽视了犯罪侵犯被害方的利益和犯罪的直接客体的一方面。同时在国家利益至上和民主制度还不完善的背景下，过度强调公共利益容易异化公民与国家的关系，使犯罪成为镇压的对象，而忽视了犯罪是刑事纠纷的本质属性，使个人的主体性地位丧失。由于"社会危害性说"逻辑上的缺陷，使人们对犯罪的本质进一步思考，"法益侵害说"是目前大陆法系国家刑法理论界的通说。法益是指"由法所保护的、客观上可能受到侵害或者威胁的人的生活利益。"② 而刑法上的法益则是指"由刑法所保护的人的生活利益"，③ 法益侵害说就认为犯罪是对法所保护的生活利益的侵害或威胁。刑事法领域中所涉及的利益当中，包含生命、身体、自由、名誉、财产等个人利益，公共安全、社会信用等社会法益，国家（以及地方公共团体）的立法、行政、司法顺利进行等国家法益。④ 从这一学说来看，犯罪也与一定的利益相关联，是对刑法所保护的利益的一种侵犯，而侵犯的对象既可能是公共利益，也可能是集体利益和个人利益。这种将犯罪本质与法益侵犯联系起来的学说，跳出了以国家本位观来检视犯罪本质的陈旧视角，更加注重在刑事领域的个人保护。从某种意义上来讲，当前法学界已经将犯罪本质回归到了侵权法的视角。

当前刑事法学界"法益侵害说"不仅仅在理论上成了犯罪本质问题的主流学说，将犯罪回归到了侵权纠纷的视角，认为犯罪具有侵权性与社会危害性的双重性质，是侵权纠纷的"升级版本"，而且在司法实践当中也出现了将犯罪作侵权化处理的动向。这一点在具有崇尚个人本位历史传统的英美法系国家表现得较为明显。英美法系国家大都采用广义侵权法的观念，将犯罪视为一种严重的侵权行为，也即视为一种纠纷——被告人与国家、社会团体

---

① ［意］贝卡利亚：《论犯罪与刑罚》，黄风译，中国大百科全书出版社1993年版，第71页。
② 张明楷：《法益初论》，中国政法大学出版社2000年版，第167页。
③ 张明楷：《法益初论》，中国政法大学出版社2000年版，第167页。
④ 参见［日］曾根威彦：《刑法学基础》，黎宏译，法律出版社2005年版，第6页。

和其他组织、个人之间的纠纷，英美法系国家刑事诉讼与民事诉讼的区别不像大陆法系那样明显。这样在英美当事人主义诉讼中，不仅将代表国家的起诉机关当事人化，而且在程序上充分体现了当事人之间的对抗，注重控辩双方权力与权利的平衡。作为英美法系具有代表性的特色制度之一的辩诉交易制度，可以说是将犯罪侵权化观念付诸实践的一个典型例子，此外，相类似的其他协商性司法，也是基于将犯罪视为侵权纠纷而予以解决的模式。大陆法系国家在传统职权主义诉讼模式下并不持此观点，而更强调刑事犯罪对社会秩序的危害性和破坏性，在诉讼中国家追诉机关的权力较之被告方处于强势地位。然而近年来，随着人权保障理念的深入，大陆法系国家也开始认同犯罪本质上是犯罪人的行为与国家、社会利益或个人利益之间发生了冲突，构成了对国家、社会利益或个人利益的侵犯，这种冲突虽然较之于民事诉讼和行政诉讼更为激烈，但形式上也是一种被告人与国家、社会抑或个人之间发生的纠纷和冲突。何况除无被害人犯罪外，犯罪的直接侵犯客体往往是公民个人或者是社会组织，被告人与被害方的纠纷和冲突表现更为直接。在这种观念的转变过程当中，大陆法系国家在制度实践上也开始出现了一些新的特点，如检察官自由裁量权的扩大等，可以视作赋予了纠纷双方更大的处分权。

在刑事法领域中犯罪的法律纠纷性质得到回复，从而在一定程度上破除了国家机关主导刑事法领域的迷信，而更加注重纠纷双方的权利保障。综上所述，无论是从刑法史，抑或是当前的刑法学主流观点，再或是两大法系刑事法的实践现状来看，犯罪与侵权纠纷已经开始紧密关联起来。以"法益侵害说"为理论背景，将犯罪本质侵权化，将刑事犯罪视作一种纠纷，以此为前提，刑事诉讼与民事诉讼一样作为纠纷的解决形式也开始关联起来。

法律纠纷的类型化促成了诉讼的类型化。不同性质的社会纠纷，就应当采用不同的诉讼手段，按照不同的诉讼方式加以解决，这样就构成了宪法诉讼、民事诉讼、刑事诉讼和行政诉讼四种主要的独立诉讼类型。四大诉讼法的独立性是相对的，它们之间固然存在不少质的差异，但同时在本质上都是纠纷的解决方式，不能将刑事诉讼与宪法诉讼、民事诉讼、行政诉讼及其他诉讼类型完全隔离开。正是基于这一点，凯尔森指出"刑事诉讼具有像民事诉讼一样的形式，至少是一样的外表；它体现了双方的争端：刑事诉讼是在法律共同体，由一个公共机关所代表的国家和一个私人、被控告人之间的争端；民事诉讼则是两个私人、原告和被告之间的争端。"① 现代司法权具有被动性，它本身不具有主动保护公民权利的运作方式，需要有一种中介将公民的争议引向司法权，实现纠纷与审判的连接。而诉权就是在纠纷出现的前提下形成的，由解决纠纷的请求转化而来，在这个意义上诉权就是纠纷主体运用诉讼方式解决纠纷的权利，是启动和推动诉讼程序的权利。可以说，诉权是诉讼制度纠纷解决机能发挥的源动力。缺乏诉权这一中介，社会纠纷就难以纳入司法解决的轨道。民事诉权的研究已经取得了一定的进展，由于行政诉讼与民事诉讼在历史上有着紧密的渊源关系，行政相对人与行政主体在诉讼地位上的平等也得到确立，行政诉权也得到了认可。但是由于原来过度强调刑事诉讼过程中对被告人定罪量刑的外在形式特征，而忽视了刑事诉讼与民事诉讼、行政诉讼同样作为纠纷解决形式的内在关联，也忽视了对刑事诉权的研究。客观来讲，历史上确实存在一段承担审判职能的官员主动纠举犯罪的时期，但是在现代诉讼体制下，审判权的被动性和不告不理原则作为诉讼基本原理已经得到了广泛的认可，刑事诉讼也不应当例外。"从性质来说，司法权自身不是主动的。要想使它行动，就得推动它。向它告发一个犯罪案件，它就惩罚犯罪的人，请它纠正一个非法行为，它就加以纠正；让它审查一项法案，它就予以解释。但是，它不能自己去追捕罪犯，调查非法行为和纠察事实。如果它主动出面以法律的检查者自居，那它就有越权之嫌。"② 在刑事诉讼过程中，也需要通过刑事诉权将刑事纠纷引入审判的界域内。没有刑事诉权的行使，刑事诉讼程序就不能得以启动和运行，刑事纠纷也不能得到解决。

由此可见，社会冲突虽然具有一定的正功能，但同时对社会秩序而言也具有负功能，需要有一定的冲突解决机制来予以消解。而犯罪作为法学视野下的一种严重的冲突和纠纷，与民事纠纷中的侵权行为有异曲同工之处，都可以视作因侵犯他方利益而引起的纠纷。作为现代社会刑事纠纷的正当解决途径的刑事诉讼与民事诉讼在纠纷解决方式这一本质上是一致的。在采用诉讼方式解决纠纷的过程当中，即使出现了纠纷也不能自动地引起诉讼这一解纷机制，还需要通过诉权将纠纷导入诉讼程序当中，通过诉讼程序来解决纠纷。这一点可以说是民事诉权理论的核心内容之一，而作为与民事诉讼处理

---

① ［奥］凯尔森：《法与国家的一般理论》，沈宗灵译，中国大百科全书出版社1996年版，第95页。

② ［法］托克维尔：《论美国的民主》（上卷），董果良译，商务印书馆1991年版，第110页。

民事纠纷具有相同原理的刑事诉讼在通过程序处理犯罪行为时，也是需要有诉权这种纠纷与司法权之间的引导机制。有纠纷与纠纷的诉讼解决机制的存在，就必然会有诉权的存在，从这一原理来看，刑事诉权也就客观存在了。

三、程序多元：公诉与自诉制度中存在的诉权

刑事诉讼中根据起诉主体的不同，可以将起诉的机制分为公诉与自诉两种制度，公诉制度是由作为国家和社会利益代表的公诉机关代行追诉犯罪的职能，自诉则是由受犯罪行为侵害的个人直接进行追诉。这两种制度往往又衍生出公诉权与自诉权两个概念，尽管两个词均以"诉权"二字作为中心词，但我们无论是在理论上还是实践上并未把这两个词当中所含的"诉权"作同一解释。一般认为公诉权中的"诉权"强调的是一种权力，因为其代表的是国家和社会的公共利益，是一种为履行追诉犯罪职能而被赋予的带有强制性的权能；自诉权中的"诉权"由于仅为私人所拥有，是不具有强制性的一种权利。因此，按照通常的理论来看，二者在性质上完全不具有共通性，公诉权是一种权力，自诉权则仅仅为一种权利。就此而言，往往成了人们对刑事诉权深入认识的障碍。为澄清误解，笔者从以下两个方面进行分析：

（一）权力与权利的法理关联

从普通民众对权力与权利的关系的非专业化理解来看，权力与权利似乎风马牛不相及，二者在性质和特征上有着根本的差异。从表面来看，权力更强调其公共性与强制性因素，而谈及权利则往往被视为具有私人性与任意性的特征。当然这种认识是较为肤浅与片面的，并不能真正体现权力与权利二者之间的关系。

事实上，早期的权利与权力难以区分，罗马人赋予债权人处置债务人人身的能力就难区分是权利还是权力，后来，随着强制执行力的国家化，人们逐渐把国家所取得的支配、强制能力称为权力，而把公民正当行为的能力称为权利。[①] 从这一意义上来看，权力不过是从权利中所分化出来的一种类型而已。

此外，从内涵上来看，权力与权利均有了支配他人的法律上的能力这一要素，这一"支配他人的法律的能力"事实上与目的也具有一致性，即均是为了获得一定的利益，二者的区别只不过在于获取利益是为公共还是为私人的目的。这种目的上的不同，并不妨碍权力本源上所具有的权利性质。

---

① 参见周永坤：《规范权力——权力的法理研究》，法律出版社 2006 年版，第 150 页。

近代以来，许多西方学者也对权利以及权力的本源进行了许多论证，"权利天赋"可谓近代资本主义民主思想的一个重要的立论基调。同时，持"社会契约论"的一些学者认为，权力来自于人民权利的让渡，是权利保障的产物，权力是由权利所派生的。这一理念目前已经成了大多数国家实施宪政的重要理论基础。

洛克在《政府论》中对于司法权力的行使有过明确阐述："真正的和唯一的政治社会是，在这个社会中每一成员都放弃了这一自然权力，把所有不排斥他可以向社会所建立的法律请求保护的事项都交由社会处理……通过那些由社会授权来执行这些法规的人来判断该社会成员之间可能发生的关于任何权利问题的一切争执，并以法律规定的刑罚来处罚任何成员对社会的犯罪。"[①] 由此来看，公诉机关表面上是执行国家刑罚权的机关，但其实是接受了社会的授权而代社会成员个人行使追诉的权利，其权力来自于社会成员个人追诉权的让渡，即公诉机关其实仅仅执行由真正被犯罪所侵害的权利主体所让渡的权利。

因此，公诉权尽管目前普遍的认知是一项由公诉机关所行使的权力，从权利与权力的法理上的关联来看，究其实质，公诉权只是一种"执行权利的权力"，其起点和源泉还是公民的诉权。也就是说，诉权无论通过何种方式行使，其实质也不会发生任何变化。

（二）刑事追诉权的发展路径

埃尔曼认为刑事法的演变路径"通常是从授权受害人对侵害行为加以制裁的法律秩序，到确认刑法中具有公共利益的制度，再到逐步出现的国家对刑法加以垄断，这个缓慢的演变乃是法律史上引人注目的篇章。"[②] 人类社会早期的犯罪仅仅被认为是对私人利益的侵犯，对犯罪实行私人告诉制度。随着文明的不断发展，人们认识到犯罪不仅侵犯了被害人个人的利益，同时也侵犯了国家所维护的公共秩序和社会利益。为了避免私人起诉的缺陷和更好地维护公共秩序和社会利益，国家设置了公诉机关并赋予其公诉权以代表国家和社会公共利益对犯罪提起公诉。公诉制度的不断发展使国家在犯罪的追诉中占据了主导地位，甚至在一些国家出现了公诉垄断。"在国家垄断了对所有合法强制力的运用之后，强制力不再由拥有权利的个人直接行使；随着

---

① ［英］洛克：《政府论》（下篇），瞿菊农、叶启芳译，商务印书馆1982年版，第53页。
② ［美］H. W. 埃尔曼：《比较法律文化》，贺卫方、高鸿钧译，清华大学出版社2002年版，第66页。

从自然法到实证法的过渡，这种对使用强制力的授权变成对提起诉讼的授权。"① 然而时至今日，在世界范围内公诉也未能完全替代犯罪的私人追诉，国家追诉主义兼采私人追诉主义，自诉制度与公诉制度并存仍是主流格局。这样刑事诉讼在具体程序的设置上出现了多元化的趋势。而在民事诉讼中，国家权力的介入多仅以审判权为限，即使也有一些国家出现了民事诉讼和行政诉讼中的公诉制度，但诉权主体中国家并不占主导地位。总体上来看，刑事诉讼中的诉权主体多元化现象较之民事诉讼和行政诉讼更为显著，但是公诉与自诉的并存也在某种程度上给探讨刑事诉权造成了一定困难。

1. 自诉中存在的诉权

自诉制度作为一种刑事诉讼中的私人告诉制度，是由刑事被害人及其法定代理人、近亲属等，以个人名义向法院起诉，要求保护自己的合法权益，追究被告人刑事责任的诉讼方式。从诉讼制度的发展史来看，人类社会早期的犯罪被认为主要是对私人利益的侵犯，诉讼主要是由被侵犯利益的相关私人提起。只是在封建纠问制诉讼模式下，国家开始取代被害人成了犯罪的追诉者，在这一时期，自诉基本失去了存在的价值。而进入资本主义社会，更加注重个人本位，刑事诉讼中也开始重视对公民个人权利的保障，犯罪的侵权化又初露端倪，被害人的主体地位得到重视，自诉制度又有重新抬头的趋势。至今大部分国家形成的是公诉为主，自诉为辅的诉讼体制。

在犯罪侵权化回复的理论背景下，犯罪被认为是一种侵权行为，是犯罪人与公民或国家、社会之间的一种纠纷，与民事侵权纠纷类似。在这种理论前提下，自诉制度中刑事诉权存在的问题其实并不难理解。自诉制度虽然从根本上来说具有刑事性质，其目的最终是要追诉并惩罚犯罪，但是在自诉程序中除审判权以外的国家权力并未介入诉讼，更多的是纠纷双方平等权利之间的对抗。首先，从诉讼构造的角度来看，自诉制度与民事诉讼基本相似，两种制度均是在国家裁判机构的主导下，由纠纷双方在平等的基础上进行对抗，手段基本对等。其次，从具体诉讼制度上来看，自诉制度与民事诉讼也有许多相似内容，如可反诉、可调解、和解等。总体而言，刑事自诉与民事诉讼都是由纠纷双方当事人主导程序的启动、运行。从某种意义上来说，自诉制度虽然涉及被告人是否有罪及定罪量刑的问题，似乎是纠纷一方倚赖于国家裁判权而对犯罪人治罪，但是总体而言，自诉人在整个诉讼中并未有明

---

① [德] 哈贝马斯:《在事实与规范之间:关于法律和民主法治国的商谈理论》, 童世骏译, 三联书店 2003 年版, 第 33 页。

显胜于犯罪人的权利，只能依靠自己的力量收集证据、举证，并与犯罪人进行质证。因此，自诉制度总体上也可以看做是民事诉讼制度在刑事诉讼中的适用。在民事诉讼中，民事纠纷发生后，双方当事人可以通过诉权的行使启动并推动程序的运行，促进纠纷的解决。在与民事诉讼类似的自诉制度中，当刑事纠纷发生后，诉权的存在也应当不容置疑，只不过这种诉权行使的目的是就被告人罪与非罪及刑罚的适用进行处置，在性质上与民事诉权不同，但是刑事自诉中的诉权与民事诉权的本质内涵，都是一种请求诉讼保护的权利。

2. 公诉中存在的诉权

公诉是指公诉机关为维护公共利益而代表国家对犯罪行为人向法院提起诉讼，请求依法判定被告人有罪与否及定罪量刑的活动。由于公诉制度中渗入了国家强制力这一重要因素，因此，对于公诉制度中是否存在诉权的问题就显得较为复杂。

一般认为，现代公诉制度发源于法国的检察官制度，是随着对犯罪认识的深化及国家本位主义的兴起而产生的。传统上，公诉人被认为是公共利益的代表，代表国家对犯罪进行追诉，主要存续于刑事法领域。但是，从当前公诉制度的发展趋势来看，基于对弱势被侵害人保护和公共利益的考虑，许多国家的公诉制度开始超出刑事诉讼领域，扩展到民事诉讼和行政诉讼领域。我国民事诉讼和行政诉讼法学界也开始了对民事、行政公诉权的理论探讨，认为在我国应当对部分民事或行政案件实施公诉制度。就公诉制度而言，其实民事诉讼与行政诉讼有向刑事诉讼借鉴的趋势。

公诉的提起往往是基于公益原则，这一点与诉权要件中要求具有适格的当事人和诉的利益表面上看不太吻合。早期的民事诉讼当事人适格理论认为只有实体法的权利义务关系人才是诉讼当事人，但随着对当事人适格理论研究的深入，特别是随着新型纠纷的不断涌现，学者们认识到仅仅从实体法的角度考虑适格当事人不能适应诉讼制度发展的现实要求，从而开始扩大当事人适格的基础来解决为维护国家利益或社会公益而起诉的检察机关的当事人适格问题。另外，传统诉的利益理论认为原告仅能就与自己权利及法律上有直接利害关系的事项提起诉讼，"无利益即无诉权"。而随着诉讼的发展，诉的利益范围也在客观上得到扩大，国家享有诉权的合理性就得到了证明。但是国家本身只是一种"虚幻的共同体"，① 它只能通过某些特定的个人或组织

---

① 参见《马克思恩格斯选集》（第 1 卷），人民出版社 1972 年版，第 38 页。

的活动来表现自己并发挥作用。根据"诉讼信托理论",① 与争议有直接利害关系的国家通过诉讼信托将诉权的具体实施权授予非直接利害关系人（主要是公诉机关），使公诉机关虽然并非实体权利人，但基于信托可以代表国家和社会享有诉权的具体实施权。检察机关作为国家所设立的公益保护机关实际上是国家和社会利益的代表，全权代表国家对国家和社会利益进行诉讼保护，也就是当然地承担了将国家和社会的诉权付诸实施的职责。因此，公诉权本质上也是诉权的一种表现，只是更侧重于诉权的具体实施权。这样公诉机关虽然并非民事实体权利的当事人，但也可以享有程序意义上的诉权，可以以自己的名义提起民事诉讼并承担程序意义上的诉讼结果。于是在民事诉讼中也就从理论上扩大了诉权主体的范围，解决了民事公诉制度中的检察官享有诉权的问题。同样，在行政诉讼中也是以此来解决行政公诉中的行政诉权问题的。

那么在刑事诉讼中能否借用此理论来解释公诉中检察官的刑事诉权问题呢？有被害人的犯罪直接侵害对象是被害人的利益，但是由于其对社会秩序的破坏程度较为强烈，犯罪也被认为侵犯了公共利益，具有社会危害性，是一种双重侵权行为。在无被害人的犯罪中，犯罪更是被认为直接侵害对象是公共利益。国家负有保护公共利益的责任，在刑事诉讼中国家就与刑事纠纷具有了诉的利益。在有被害人犯罪中，因为犯罪也侵犯了公共利益，所以不仅被害人具有诉的利益，国家在这种纠纷当中也具有诉的利益，但是，鉴于国家本身也有对公民利益保护的责任和被害人本身对犯罪追诉能力有限，往往是由国家来作为犯罪追诉的主体，被害人虽享有潜在的诉权，但这种诉权往往根据法律被强制授予了公诉机关具体行使。这也可以解释为被害人通过信托将诉权的实施权授予公诉机关代为行使，但这种情况下也并不意味着被害人诉权的消灭。

综上所述，尽管刑事诉讼具体程序设置上分为自诉和公诉两种制度，但是两种制度中的诉权或者由国家及被害人享有，或者是由自诉权人享有，具体实施诉权的则为公诉机关或自诉人。当然在刑事诉讼中的被告人作为与起诉方相对应的一方有要求获得公平、理性裁判的权利，还享有上诉权、再审请求权，在自诉中甚至还可提起反诉，这些都是刑事诉权的必然内容。

---

① 所谓诉讼信托又称为诉讼担当，是指由法律授予某一公益团体诉讼实施权，即使其并非争讼实体法律关系主体，该公益团体代表权利受侵害的当事人起诉而成为适格的诉讼当事人，但实体权利义务仍归属于争讼的实体法律关系主体。详细的阐述请参见本书第四章第一节刑事诉权要件。

四、诉权研究领域的拓展：诉权宪法化与国际化的两种趋势

传统的诉权理论是从民事诉讼领域衍生的，而且长期以来局限于民事诉权领域探讨，似乎诉权成了民事诉讼法学的专属研究对象，诉权的理论体系也基本都是以民事诉讼程序为基础进行架构。如果将诉权的理论探讨仅限于民事诉讼层面，那么在其他类型的诉讼程序中应当就没有诉权存在的空间。但是"理论是灰色的，而生活之树是常青的"，随着近代以来法学理论与诉讼制度文明的不断发展，国际经济文化交流的推进，诉权理论的研究领域已经超越了严格的学科界限，迈出了民事诉讼法学领域，不断向别的学科领域拓展，呈现出宪法化与国际化两种趋势。尤其需要在此提及的是"接近正义运动"（access to justice movement），① 这一运动由意大利学者卡佩莱蒂倡议发起，虽然其首要目标是解决贫困和边缘化的人们以及弱势群体在面对法律和权力时经常遇到的困难与障碍，但其核心思想是强化国家对诉权的保障，要求国家必须保障任何公民能够平等地行使诉权，使他们很方便地接近裁判，同时该思想还要求国家为公民提供相应的制度便利。"接近正义运动"的思想虽然其实已经在立法上和理念上存在，但作为一面司法改革运动的旗帜系统化地提出还是在 20 世纪 70 年代。卡佩莱蒂在其书中就已明确提出"二战"后，存在当事人基本程序保障权的宪法化、国际化和社会化的潮流，而诉权的保障其实也跟上了这一历史步伐。"接近正义运动"的思想一提出，就对各个国家的诉讼制度改革及诉讼人权保障产生了相当大的影响，而且对于诉权的宪法化和国际化起到了较大的推动作用。

（一）诉权的宪法化

诉权的宪法化主要指诉权被纳入宪法基本权利的范畴，成为一种宪法性权利。在诉权理论的发展史中，一些学者就曾经从宪法角度来探讨诉权问题，② 但是当时这种研究学术影响力甚微，未能引起人们的重视。"二战"后，由于宪法的重要性在各国得到了相当大的提升，一些新兴的人权制度也开始真正成为宪法文本，被纳入宪法基本权利，一些学者以此为契机，开始

---

① 参见［意］莫诺·卡佩莱蒂等：《当事人基本程序保障权与未来的民事诉讼》，徐昕译，法律出版社 2000 年版；［意］莫诺·卡佩莱蒂编：《福利国家与接近正义》，刘俊祥等译，法律出版社 2000 年版；［意］莫诺·卡佩莱蒂：《比较法视野中的司法程序》，徐昕、王奕译，清华大学出版社 2005 年版。

② 参见［法］莱翁·狄骥：《宪法论》（第一卷　法律规则和国家问题），彭利平译，商务印书馆 1959 年版，第 213 ~ 221 页。

从宪法学的视角探讨诉权理论。这样，民事诉权理论的研究就出现了一个显著的动向，即将诉权理论的探讨上升到宪法层面。这种研究方法将诉权视为公民的一项基本权利，定位为宪法权利，使诉权理论的领域得到了相当大的拓展，从民事诉讼法学延伸到了刑事诉讼法学、行政诉讼学等领域。

　　诉权作为一种公法上的权利，涉及权利与权力之间的关系，如仅仅从诉讼法本身来寻求合法性支持，难以彰显其重要性。现代各国的法治基础来源于作为国家根本大法的宪法，宪法对于一国的法律体系具有统领性的作用。因此，有学者开始试图跳出民事诉讼的领域在宪法上寻找诉权的依据。而将诉权与宪法联系起来最早始于对诉权与接受裁判权关系的讨论，但是就诉权与接受裁判权是否能够画等号仍存在诸多争议。接受裁判权主要源自于英美法系国家，指的是公民可以平等要求独立的司法机关对于其权利进行救济，并且有要求对其请求进行裁判的权利。不过接受裁判权的研究并不仅限于英美法系，"二战"后，一些日本学者在学习英美法系的基础上也对接受裁判权进行了研究，认为接受裁判权是指，"由于系请求法院就当事人间有关权利义务的具体法律上争执（事件性）做成法的判断（作为司法作用的裁判）。"① 日本宪法学者宫泽俊义在其所著的《日本国宪法精解》一书中认为，宪法规定任何人当自己的利益或权利受到不法侵害时，对法院有要求判断其主张当否，对损害采取必要的措施进行救济的权利——法院请求权，即诉权。② 可见，宫泽俊义认为诉权等同于接受裁判权，当然也有许多学者提出了不同意见。例如，日本的新堂幸司就认为如果将诉权与接受裁判的权利等同起来，势必将接受裁判权中包含的要求法院作出各种司法行为等内容牵强附会地扯入诉权之中，致使诉权内容"重量化"和散漫化，导致法院和当事人都难以把握。③ 诉权虽然主要来自大陆法系国家，似乎接受裁判权与诉权分别在不同的历史与社会背景下产生，不存在交叉，从内容来看不能完全画等号。接受裁判权是一种被动性的表述方式，而诉权从意思来看更具有主动性。我们进一步研究二者的内涵，不难看出，二者虽并不完全等同，但其实在内容上具有一定相似之处，甚至是在内涵和功能上有所交叉，"如果从宏观上把握诉权的话，诉权产生原因的另外一个侧面应该是当事人有权接受裁

---

① ［日］阿部照哉等：《宪法》，周宗宪译，中国政法大学出版社 2006 年版，第 332 页。

② 参见［日］宫泽俊义著，芦部信喜补订：《日本国宪法精解》，董璠舆译，中国民主法制出版社 1990 年版，第 261 页。

③ ［日］新堂幸司：《民事诉讼法》（第二版补正版），弘文堂 1989 年版，第 172 页，转引自刘荣军：《程序保障的理论视角》，法律出版社 1999 年版，第 259～260 页。

判的权利。"① 这也是为即使否认诉权等同于接受裁判权的学者所承认的。诉权与接受裁判权都是一种通过司法救济实现权利和正义的权利，只是诉权相对而言更为抽象，而接受裁判权更加具体化。因此，我们可以将接受裁判权视作诉权的保障或具体化。

宪法历来被称为"人权保障书"，人权的保障和实现离不开宪法。宪法和法律赋予公民以生命权、自由权和财产权，同时也相应地赋予公民在这些权利受到侵害或发生争议时拥有平等而充分地寻求公力救济（如诉讼）的权利（如诉权）。诉权不仅与公民的生命权、自由权和财产权等基本权利处于同等法律效力层次，同时诉权也是公民的生命权、自由权和财产权得到救济的桥梁，没有诉权的实现，一切人权都失去坚实的诉讼屏障。所以有宪法学者指出从现代宪政理念出发，诉权是宪法和法律所保护的其他性质人权的保障性人权。② 因此，必须摒弃以往那种过分注重学科之间的界限，将诉权仅仅视为民事诉讼中的权利的观点，将诉权引入宪法学的视野之中，强调诉权作为宪法基本权利的性质。

不仅仅在理论上诉权被学者们从宪法的角度进行阐释，而且在宪法文本上也受到了关注。尽管各国宪法当中并未明确使用"诉权"一词，但是基于接受裁判权与诉权的紧密关系，接受裁判权在宪法上的确立可以认为正是诉权宪法化的表现，诉权有了宪法上的保障。接受裁判权在英美法系国家及日本一般被认为是一项宪法上的基本权利，诉权最早在这些国家的宪法文本上已经得到了体现。例如，美国尽管并未对诉权明确规定，但在 1791 年《权利法案》修正案第 5 条正当程序条款中包含了诉诸法院的权利。第 6 条修正案规定了刑事被告获得及时与公开审判的权利。日本宪法第 32 条规定了"任何人在法院接受审判的权利不得剥夺。"同时，一些大陆法系国家在宪法上也开始对诉权的部分内容予以确立，给予其宪法上的保障。1947 年《意大利共和国宪法》第 24 条第 1 款规定：所有人都可起诉，以保护自己的权利和合法利益。在诉讼的任何阶段和任何情况下，辩护均不得侵犯其权利。1949 年《德意志联邦共和国基本法》第 19 条第 4 款规定：任何人的权利如遭到公共机关的侵犯，可向法院提起诉讼。1982 年《葡萄牙共和国宪法》第 20 条（诉讼法律和向法院申诉的权利）第 1 款规定：任何人都有依法提起法律诉讼并受到法律保护的权利。第 2 款规定：任何人为保卫自身利益而向法院起

---

① 江伟、邵明、陈刚：《民事诉权研究》，法律出版社 2002 年版，第 146 页。
② 莫纪宏：《人权的司法救济》，载《法商研究》2000 年第 5 期。

诉的权利受到法律保障；司法机关不得因起诉人财力不足而予以拒绝。这些内容虽然并未直接指明是对诉权进行宪法保障，但是从其规定来看，已经基本从宪法的层面对诉权的大致内容予以确认和保障。宪法学理论认为，在法律体系中，宪法是各部门法的基础，部门法都应当以宪法为立法依据，都不得与宪法相冲突；同时，各部门法是对宪法规范的应用和落实，在部门立法上应当体现宪法的精神和价值。从这些国家的宪法文本当中可以看出，对于诉权的适用范围也并未指明仅限于民事诉讼法，这种情况下就完全可以将诉权的适用范围延伸到其他诉讼制度中。诉权既然已经在宪法上得到了确认，在各部门法也应当予以认同。

以宪法为根据整理和构建出来的诉权理论既吸纳了传统诉权理论的精髓，又对传统诉权理论有所超越，将诉权的制度功能扩大到了社会纠纷中，认为诉权主体已经不仅是民事当事人，而是社会上多种纠纷的当事人，所涉及的权益保障与救济也不仅限于民事权益。诉权的宪法化将诉权的领域大大地扩展了，将诉权延伸到刑事诉讼、行政诉讼之中。诉权是一项宪法基本权利，宪法所确认的诉权主体远远较民事诉权主体丰富，而宪法是国家的根本大法，是现代社会的权威文本，各部门法都应当体现宪法的理念和精神，诉权也就能在宪法基本权利的光辉之下理所当然地成为各诉讼法中的权利。这样宪法上的诉权与各部门法的特点相对应就衍生出了刑事诉权、行政诉权、民事诉权等类型化的诉权，形成了广义诉权的概念。

（二）诉权的国际化

与诉权的宪法化趋势相对应，还有诉权的国际化趋势。诉权的国际化趋势指的是诉权超越了国内法范畴，被国际公约纳入规定和保障的对象，并开始在某些国家的国内法中产生实质性的影响。

诉权国际化最重要的体现莫过于在国际公约中对诉权的内容进行规定。《世界人权宣言》第 8 条指出：任何人当宪法或法律所赋予他的基本权利遭受侵害时，有权由合格的国家法庭对这种侵害行为作有效的补救。不仅如此，《世界人权宣言》还专门就刑事领域的诉权保障在第 10 条中作了明确规定：人人于其权利与义务及被刑事控告时，有权享有独立无私法庭的绝对平等不偏且公开之听审。联合国《公民权利和政治权利国际公约》第 2 条第 3 款明确规定："本公约各缔约国家承担义务：1. 保证本公约所承认的权利与自由受到侵犯的任何人均享有有效的诉讼救济，即使此种侵犯行为是由履行官方职责的人所为；2. 保证有管辖权的司法、行政或立法机关，或者其他有管辖权限的任何权力机关对提起诉讼的人的权利作出审理裁判，并发展司法诉救济的可能性；3.保证由有管辖权的机关对这种经承认有理由的诉讼救济给予满意的答复。"这两个公约都是从国家为受侵害者提供司法救济的角度来将诉权的核心要素体现出来，明确地将诉权作为一种基本人权进行保障。除了全球性的国际公约对诉权的内容进行了规定外，一些区域性的国际公约也已经将诉权的内容纳入其中。例如，《欧洲人权公约》第6条第1项就规定了：在裁决一个人的公民权利和义务或者对其本人提起任何刑事起诉的过程中，每个人都被赋予权利得到一次由法律确定的独立而公允的裁判机构在合理期限内所进行的公正而公开的听审。2007年12月12日颁布的《欧盟基本权利宪章》第47条也专门规定了有效的救济和公正审判权。该条规定，"任何人在其由联盟法所保护的权利和自由遭到侵犯时，依照本条规定的条件，有权向法庭主张有效的救济。任何人有权使其案件由事先依法设立的、独立的和公正的法庭公开地和在合理的期限内予以审理。"从法律文本上来看，《欧洲人权公约》与《欧盟基本权利宪章》并未明确使用"诉权"二字，采用的是"公正审判权"（the right to a fair trial），但是保障公民接受公正审判的权利实质仍然是保障诉权主体享有的接受公正司法裁判的权利，事实上已经基本包含了诉权的部分意思。

从我们对诉权的国际化趋势考察中不难看出，在国际条约中，对于诉权内容的规定，其实也是一种泛化的形式，并未具体指明仅仅适用于民事诉讼，而是往往涉及民事、刑事、行政等多类型的诉讼救济。如果要论及诉权，仅仅将其限定于民事诉讼层面探讨其实是并未真正理解诉权的实质，人为地削减了诉权的存在范围。

诉权的宪法化与国际化作为诉权理论与制度发展的历史趋势，已经超越了一般法律制度的层次而上升到了宪政层次，也跨越了国内法的范畴进入国际人权法的领域，诉权在国家法律体系中的地位得到了大大的提升。就某种程度上而言，现今的诉权宪法化与国际化趋势已经使诉权理论在保持核心内容不变的前提下脱离了最初限于传统民事诉权理论讨论的狭隘观念，拓宽了诉权理论的研究视野，将宪法化和国际化的诉权延伸到刑事诉权、行政诉权当中。

五、小结

综上所述，尽管诉权理论最早是从民事诉讼中开始探讨的，但诉权并非是民事诉讼中的专用术语。无论从诉权一词产生的历史来看，抑或是从诉讼制度的本质而言，或者是考证刑事诉讼中的公诉与自诉两种类型的诉权，再或是探讨宪法化和国际化视野下的诉权，从这四个方面来看，当下诉权已经不再是民事诉讼法学研究的专有名词，而是一种广义上的诉权，不仅在民事诉讼中存在诉权，在刑事诉讼中、行政诉讼中也当然存在诉权。由于诉权在刑事诉讼中是一种客观实在，那么从理论上将民事诉讼中的诉权概念引入刑事诉讼之中有着理论上的合理性。尽管在刑事诉讼法学中对诉权这一概念少有涉及，理论上也欠缺研究，但不论目前是否已经在刑事诉讼基础理论中确立，刑事诉权已经不容否认地成为一种客观存在。随着时代和法学研究的发展，各学科之间理论的交融和借鉴已经是不可抵挡的潮流。如果过度注重学科之间的界限，故步自封，只会陷入先前那种狭隘的研究困境中，阻碍诉权理论的发展。

第三节　制约刑事诉权理论导入的理论与制度瓶颈

作为一种以其他学科为基础而创建的理论，从其产生之时起，肯定就会饱受争议，会面对许多质疑或困惑。同时其本身也存在新理论与既有理论及制度的自适应性问题。从理论分析来看，刑事诉权是客观存在的，刑事诉权理论的导入在理论上也具有一定的合理性，但是刑事诉权理论的导入在一定程度上对传统的刑事诉讼理念造成了冲击。按照波普尔的证伪主义哲学的观点，一切科学理论都是科学家的自由猜测和假设，是针对问题的试探性理论，是可错的，这不是科学的缺点，而恰恰是它的优点。刑事诉权作为一种较新的理论，其提出虽然是建构于民事诉权理论基础上的一种假设，但不应当是想当然的，而是要经过充分的论证，这种论证过程是需要不断地自我假设与自我否定，经得起质疑与推敲，通过这种循环论证才能使理论最终得以确立。作为一种较新的理论，尽管目前对刑事诉权存在质疑的声音不多，但是在作出理论假设时应当具有一定的预见性，对一些可预见的质疑预先作出合理的回答，才能为今后建构刑事诉权理论体系提供牢固的基础。

刑事诉权理论的导入本身是置于现有的理论背景与制度框架之下的，其作为一种理论分析工具并不是一种孤立存在，势必存在与传统刑事诉讼理论的协调问题，也会涉及将刑事诉权作为一种制度分析理论来反思现有的制度。在这种理论协调与制度反思的过程中，刑事诉权理论与传统刑事诉讼理论、现有刑事诉讼制度之间也会出现一定的矛盾。这些矛盾有些可能是既有理论与现有理论之间的协调性问题，有些则可能在原有的理论指导下架构的刑事诉讼制度与现有刑事诉权理论之间的适应性问题。

尽管刑事诉权理论的导入正如我们前面的论证,在一定条件下具有一定的可行性,似乎理由也较为充分,但是作为一种在既有体制下具有现代性的理论,又不能完全颠覆既有的理论和制度框架,在这种状态下,只能与传统理论和制度之间寻求一种适应与协调。但是终究会有一些传统性的理论与制度会对刑事诉权理论的导入造成一定的阻碍,至少从表象来看运用刑事诉权理论难以对既有理论与制度中的一些问题进行全面性的诠释。作为一种理论,必须能够对这些问题有相对合理的回答,虽然并不一定需要达到毫无争议的程度,但至少应当具有一定的说服力。对于制约刑事诉权理论导入的理论与制度上的"瓶颈",至少有以下几个问题亟待得到合理的释疑:

一、诉权的平等性问题

按照民事诉权理论的基本要求,当事人的诉权应当在平等的基础上进行对抗,以此来达到纠纷得到公正解决的目的。这一要求是与民事诉权的行使目的相关联的。民事诉权的产生源于民事纠纷的发生,而民事纠纷的特征是平等主体之间发生的,以民事权利义务为内容的社会纠纷。相对于其他法律纠纷而言,民事纠纷主体即民事主体,彼此之间并不存在隶属与服从关系,在法律地位上是一种平等关系,体现在纠纷的诉讼解决机制中就要求纠纷双方为平等的诉讼当事人,平等地行使诉权。对诉权平等性的要求在诉讼中主要体现在对诉权主体的平等武装和平等保护两个方面。平等武装就是要求赋予双方当事人平等的诉讼权利和攻防手段,而平等保护则是要求给予诉权主体平等保护。诉权的平等性从罗马法中的诉权就开始确立,并且一直作为诉权的一项基本特征确立下来。

然而,在刑事诉讼中,需要解决的是犯罪这一刑事纠纷,由于国家强制性权力因素的介入,纠纷双方本身实质上并不处于平等的地位,对于诉权的平等性要求表面看来很难达到,尤其是在公诉案件当中。刑事诉讼虽然解决的是刑事纠纷问题,但是从程序的表象来看,更多地体现为一种国家主动追诉与惩治犯罪的活动,在整个刑事诉讼过程中,似乎国家的强制性权力主导了整个进程,公诉机关可以利用国家所提供的司法资源,以国家名义行使追诉权,而被告人属于被追诉的客体,即使享有一定的对抗国家追诉的权利,但在对抗手段上和其所掌握的社会资源上均不可同日而语,而相对于公民个人的诉权处于绝对优势地位,形成了一种天然的不平等状态。只是在自诉案件中,似乎诉讼成了被害人与被告人之间的对抗,以私人对抗私人,这样好像诉权可以在地位平等的基础上达到平等了。但是,即使是在自诉案件中,也几乎很难使诉权真正达到平等。自诉案件中，在很多情况下或者被害人控诉能力不足，或者被告人人身自由受到限制，难以充分行使诉权。从这些情况来看，似乎在刑事诉讼中难以满足诉权平等性这一特征，对刑事诉权理论的导入造成了一定的困惑。

但是，事实上在诉讼程序当中，寻求一种绝对的平等地位和对等手段几乎是不可能的。按照罗尔斯在《正义论》中的观点，程序正义可以分为三种类型：纯粹的程序正义、完善的程序正义、不完善的程序正义。其中纯粹的程序正义最典型的例子是赌博，只要遵守了赌博的程序规则，无论最终结果如何，对赌博的人来说就是公正的。而完善的程序正义最典型的例子则是分蛋糕，由分配蛋糕的人最后选择，以此来激励其公平分配。而审判程序则是不完善的正义，即使法律被仔细地遵循，程序得到了恰当地引导，最终仍有可能得出错误的结果。① 按照这一理论，我们不难看出，诉讼程序本身就是一种不完善的正义，即使相关法律程序被严格遵守，但由于一些偶然性因素也可能达不到法律规范的目的。套用这一观点，即使我们在制度上有保障诉权平等行使的规范，但并不一定就肯定能达到绝对的平等。这一点可以说是法律程序本身的特性使然。

其实，绝对的诉权平等在现实中是难以达到的，即使是在民事诉讼中，当事人双方在行使民事诉权时也不可能是绝对平等，只是达到一种相对的平衡状态，在一定社会容忍度内的平等。这主要是因为诉权的行使涉及诸多方面的问题，如诉权主体的认知能力、表达能力、法律素质、经济实力等。正是由于诉权主体本身的个体差异及相关社会诸多因素的影响，造成了诉权行使的基础并不完全平等，一步赶不上，步步赶不上，往往在诉权行使过程中平等只能达致一种宏观上的平等。例如，经济实力强的诉权主体就可聘请能力较强的律师为其进行诉讼代理，在这种情况下，往往就导致了诉权行使上的不平等。最终民事诉权的行使也只能从应然层面上体现平等性，而在实然层面往往难以达到绝对的平等。即使是我们在谈及"法律面前人人平等"这一宪法要求中的"平等"时，也并不是指一种机械式的绝对平等，而是在承认一定合理差别之下的平等。就整体而言，我们所谈及的诉权的平等性要求也只能是一种绝对性与相对性的统一。诉权行使的绝对平等指的是诉权主体享有和实施权利的可能性是绝对的，只要符合法律所规定的条件，诉权主体

① 参见［美］约翰·罗尔斯：《正义论》，何怀宏、何包钢、廖申白译，中国社会科学出版社1988年版，第84~90页。

都享有这项诉权且可以将之付诸实施。绝对平等更多地体现在诉权主体获取资源的可能性和行使诉权的可能性上的平等。而诉权行使的相对平等则是指诉权的平等性并不等于诉权实现结果上的公平，更多的是一种形式意义上的平等，承认个体本身在能力以及其他社会因素差异的基础上可能导致诉权行使实际上的不平等。同理，作为诉权的一个类别的刑事诉权在其行使过程中，由于诸多因素的限制，也难以真正达到绝对的平等。故而，刑事诉权即使在某些情况下欠缺平等性也是可以接受的，与诉权的平等性原理也并不相悖。

至此，刑事诉权是一种相对的平等不难理解，但还未能针对刑事诉讼程序自身的特性对刑事诉权的平等性问题给出一个较为完美的答案。在刑事诉讼中，公诉机关作为公共利益的代表，拥有国家权力和国家司法资源作为保障，而被告人往往被限制了人身自由，无法充分收集调查证据，甚至其自身的供述还被作为一项重要的指控证据，明显被告人的诉权处于一种弱势地位，诉讼双方的诉权完全是一种失衡的状态，更无平等可言。但是这种状态只能说是一种过去式，现代各国刑事诉讼程序深受国际性人权保障潮流的影响，普遍采取一些措施对被告方的诉权予以保障，使其成为诉讼的真正主体，并赋予其对抗控方诉权的手段，在一定程度上扭转了控辩双方诉权的不平衡状况。这一趋势在英美法系国家的刑事诉讼制度中体现得尤为明显，英美法系在早期就秉持了"公平竞争"的诉讼原则，采取了与民事诉讼程序相似的规则和理念，鼓励当事双方在诉权平等基础上的对抗，但总体上仍是被告人方力量较弱。而现代以来由于国家追诉主义的兴盛，控辩双方诉权的不平等性进一步增强，为了克服这种力量不均衡的客观状况，英美法系国家开始向被告方诉权保障倾斜，限制控方的诉权，同时赋予了被告方一系列的诉讼特权，保证双方诉权朝实质性平等的方向发展，来矫正这种控辩双方在诉权行使时的失衡状态。当然向被告方诉权倾斜的趋势并不仅仅体现在英美法系国家，在一些大陆法系国家也开始在诉讼制度上进行改革以力求诉权的实质性平等。在强化对公民个人诉权保障的同时，国家的法律制度还从限制和约束公诉权的角度来进一步扭转公诉权与公民个人人诉权之间的不平等状态。国家对于公诉权的限制主要是防范其滥用公共权力，对其课以客观义务，并在对公诉权的行使设定了诸多羁绊。通过权利的保障与权力的约束两个层面，刑事诉讼中诉权天然性失衡的局面能够得到较大的改观。

因此，我们可以说，刑事诉权总体上并不缺乏平等性这一特征，尤其是在当代各国的诉讼程序当中，刑事诉权的平等性已经开始受到重视并越来越受到保障。

二、诉权的可处分性问题

在民事诉讼中，处分原则是一项基本原则，民事诉权主体有权在法律规定的范围内自由处置自己的民事权利（实体性权利）和民事诉讼权利（程序性权利）。民事诉权的这一特性也是与民事纠纷的特点紧密相关的，这主要是因为民事纠纷主要涉及私人之间的利益冲突，基本上无关公共利益，纠纷解决的结果由私人自己承受。个人总是其自身利益的最佳决定者，况且民事纠纷本质属性是私权性的纠纷，当然在纠纷的解决方面也应当是私权性的，自己的利益交由利害关系主体自己做主，这样在民事纠纷的解决过程中，诉权主体的意思自治原则得到了充分的尊重，只要在法律规定的限度内国家尊重当事人对于诉权的处分。当然这也是民事诉权自主性的重要体现，这种自主性不仅限于对于民事纠纷本质实体内容方面拥有自由处分的权利，对哪些实体纠纷提起诉权，诉讼中对哪些实体内容承认或否认，完全由诉权主体自由处分，还包括诉权主体对于纠纷解决方式的选择乃至在纠纷解决机制中所适用的程序也应当拥有自由处分的权利。

在刑事诉讼中，诉讼所需要解决的是犯罪与刑罚的问题，而犯罪虽然本质上仍然是一种纠纷，但是基于其与普通的民事领域纠纷的区别，已经不再仅仅与被害人的私人利益相关，而是上升到了关乎国家和社会的公共利益的层面，这样一来，刑事诉讼的控辩双方在诉讼中就不能任意地处分诉权。尤其对于代表国家行使诉权的公诉机关而言，在追诉犯罪和解决刑事纠纷的过程中代表了国家和社会的整体利益，追诉犯罪已经成了不可推卸的责任和义务，公诉机关被认为是具有客观义务，仅仅是代表国家行使权力，要严格按照起诉法定主义的要求进行追诉，而没有放弃追诉的权力，似乎谈上处分自己的诉权。因为表面看来，这一诉权并非是公诉机关自己的，而是国家与社会的诉权，所以如果公诉机关在诉权行使过程中进行处分，实际是一种无权处分。处分原则在传统的诉讼法学研究中，也似乎从未与刑事诉讼相勾连，并非是刑事诉讼法学语境下探讨的词汇。有民事诉讼法的学者就曾指出，"唯有在民事诉讼中，才实行处分原则，当事人才可以自由地支配其实体权利和诉讼权利。在刑事诉讼和行政诉讼中，由于不实行处分原则，当事人不得自由处置实体权利和诉讼权利。"① 学者们也似乎对刑事诉讼中的处分权问题唯恐避之不及。然而，不论我们是否对刑事诉讼中的处分权问题避之不谈，

---

① 　江伟主编：《民事诉讼法学原理》，中国人民大学出版社 1999 年版，第 316 页。

事实上刑事诉讼当中处分权的客观存在不容否认。首先，应当明确的是刑事诉讼中并不仅仅涉及公共利益，而还有部分私人利益，如自诉人、被害人和被告人的利益，他们所享有的诉权在其私人利益的范围内具有可处分性，这一点应当不难理解。其次，对于公诉机关所享有的诉权而言，也具有一定的可处分性。19 世纪中叶以前，有罪必罚的报应刑思想在刑事法领域占据着主导地位，当时为了保障有效追诉犯罪，防止刑事追诉受政治势力的影响及司法官员的徇私舞弊，主要采行起诉法定主义。但是后来随着社会经济、政治等条件的变迁，刑罚观念也发生了变化，有罪必罚和有罪必诉的观念开始有所转变，轻罪非刑罚化的趋向开始出现，绝对的起诉法定主义在各国纷纷受到扬弃，而往往采行起诉法定主义与起诉便宜主义相结合的模式。这里所谓的起诉便宜主义就是指即使犯罪符合起诉条件，但公诉机关权衡各种利益并斟酌各种情形，认为不需要起诉时，可以裁量决定不予追诉。从起诉便宜主义的内涵来看，其实已经涉及了诉权的可处分性问题。具体而言，刑事诉讼中诉权的处分主要体现在以下几个方面：其一，刑事诉讼只能因诉权主体行使诉权而开始，因自主的撤诉行为而结束，不告不理就是诉权处分的体现；其二，诉讼程序开始后，控方诉权主体可以放弃诉讼请求或者变更诉讼请求，辩方诉权主体可以承认、反驳诉讼请求，在自诉案件中辩方有权提起反诉，自诉案件双方可以自行和解；其三，诉权的内容及范围由诉权主体自己决定，当事人没有提出诉讼请求的事项法院不能作出裁判。此外，随着当代协商性与恢复性司法理念的兴起，辩诉交易、刑事和解等制度在各国刑事诉讼中的确立，可以说刑事诉权的处分性问题已经在现实中得到了践行，也给出了我们刑事诉权是否具有可处分性的明确答案。

当然需要提及的是，诉权的处分往往也受到一定的限制，只能在法定范围内行使，包括民事诉权也不例外。相对于民事诉权的可处分性而言，由于刑事诉权涉及公共利益，其处分权行使的考虑因素较多，在适用范围上也比民事诉权狭窄。而且刑事诉权的可处分性的范围在不同的诉讼模式下也有一定的差别，一般而言，英美法系当事人主义诉讼模式下的刑事诉权可处分的限度较大陆法系职权主义诉讼模式宽。这一差异从更为深层次的原因来讲更多的是英美法系国家与大陆法系国家的刑事司法理念上的不同。英美法系关注更多的是刑事纠纷的解决，对于公法与私法的区分并不是很严格，在很多情况下刑事诉讼制度与民事诉讼制度具有通用性。在这种诉讼模式下，纠纷双方的诉权往往被赋予了更大的自主性，可处分性也较强。而大陆法系国家则将公法与私法严格划分，认为刑事案件与民事案件应当有完全不同的解决思路和价值追求。职权主义诉讼模式下，更倾向于探知案件真实，强调成功追诉犯罪并实现公共利益，有罪必罚的观念仍较为牢固，当然刑事诉权的可处分性也相对较弱。但是，近年来两大法系国家的诉讼制度在相互借鉴的基础上，纷纷开始扩大刑事诉权的可处分性范围，给予诉权主体在诉讼中的更大自主性。这种诉权的处分，可以是对诉权客体的修正，如对罪名的修正，也可能是放弃，如和解或私了。尽管个别的诉权处分在目前看来毫无法律依据，但我们却不能无视其在现实中的客观存在。实践中有赋予刑事诉权处分权的需要，正确的做法应当是尽量满足这种需要，并对这种处分权进行法律上的规制以防止其滥用，而不是一味地禁止或者限制。

三、审前程序中的诉权问题

诉讼制度应纠纷有序解决的需求而产生，诉权从民事实体权益纠纷发生之时起即已经被纠纷双方潜在地享有，如果当事人选择通过诉讼方式来解决纠纷，这时诉权就正式地进入实施阶段。可以看出诉权的享有与诉权的实施是两个层面的概念，并不是享有诉权就一定要付诸实施，而是可以选择其他方式来对纠纷予以解决。这样在诉权的享有与诉权的实施之间有一段距离，同时也存在两种不同的流向。一种是诉权主体放弃诉讼这一纠纷解决机制，不寻求诉讼或者寻求其他纠纷解决机制来救济权利；另一种则是行使诉权将纠纷引入诉讼的纠纷解决机制中。诉权的这一特性客观上使诉权的行使具有一定的阶段性与过程性，从诉权的产生到诉权的行使本身便是两个阶段的问题。同时，诉权的行使又更是一个过程性的问题，民事诉权理论所描述的诉权的行使过程为：行使诉权→提起"诉"→行使起诉权或反诉权→诉讼程序的启动或诉讼系属的形成。① 从这种描述中我们不难看出，当事人在享有诉权后，决定将诉权付诸实施，首先便是行使诉权，而行使诉权的方式便是提起"诉"，外在表现为行使起诉权或反诉权，最终在启动审判程序时才真正使诉权进入审判权的视野之内。

我们在研究民事诉权理论时不难发现诉权行使指向的对象是审判权，而不是相对方的诉权，也就是说，诉权的功用是启动审判权。而在刑事诉讼中，阶段性更为明显，尤其是在公诉案件中，在刑事纠纷发生后，诉权往往不是直接启动审判权，而是要经过审判前程序的一系列过滤与审核，才能最终启动审判权。这种复杂的阶段划分使诉权往往并不能直接引起审判权，这一点

---

① 参见江伟、邵明、陈刚：《民事诉权研究》，法律出版社 2002 年版，第 249 页。

与民事诉权的行使过程并不完全一致，此处也是对刑事诉权是否存在的可质疑之处。同时，即使存在刑事诉权，审判前程序中刑事诉权扮演一种什么样的角色，也是我们需要进一步解释的一个问题。

　　民事纠纷由于主要涉及私人之间的利益冲突，与公共利益几乎没有关涉，而刑事纠纷主要涉及社会秩序，直接与公共利益相关联，对于社会秩序的影响较民事纠纷大。这种实体纠纷的各自特性决定了两类纠纷的诉讼解决机制在程序架构上的差异。对于民事纠纷而言，由于其相关的利益不如刑事纠纷那样重大，往往就交由纠纷当事人自己进行证据的收集，并且在证明标准上也就不如刑事诉讼那样苛刻。而刑事诉讼不仅所要解决的刑事纠纷涉及社会秩序和公共利益问题，而且最终处理结果关涉生命或人身自由，如果发生错误，后果重大，因此需要更加谨慎从事。因此，在程序制度的设计上，民事诉讼往往就只需经历简单的流程，即由起诉、立案、审判，而且在证明的过程中主要发挥当事人的作用，公权力一般不介入证据的调查。这样民事诉权的行使往往可以直接针对审判权而进行，没有复杂的审判前程序。而刑事诉讼则往往程序流程相对较为复杂，过程性和阶段性更为明显，一般的公诉案件需要经历立案、侦查、起诉、审判等过程。同时，刑事诉讼中的证据问题往往更为复杂，在证明标准和证据体系的建构上也更为严格，仅靠被害人或被告人私人的力量难以充分地进行证据调查，需要有专门机关通过专门的程序进行证据调查。如此，一方面可以通过程序技术设计保证处理结果的公正性与正确性，保证证据真实性和可靠性；另一方面因为刑事诉讼涉及国家刑罚权的运用问题，为了保障诉讼人权，需要对公权力的运用在程序上予以一定的约束。但是复杂的审判前程序在一定程度上造成了刑事诉权的行使往往不能直接引发审判，要通过审前程序的过渡，经过一系列的程序和证据把关后才最后引发审判权。甚至在审判前程序中，在对案件事实和证据调查的基础上，公诉机关可能基于各种利益权衡放弃对犯罪人的追诉，使诉权不能引发审判权。

　　但是，这种诉权行使的阶段性和非直接性并不构成否定刑事诉权存在的理由，民事诉权的行使同样也具有一定的阶段性，只不过在民事诉讼中将审判前的一系列证据的调查和收集活动交由纠纷双方当事人自己进行，并未严格地进行规范。只是在刑事诉讼中审判前程序更为复杂，阶段性特征表现更为明显。不难理解，刑事诉权与民事诉权一样从产生诉权到行使诉权再到启动诉讼程序都有着一定的过程，经历一定的阶段。

　　在审判前程序中，刑事诉权扮演一种什么样的角色问题，还应当回归到诉权的特征来看。作为当前主流的公法诉权说的观点，诉权是一种公法上的权利义务关系，虽然诉权贯穿诉讼的全过程，但是就其针对对象而言，最终为审判权，其行使的目的就在于引起审判权对实体纠纷的裁判。对于刑事审前程序中诉权的角色问题应当区分公诉和自诉案件两种情况。在自诉案件中，比较明显的是自诉人行使诉权直接引起审判权，使诉权能够与审判权"亲密接触"。而在公诉案件的审前程序中，诉权是客观存在的，但是在此审前程序中还未真正地充分表达，而是为了使诉权与审判权连接进行准备，最终目的是在审判阶段能够充分地行使诉权。尽管公诉案件在刑事审前程序中往往是由报案、控告或举报等而启动刑事诉讼程序，但是报案、控告或举报由于不针对刑事审判权，启动刑事诉讼程序并不等于启动审判权，只是引起侦查机关的证据调查，刑事诉权还未真正开始。只有在公诉机关在审查事实和证据的基础上，认为诉权的准备工作已经完成，决定提起诉讼，刑事诉权才真正踏上了与审判权连接的旅程。刑事审判前程序作为证据收集与调查的主要阶段，更多扮演的是为刑事诉权的充分行使做准备的角色。但是，我们也不能否认，当公诉机关决定开始对案件进行调查，随着刑事实体纠纷发生而产生的刑事诉权就已经开始从潜在的、静态的刑事诉权转向了现实的、动态的刑事诉权行使。

以上所列举的三方面的困惑，只是笔者在论证刑事诉权客观存在时为了进一步深入而提出的自我假设，并在此基础上自我解答，目的也只是进一步增强刑事诉权理论的说服力，从反向的角度对刑事诉权的客观存在提供支撑。但是，由于刑事诉权自身的复杂性，也不能完全穷尽对刑事诉权存在的可能引发人们质疑或困惑的问题。但是，我们可以从这种对质疑的响应中窥见一种反驳刑事诉权存在的趋势与方法。从上述三方面对刑事诉权存在可能的质疑来看，由于刑事纠纷与民事纠纷各自具有一些不同的特性，造成了其诉讼解决机制在理念与程序上都有差异，我们如果只是固守着民事诉权理论，狭隘地将诉权视为民事诉讼的专属物，完全套用民事诉权理论来分析刑事诉讼是否存在诉权，从民事诉讼的独特性来审视刑事诉权，那么只能得出否定刑事诉权存在的结论。只有超脱于民事诉讼的理念与制度之外，求同存异，将诉权回归到纠纷解决的视野之中，寻求纠纷与诉讼制度的共性来探讨诉权的存在问题，才能真正合理地解答对刑事诉权存在的怀疑，突破刑事诉权存在的理论与制度"瓶颈"。

第四节　刑事诉权理论导入的原因及其意义

刑事诉权的客观存在上文中已经得到了正反两方面的论证，刑事诉权是一种随着诉讼制度的产生而生成的，并且不以人的意志为转移，即只要有刑事纠纷及诉讼机制的存在，刑事诉权就会产生。刑事诉权本身并不仅仅是一个实践性的问题，更是一个理论问题，既可以在既有制度架构下反思与前瞻，也可以与其他理论联结起来，展开理论对话。刑事诉权理论无疑是以刑事诉权为研究对象而形成的系统化的理论，但是却滞后于刑事诉权自身的发展，是一种依靠民事诉权的理论框架为基础，并结合刑事诉讼自身特征而引申出的后发性理论。

一、刑事诉权理论导入的原因

为什么要不拘泥于原有的理论框架而从别的学科引入一种新的理论呢？个中原因展开说来，不免有以下几方面：其一，基于刑事诉权本身的重要性。如同民事诉权一样，诉权就是一种救济权，"无诉权即无权利"，这是诉权对于实体权利的意义，同时诉权还具有程序上的意义，没有诉权就不会有诉讼程序的启动与运行，更不会通过程序实现正义，从这两个方面来看，在整个诉讼制度中诉权具有根基性的作用。由于刑事诉权在诉讼制度中的重要意义，以刑事诉权为研究对象的刑事诉权理论在刑事诉讼理论体系中的地位也就顺理成章地得到了提升。其二，基于刑事诉讼理论体系完善的需要。一方面，这是由于法律制度改革引起的理论重构。"在性质上，法律绝非一成不变的，相反地，正如天空和海面因风浪而起变化一样，法律也因情况和时运而变化。"①"二战"以后，随着人权保障潮流的兴起，在刑事诉讼制度方面也进行了大规模的变革。应彼时而生的刑事诉讼理论体系已逐步凸显出与当前刑事诉讼司法实践不一致的缺陷。法律制度的变迁则又会影响到支撑制度的理论基础的重构，原有的刑事诉讼理论在某种程度上很难解释在制度实践中出现的一些新问题，因此需要进行一定的理论创新，以新的理论来审视既有的制度与理念。从刑事诉权理论的角度对一些问题进行重新审视可以在一定程度上避免学术视野狭窄，观点表述上陈旧僵化等刑事诉讼法学研究中所存在的一些问题，为一些长期以来刑事诉讼法学理论都未能作出令人信服的回答

---

① ［德］黑格尔：《法哲学原理》，范扬、张企泰译，商务印书馆 1982 年版，第 7 页。

的问题探求新的分析路径。另一方面，则是源自于刑事诉权理论本身在整个刑事诉讼理论体系当中具有举足轻重的作用和意义。大陆法系国家的民事诉讼理论体系主要就是以诉和诉权理论为基础，进而才在此基础上架构了原则体系理论、诉讼法律关系理论、诉讼主体理论、诉讼行为理论等，可以说民事诉权理论是整个民事诉讼理论体系的根基之一。而作为同样以诉权为研究对象的刑事诉权理论，也势必在刑事诉讼理论体系中发挥重要作用。正因如此，我们才不满足于现有理论体系而亟待导入刑事诉权理论以深化刑事诉讼法学研究。

二、刑事诉权理论导入的意义

在民事诉讼法学领域，诉权本身一个艰深的话题，对民事诉权的研究往往是一件非常辛苦的事，被誉为"民事诉讼法学中的哥德巴赫猜想"。但是由于民事诉权理论具有重大的理论价值和实践意义，与民事诉讼目的论、标的论、既判力理论等并列作为民事诉讼法学的基础理论，被称为民事诉讼的理论基石，基于其在民事诉讼理论体系中的重要地位，研究民事诉讼法学的学者不得不触及民事诉权理论。刑事诉权理论作为一项民事诉讼法学的"舶来品"，从其基础地位和重要性来看也应当属于刑事诉讼基础理论的范畴。但是长期以来由于刑事诉讼法学研究环境较为封闭，与其他学科之间交流不畅，诉权理论的研究仅仅局限于民事诉讼法学之中，在刑事诉讼研究中基本处于空白状态，更谈不上形成较为深刻、完整的理论体系。然而无论是从理论、立法，还是从刑事司法实践来看，刑事诉权理论都有着重要意义，缺乏刑事诉权研究的刑事诉讼法学是残缺的刑事诉讼法学。具体来看，刑事诉权理论的研究意义主要表现在以下几个方面：

第一，刑事诉权理论的研究有助于深化对刑事诉讼法律渊源及规律的认识，提升刑事诉讼法学的独立品格。

诉讼制度的产生是基于纠纷解决的需要，在这一点上刑事诉讼也不例外。诉权作为诉讼制度的伴生物是随诉讼制度的发展而发展的，诉权的发展脉络在一定程度上也能反映出诉讼制度的发展规律。从理论上对刑事诉权的解读和分析，也就有助于深化对刑事诉讼渊源的认识和把握其规律性知识。

对刑事诉权的分析应当是一种动态的分析，并非只是以现行的、既存的刑事诉讼法文本和制度实践来考察，也要从历史发展、从动态的角度来加以考察，以便探求现存刑事诉讼制度演变和发展的内在脉络。人类最早的诉讼模式为弹劾式，在这一模式之下刑事诉讼与民事诉讼的分野并不明显。此时期奉行私人告诉和不告不理原则，刑事诉权也完全归私人所享有，两造诉权平等对抗。继而发展到纠问式模式，官吏代表国家主动纠举犯罪，甚至出现由审判机构来主动提起诉讼，此时的诉权与审判权有一体化的趋势，公民个人的诉权受到了很大限制。这一时期的诉讼民主性较之于弹劾式大大后退，但开始出现了国家承担诉权的雏形，这算是对犯罪认识深化的一种表征。在纠问式模式之后，资本主义国家基于各自历史传统与文化观念的不同出现了英美法系的当事人主义与大陆法系的职权主义两种诉讼模式，这两种模式虽然总体上也实行国家主动追诉犯罪，但已经开始实行诉权与审判权的分离，出现了独立于审判机关的公诉机关，肯定诉权对审判权的制约作用。而且当事人主义模式下诉权之间的对抗更为激烈，诉权对审判权的制约也更趋于实质化。但目前随着两大法系之间制度的相互借鉴和移植，大陆法系也开始重视对控辩双方诉权的保障，在一定程度上压缩了审判权行使的权力空间。从以上对刑事诉讼发展脉络的梳理来看，在刑事诉讼制度发展过程中无不贯穿着刑事诉权与刑事审判权的关系，两者关系的定位在一定程度上还决定着刑事诉讼制度总体的模式。可见，通过对刑事诉权理论的研究可以使我们跳出原有的理论分析模式，从刑事诉权动态发展的角度来深入认识刑事诉讼发展规律。

　　此外，民事诉权理论所要解决的一个问题就是如何认识民事实体法与民事诉讼法的关系，不同的诉权理论反映着不同的诉讼观。① 在民事诉讼中，诉权与实体权利分离的历史，也就是诉讼法与实体法分离的历史。诉权理论也就可以说明诉讼法学是不依附于实体法学而独立存在的法学部门。诉权产生于古罗马法，当时诉权与实体权利尚未分化也就标志着诉讼法与实体法还未分离。及至私法诉权说形成之时，由于当时诉讼法学还未成为独立的法学部门，对诉权的探讨还较为肤浅，学者们认为诉权依附于实体权利，是实体请求权的延长线或派生物。在此基础上认为诉讼程序不过是实现实体法的工具，而不具有独立价值。随着对诉权理论研究的深入，学者们提出了公法诉权说，认为诉权不是依实体法上的请求权而派生的权利，而是与实体权利具有不同性质的公法上的权利，是一种程序权利。正是公法诉权说的提出才使诉讼法与实体法的分化彻底实现，诉讼法学也才真正摆脱了对实体法学的依附而走向独立。这一诉权理论的演变路径并不局限于民事诉权的适用，对刑事诉权理论也同样适用。随着刑事诉权从依附于刑罚权到走向独立，刑事诉

讼制度也经历了从依附刑事实体法走向独立的刑事诉讼法的过程。刑事诉讼法学作为以刑事诉讼制度为研究对象的学科，在刑事诉权不独立，刑事诉讼法依附于刑事实体法的历史之下也是依附于刑事实体法的研究，而发展到刑事诉讼法成为区别于刑事实体法的独立法律制度之时，刑事诉讼法学也才真正具有了独立学科的要素。可见，刑事诉权的独立也暗含了刑事诉讼法独立于刑事实体法的过程。通过对刑事诉权独立性的研究和强调，也会进一步提升刑事诉讼法学独立学科的地位。

第二，刑事诉权理论的研究有助于促进刑事诉讼研究方法的多样化。

过去很长一段时间，我国刑事诉讼法学研究呈现着单一化的注释式的法条主义研究方法，用以诠释立法精神和法条本义。随着时代的变迁，法条主义的研究进路不再适合于变革的时代，当代中国的法律制度研究必须在一定程度上超越法条主义，这并非学术本身的逻辑要求，而是学术所附着的生活世界使然。① 在刑事司法实践中出现诸多问题之后，学者们又转向对策分析式的研究方法，旨在为解决立法与实践中的问题建言献策。这种以理论服务于实践的研究指向本身也有着重要意义，然而在很多情况下对策分析式的研究方法又缺乏一定的基础理论支撑，使这些对策和建议多有就事论事的味道，缺乏富有新意的理论论证，在治理措施上又往往是"拆东墙，补西墙"，"头痛医头，脚痛医脚"，不能从刑事诉讼基础理论上分析问题，结合制度整体提出合理建议。同时，在研究中还存在一些纯粹思辨性的理论研究方法，即为了思辨而思辨，未能结合具体制度分析，使这些理论显得苍白无力。总的来看，注释式研究方法、对策式研究方法、思辨性的研究方法本身都能就某一方面的问题有所成果，但如果研究方法过于单一也会限制这些研究方法功能的发挥。目前一些学者也意识到了改进刑事诉讼法学研究方法的重要性，甚至有学者认为"研究方法的改进可能是刑事诉讼法学所面临的最大课题。"② 改进刑事诉讼法学研究方法的关键就是要摒除以往那种研究方法单一化的趋向，而应当采用多元化的研究方法，将注释式、对策式与思辨式的研究方法结合起来，寓理论分析于制度分析之中。

刑事诉权理论虽然属于基础理论的范畴，但它也并非仅仅为思辨而思辨，而是要在诉权理论的基础上分析刑事诉讼制度中的问题，并就刑事诉讼整体

---

① 参见苏力：《语境论——一种法律制度研究的进路和方法》，载《中外法学》2000年第1期。
② 陈瑞华：《问题与主义之间——刑事诉讼基本问题研究》，中国人民大学出版社2003年版，第529页。

制度的安排提出合理化的建议。在研究中刑事诉权理论采用多元化的综合性研究方法，不仅是阐明刑事诉权理论本身，而是要在思辨的基础上结合制度进行分析，将思辨的方法与对策分析、法条分析方法综合运用。而且在进行具体制度分析时，也可以站在刑事诉权的角度，运用刑事诉权的基本理论来审视制度缺陷，作出令人信服的分析和说明，也革除了就制度论制度研究方法的弊端。

第三，刑事诉权理论的研究有助于拓展刑事诉讼法学研究视角，丰富刑事诉讼法学基础理论体系。

吸收其他学科的优秀成果，对于任何学科的发展都是一条必经之路。然而，从目前我国刑事诉讼法学研究现状来看，学术视野还过于狭窄，在一定程度上存在保守、封闭的缺陷，很少将其他学科的研究成果引入自己的研究中来，尤其是与民事诉讼之间还未能充分地资源共享。总体而言，我国刑事诉讼法学的研究呈现出明显的静态性和封闭性特征。其实，刑事诉讼与民事诉讼之间具有紧密的内在关联，按照民事诉讼法学的研究思路来分析往往可能会有新的理论发现，吸收一些民事诉讼法学的先进成果对于改进刑事诉讼法学的研究大有益处。在一些用传统刑事诉讼理论解释不通时，不妨扩展刑事诉讼法学的研究范围，开拓研究视野，从一些民事诉讼理论中求解，可能会获得意外的效果。民事诉权理论是民事诉讼法学中的基石，许多民事诉讼法学中的问题都可以从诉权理论进行审视。将诉权理论导入刑事诉讼法学研究之中，目的也是开放刑事诉讼法学的研究思路，从刑事诉权中找寻刑事诉讼理论和制度的分析视角。

目前，刑事诉讼法学理论研究中已经出现了刑事诉讼构造论、目的论、行为论、文化论、价值论等基础理论的引入，已经基本走出了以往陈旧的研究思路，但是理论体系上还并不完整。刑事诉权理论的研究对象除了刑事诉权本体论以外，还可以结合刑事诉权与诉讼构造论、诉讼目的论、诉讼行为论、诉讼文化论、诉讼价值论等基础理论进行综合分析，起到贯穿及整合整个体系的作用，这样可以形成一个丰富的刑事诉讼法学基础理论体系，推动刑事诉讼法学的研究向纵深发展。因此，刑事诉权理论有助于促进我国内容完整，具有多层次、开放性的刑事诉讼法学理论体系的形成。

第四，刑事诉权理论的研究有助于提升控辩双方的程序主体地位和程序参与能力，实现我国刑事诉讼立法的科学化。

一部相对完善和科学的刑事诉讼法离不开刑事诉讼基础理论的指导，而理论研究的功利目的之一就是要为立法提供指导。我国当下刑事诉讼理论体系的基本架构无疑是对苏联刑事诉讼理论体系的参照或移植，尽管也体现出一定的自主性，但依然未能完全褪去苏联理论的本色。我国目前的刑事诉讼立法体制基本上是以国家本位主义为理念围绕刑事司法权力而构建制度体系，在一定程度上也就忽略了控辩双方诉权在诉讼中的主体地位，甚至从制度上对其程序参与能力有所限制，忽视了对诉权的保障。立法的不科学落实到司法实践中也不可能取得良好的效果。故而，必须用刑事诉权理论对我国的刑事诉讼立法进行反思，特别是用刑事诉权来分析现行立法中的问题，并按诉权保障的理念来指导刑事诉讼制度体系的构建和刑事司法实践。

以刑事诉权理论导入为契机，可以为诉讼中控辩双方的诉讼主体地位找到正当性的理论基础，这种诉权保障是基于诉讼程序自身的特点而提出的，契合了当今人权保障的趋势，但又不是基于一种泛人权化的理论。同时刑事诉权理论的研究可以为刑事诉讼制度设计提供一种基本的理念来指导诉讼中当事人权利的分配及与审判权的结构平衡。这样以刑事诉权理论为指导所构建的诉讼体制才可能是真正科学和合理的诉讼机制。

第五，刑事诉权理论的研究对刑事司法实践有导向意义。

理论来源于实践，具有世俗导向，反过来也会对实践具有指导作用，服务于刑事司法实践，意图解决实践中的问题，仅为了理论而研究就会使理论丧失应有的生机与活力。刑事诉权不仅可以为理解现实中的刑事司法制度提供一种解释框架，还可作为改造既有陈旧制度框架的一种理论导引。刑事诉权是连接审判机关与诉权主体的媒介，具有吸纳社会不满的功能。关注诉权的保障不仅是抽象的理论与立法问题，更为重要的是在刑事司法实践中的落实问题。这种落实一方面包括了立法和制度以及司法实践中的保障，更为重要的是要树立理念上的保障。以往在刑事司法实践中出现的诉权行使管道不畅、审判权侵蚀诉权等问题关键就在于缺乏刑事诉权理论的指导，没有一种诉权保障的理念贯穿于诉讼活动之中。而刑事诉权理论的研究就是要强调刑事诉权的重要性和诉权保障的理念，引起社会对诉权保障的关注，从而对刑事司法实践起到导向作用。另外，立法再完备也难免会有疏漏之处，而在法无明文规定时，诉权保障的理念便可以指引法官就程序问题作出合理的裁判和个案解释。我们强调刑事诉权的实践导向意义主要就是要以诉权保障理念为指导来建构刑事诉讼基本模型。因而，刑事诉权理论的研究不仅是一个理论问题，也是一个实践性很强的问题，对其进行研究，不仅具有理论价值，而且也具有重大的实践意义。

第五节　小　结

　　在本章中，笔者从肯定的角度回答了刑事诉权的客观存在，又进一步自我质疑并进行解答，基本能够明晰刑事诉权的存在既是一种历史，也是一种现实。刑事诉权理论总体而言是在借鉴民事诉权理论解释框架的基础上而形成，以在刑事诉讼中客观存在的刑事诉权为研究对象而展开，虽然是一种理论上的假设，但却并非塞万提斯笔下堂吉诃德眼中的"风车"，不是一种虚无而缥缈的理论。刑事诉权理论在当前社会变迁与刑事诉讼制度变革步伐加快的时代背景下导入刑事诉讼法学研究之中，是应时代而生的，同时刑事诉权理论不仅仅对于刑事诉讼制度的完善，而且对于整个刑事诉讼法学理论体系而言，都有着举足轻重的意义。

第三章　刑事诉权的内涵及其功能定位

　　无论何种理论体系的建立总是希望具有自己的特色，越具有自身的特色，便越能显现出该理论体系的价值。刑事诉权理论作为一种别具特色的理论，其特点就在于将传统上作为民事诉讼法学研究对象的诉权理论置于刑事法的视阈内考察，并在此基础上形成自己的理论体系。这种在借鉴基础上形成的理论并不是简单地照搬或套用民事诉权的理论模板，而是要在遵从诉权理论共性的基础上，突出自身的特色，这样才能在多元化的刑事诉讼理论体系中站稳脚跟。这种研究赖以建立的基础还是首先要围绕着"刑事诉权"而展开。为了避免后续研究过于宽泛，对刑事诉权的内涵和外延等基础性问题进行明确的界定是我们在研究刑事诉权理论时首先需要迈出的一步。

第一节　刑事诉权的内涵

　　诉权是诉讼法基础理论中相当重要的一个问题，但诉权又是一个极其抽象、极其复杂的问题，要准确、完整地表述诉权的含义和内容是非常困难的。即使在对诉权已经有长期研究的民事诉讼领域也是学说纷繁，至今没有形成完全统一的说法。一方面，诉权本身具有抽象性，在诉权学说史上，先后出现了私法诉权说和公法诉权说，目前又出现了多元诉权说、宪法诉权说、诉权否认说等诸多学说，内涵解释的多元化趋向进一步使诉权扑朔迷离，掩盖了诉权的真实面目；另一方面，由于学术话语与民间话语的差异以及学者们在研究时缺乏对用语严谨性的关注，诉权这个概念有时候又往往同其他一些类似的概念如诉讼权利、起诉权等混用。这两方面的原因造成了对诉权内涵理解的复杂性和多样性。这种内涵界定的多样性对于我们的研究而言，犹如一座大山阻挡了视线，但是作为整个刑事诉权理论研究的起点，我们又不能跨越内涵而直接进入刑事诉权的其他研究。没有对诉权内涵的明确界定，容易造成论述中内容的不统一而达不成共识。内涵的界定从认知模式上来讲，往往是我们认识事物的逻辑起点与根基所在。构建刑事诉权理论体系的根基不牢固，也就难以使其相关理论具有说服力。故而笔者在此部分中从刑事诉权的概念界定入手对刑事诉权的内涵展开分析。

一、刑事诉权的概念界定

基本概念是理论范式①的构成要素，也是我们把握事物必不可少的工具。只有通过对刑事诉权概念的明确界定，才能以此为基础展开刑事诉权的理论体系。

刑事诉权从语词的构成来看是偏正结构式的组词，"诉权"是中心语，而"刑事"作为修饰语限定"诉权"的范围。从这种组词结构我们不难看出，要对刑事诉权的概念进行界定，需要对其进行一定的解构与重组。

（一）关于"诉权"的翻译学解析

正如我们在前文中所提到的，诉权的概念最早发端于古罗马法中的 actio，但其作为一种理论体系却形成与发展在大陆法系国家，作为法学用语，也主要在注重理论思辨的大陆法系国家学术圈中使用。"诉权"一词在使用不同语言的国家有着不同的表达，在德语中为 Klagrecht，而在法语中称为 action en justice 或者 action。英美法系国家没有成体系的诉权理论，更加注重对诉权的规则和实用性的探讨，很难找到完全与之相对应的英文，表达类似意思的用语为 right of access to courts。

诉权最早在民事诉讼法学领域中逐步发展为一种理论。但是对于民事诉权而言，其内涵至今仍未达成共识，甚至于学者们的理解上差异也很大。当代著名哲学家曼海姆曾在其名著《意识形态和乌托邦》中指出："我们应当首先意识到这样一个事实：同一术语或同一概念，在大多数情况下，由不同境势的人来使用，所表示的往往是完全不同的东西。"② 对于诉权概念的理解而言，也确实存在这种情况，不仅仅是学者们对于其理解众说纷纭，而且常常出现民间理解与学术理解上的差异。主要是有人将其简单化地理解为"诉

---

① "范式"一词，指某一特定学科的基本框架，包括了一整套术语、理论、基本问题和解决问题的基本进路。参见［美］托马斯·库恩：《科学革命的结构》，金吾伦、胡新和译，北京大学出版社 2003 年版，第 4 页。

② ［美］韦森：《博弈论制度分析史上的第一块里程碑——肖特〈社会制度的经济理论〉中译本序》，载［美］安德鲁·肖特主编：《社会制度的经济理论》，陆铭、陈钊译，上海财经大学出版社 2003 年版。

讼权利"抑或是"起诉权"的缩略语，将诉权与诉讼权利、起诉权等语词画等号，这样就形成了理解上的分歧。

对于术语的概念解释，辞典往往具有一定的权威性，尤其是专业性的辞典，往往是学科研究成果的一种提炼。为了研究的科学性与严谨性，我们仍然要诉诸辞典的解释。在作为英美法系国家具有一定权威性的布莱克法律辞典中，拉丁文中的 actio 除了罗马法和普通法中诉讼的意思外，还具有 a right of action 之意，于是国内学者在探讨诉权时往往将诉权所对应的英文认为是 a right of action，布莱克法律辞典中，将其解释为"将特定案件起诉到法院"。① 而《牛津法律大辞典》则认为诉权是"提起诉讼的权利。一个人是否享有诉权，取决于他是否具有向他人要求给予救济或补偿的、可强制执行的权利"。② 国内的《元照英美法辞典》将诉权定义为："为实现自己权利或寻求法律救济而在法院就特定案件提起诉讼的权利。"③ 从这些英美法系辞典对诉权概念的界定，其实不难发现这些界定几乎都将诉权与起诉权相混同。

这种趋向的缘由其实也并不难理解。诉权一词源于古罗马，但主要是在大陆法系民事诉讼法学领域中发展起来的，而大陆法系与英美法系之间在法律思维方式与法律传统上的不同也就导致了其实很多大陆法系的法学术语很难在英美法系中找到相对应的词。大陆法系在传统上就非常注重逻辑的严密性，因此在术语的运用上也非常讲究，诉权作为一种大陆法系国家的传统性术语被赋予了丰富的内涵，并非仅仅用起诉权就能概括。英美法系国家则奉行实用主义传统，更加注重法学术语的实用性，对于术语的内涵并不给予过度的关注。但在经济全球化的社会背景之下，大陆法系国家与英美法系国家法学上的交流和借鉴也日益频繁，这种交流的一个重要基础便是在法学术语上的沟通。然而，两大法系的历史传统与法学思维方式迥异，使我们寻求术语上一一对应的努力往往陷于徒劳，这也是我们法学研究的困顿之处。甚至可以说正是两大法系在术语上的难以对应，造成了法律制度和法学理论上的误解，在一定程度上阻碍了两大法系的进一步交流。

根据英美法系对于 a right of action 的解释，我们很难将其与大陆法系中的诉权画等号，只能说这个英美法系中的用词涵括了诉权的部分内涵。如果非要找一个与大陆法系中诉权相对应的词的话，其实在英美法系中 right of

---

① 参见 Bryan A. Garner, Editor in Chief, Black's Law Dictionary (8th ed.), 2004 West, A Thomson Business 中的 actio 与 right of action 两个词条。

② 《牛津法律大辞典》（中文译本），光明日报出版社 1988 年版，第 775 页。

③ 薛波主编：《元照英美法辞典》，法律出版社 2003 年版，第 1201 页。

access to courts 更加接近于大陆法系国家诉权的内涵。该词往往被译为"诉诸司法的权利",指的是国民利用诉讼程序处理案件的可能性。① 也就是说,诉权其实是一种司法救济权,这一内涵就已经涵括了大陆法系国家诉权的最为重要的一部分。

同时,"对一个概念下定义的任何企图,必须要将表示该概念的这个词的通常用法当做它的出发点。——我们对自己智力工作中想当做工具用的那些术语,可以随意界定。唯一的问题是它们是否将符合我们打算达到的理论目的。"② 为了研究的便利,我们在遵从学术传统的基础上,应将诉权界定为一种专用性术语,不将其视为诉讼权利抑或起诉权的缩略语,而是一个在诉讼法学中的独立术语。但是我们也不将诉权视为民事诉权的专用术语,而将其置身于广义诉权的理论背景之下来理解。这一点其实也是与我们前面对诉权的英文考证相吻合的,无论是 right of action 或 right to access to courts 也均未将其限定于某一类型的诉讼制度的视野之下。更为重要的是,正如我们在前面两章的分析中所得出的结论,诉权是一种与整个诉讼制度相伴生的产物并不应当仅仅限于民事诉讼法学中探讨,而是应置于整个诉讼制度的视野下来研究。

基于这种认识,在第一章中笔者已经在广义诉权理论背景下,从民事诉权的内涵中概括出诉权的概念,即诉权是指社会纠纷的当事人双方在纠纷发生后,享有的请求法院对争议进行裁决,并予以司法救济和保护的权利。

(二)关于"刑事"的阐释

作为对"诉权"这一中心语的修饰语,"刑事"限定了诉权的范畴。对于刑事的理解相对而言并不像"诉权"一样具有多义性和复杂性,在平民话语与学术话语之间容易形成一种契合。"刑事"本身就是一个法律术语,是法的类型化的产物,相对于民事法、行政法等法律的类型而进行的一种划分,也是个法律部门,所以我们将其称为刑事法。从最宽泛的意义来讲,刑事法包括了刑事实体法、刑事程序法以及整个刑事司法领域中的管理与执行问题。③

刑事法一直是与犯罪和刑罚相关联的,所以在界定刑事法时,不能脱离

① 参见 [美] 彼德·G. 伦斯特洛姆编:《美国法律辞典》,贺卫方等译,中国政法大学出版社1999年版,第226页。

② [奥] 凯尔森:《法与国家的一般理论》,沈宗灵译,中国大百科全书出版社1996年版,第4~5页。

③ 参见 Rollin M. Perkins & Ronald N. Boyce, Criminal Law (3d ed). Foundation Press 1982. p. 5。

犯罪与刑罚这一逻辑起点。我们的法律史研究达成共识的观点认为刑事法随着犯罪的产生而产生，没有犯罪即没有刑法。刑罚则是一种刑事制裁，是"由国家对于侵犯国家法益的责任人给予特殊的惩罚"。① 除了刑罚是区分刑事法与其他法律部门的标准之外，更为重要的是刑事法所需要解决和调整的法律纠纷的性质不同。在早期人类社会中，由于社会分工和社会结构较为简单，对于纠纷的性质往往不进行严格区分，在纠纷解决机制上也并未表现出太大的差异。但近现代以来，随着经济与社会的发展，社会分工程度越来越高，不同领域的纠纷开始出现类型化。按照法律纠纷的性质不同，我们将其分为民事纠纷、刑事纠纷以及行政纠纷等类型。而刑事法领域主要调整刑事纠纷，刑事纠纷由于与犯罪及刑罚的紧密关系，因此被赋予了独有的特色。刑事纠纷在侵害利益与侵害结果上都具有严重性，为了避免社会秩序在无休止的报复中陷于混乱，刑事纠纷往往被上升到侵犯国家利益和社会秩序的高度。刑事纠纷在解决过程中原则上禁止私力救济，而实行完全由国家主导的纠纷解决模式。这种国家主导的纠纷解决机制主要通过诉讼程序而实现，在整个刑事诉讼过程中，都贯穿着国家权力的行使。尤其是在公诉案件中，不仅要由国家机关进行证据的收集，还要由国家和社会利益的代表人启动审判程序，同时还需要有审判权来对刑事纠纷居中裁判。

尽管我们在前面探讨刑事诉权时将犯罪回复到了纠纷这一原初性质上来，但并不意味着我们摒弃了刑事纠纷的独有特色。刑事法领域中的纠纷由于国家与社会利益的因素占主要地位，同时在纠纷的解决过程中，国家权力运行的氛围浓厚，整体上来说刑事纠纷是一种公法性的纠纷。这一点区别于具有私法性质的民事纠纷。公法性纠纷与私法性纠纷的区分源自于公法与私法的区别。尽管公法与私法的领域的分判至今仍未完全明晰，但大体按照德国学者韦伯的观点作出以下区分：公法可以界定为这样一种行为原则的总和，按照法律制度必然赋予行为的意向，行为涉及国家的强制机构，亦即它服务于国家机构本身的存在、扩展以及直接贯彻那些依照章程或者契约所适用的目的；而私法则可界定为这样一种行为准则的总和，按照法律制度所赋予行为的意向，行为与国家的强制机构无涉，而是仅仅可以被国家强制机构视为通过准则调节的行为。② 在这种观点看来，无疑刑事纠纷涉及了国家强制性权

---

① ［德］李斯特著，施密特修订：《德国刑法教科书》，徐久生译，法律出版社 2006 年版，第 3 页。

② 参见［德］马克斯·韦伯：《经济与社会》（下卷），林荣远译，商务印书馆 1998 年版，第 1 页。

力的运用，应当归为公法性的纠纷。民事纠纷是平等主体之间人身、财产或婚姻家庭等的纠纷，与国家强制性权力无涉，因此应当归为私法性纠纷。从性质上判断，刑事纠纷与民事纠纷具有根本性的差别。同时，刑事纠纷与同具有公法性质的行政纠纷也存在差异。行政纠纷主要是行政主体在行政管理过程中与公民、法人以及其他组织之间产生的利益冲突，其与国家强制权力相关，性质上属于公法性纠纷。然而，行政纠纷在处理结果上虽然也有惩罚，但并不涉及刑罚问题。因此，通过纠纷性质和纠纷处理结果上的比较我们将刑事纠纷与民事纠纷以及行政纠纷相区别开来，间接地也体现出了纠纷的"刑事"特色。

总而言之，在刑事法的领域内，由于纠纷性质的特点，致使纠纷的诉讼解决机制也形成了自己的特色。"刑事"特色也势必对诉权的内涵有所限定，也会在此基础上形成刑事诉权区别于民事诉权、行政诉权等的特色。

（三）刑事诉权的界定

"概念具有创造力，它们交配并繁殖新概念。"① 耶林的这句名言套用在此似乎再恰当不过。当"诉权"与"刑事"相结合便产生了一个新的法律命题——刑事诉权。纠纷以及纠纷解决的诉讼机制随着社会分工的扩大化也出现了类型化，诉权作为纠纷与诉讼机制的媒介也随之类型化，具体到刑事诉讼领域，就形成了刑事诉权。然而由于长期以来诉权理论探讨范围局限于民事诉讼领域，刑事诉权研究在很长一段时间内受到忽视，最为直接的体现就在刑事诉权的概念界定问题上。

1. 刑事诉权界定的论争评述

由于对刑事诉权理论关注度不够，国内并不多见对刑事诉权的系统性阐述，更多的是一种零敲碎击式的附带性界定。并未形成像民事诉权的界定那样轰轰烈烈的争议氛围。从笔者手中现有的材料来看，国内学者对刑事诉权的界定主要有以下一些论述。

早在民国时期，国内就有一些学者在阅读西方法学文献时开始注意到刑事诉权问题。陈瑾昆先生在其《刑事诉讼法通义》一书中认为：

"盖凡称曰诉权，合民刑事概括言之，不外请求以判决确定权利。故请

---

① ［德］耶林：《罗马法在其不同实现阶段中的精神》（第1卷），1866年版，第40页。转引自［德］阿图尔·考夫曼、温弗里德·哈斯默尔主编：《当代法哲学和法律理论导论》，郑永流译，法律出版社2002年版，第163页。

求为判决为第一步，请求为确定权利之判决则为第二步。民事诉权固可分为形式与实质二者，一则谓原告请求确定私权之胜诉判决之权利，一则单称请求就其诉之声明为判决之权利；刑事诉权，亦可同一论之。于实质诉权存在之时，法院固有谕知科刑判决之义务，即实质诉权不存在之时，只需检察官曾经起诉，则不问其是否合法，法院即有判决之义务，此即形式诉权之功用也。"①

可见，陈瑾昆先生认为刑事诉权指的是请求法院对实体权利进行裁判的权利，同时他在界定刑事诉权的内涵时并未过多区分刑事诉权与民事诉权，而将二者视为同一原理。他从形式诉权与实质诉权两个方面来界定刑事诉权，认为只要有形式诉权存在，即使并不具有实质诉权，一经检察官起诉，则法院就必须进行裁判。从陈瑾昆先生的观点，似乎能找到现在我们所说的二元诉权说的影子，将诉权分为实质诉权与形式诉权的分类模式就和实体意义上的诉权与程序意义上的诉权在功能上接近。即使陈瑾昆当时的观点在我们现在看来仍有不完善之处，但总体上看，已经基本指明了刑事诉权的重要功能，即请求法院对实体权利进行裁判这一功能。

蔡枢衡先生在其民国时期所著的《刑事诉讼法教程》一书中也使用了诉权一词。他认为，"合法之诉，以有诉权为前提。诉权乃请求审判机关适用程序法及实体法，确定特定被告应负责任之刑事诉讼法上权能。诉权之特征，在于请求审判机关确定被告责任，故与声请权不同，与告诉权有别。"② 蔡枢衡先生将诉权分为刑事诉权和附带民事诉权两种，将刑事诉权又分为追诉权与上诉权两种，将追诉权分为声请命令处刑权、声请裁定没收权及起诉权。同时蔡枢衡先生又将起诉权按两种标准进行了分类，一类分为初次起诉权与再行起诉权两种，另一类分为公诉权与自诉权两种。他认为："享有诉权者，可以提起刑事之诉及附带民诉。刑事之诉乃有刑事诉权人请求刑事审判机关适用刑事程序法及刑事实体法确定被告所应负之刑事责任之意思表示。"③ 从蔡枢衡先生的论述中可看出，他将刑事诉权视为一种追诉方单方的权利，但也并未完全将刑事诉权与追诉权等同，而是对刑事诉权作了几个层次的分类。同时，他认为，"诉权为原告攻击被告之权利；辩诉权则为被告抵抗或防御

①　陈瑾昆：《刑事诉讼法通义》，法律出版社 2007 年版，第 218 页。
②　蔡枢衡：《刑事诉讼法教程》，河北第一监狱印刷 1947 年版，第 99 页。
③　蔡枢衡：《刑事诉讼法教程》，河北第一监狱印刷 1947 年版，第 99 页。

原告攻击之权利。刑事辩诉权可分为辩诉权和辩护权两种。辩诉权究极为不承认犯罪事实之权利。"① 从文中所表述的意思可见，他将被告的对抗权称为辩诉权，而未纳入诉权的范围。应当注意的是他这里所谈到的辩诉权不等同于辩护权，是一种犯罪的否认权。可见，蔡枢衡先生所指的诉权与我们在本书中所讨论的控辩双方均享有的诉权在内涵上并不一致，但是他并不简单地将刑事诉权等同于追诉权抑或起诉权，而是包容了追诉权和起诉权，这种思路与刑事诉权相类似。因此，虽然他对刑事诉权的内涵界定不够完整，也与我们在本书中谈到的诉权有一定差距，但是总体上他的看法也有一定合理之处，对刑事诉权的内涵有所体现。

我国台湾著名学者陈朴生先生在其著作中也对刑事诉权有提及，他指出："德国刑法学，因受民事诉讼法上诉权理论之影响，创立刑事诉权（strafklagerecht）之理论体系"。② 他将刑事诉权与民事诉权的渊源关系指出来，但并未对刑事诉权的概念予以明确的阐释，而且借此转入对公诉权的论述，最终没有揭示刑事诉权的真正内涵。

新中国成立后初期，中国大陆法学研究领域基本上以借鉴和照搬苏联的刑事诉讼制度与理论为趋向，几乎没有对刑事诉权问题引起关注。由于历史原因，之后的二三十年时间中，法学研究几乎陷于一种停滞状态。在法学研究恢复初期，重实体轻程序的倾向严重，对于刑事诉讼的研究总体上还是对苏联理论的重复。近些年来随着程序正义与人权保障观念的增强，我国大陆地区诉讼法学受到重视，诉讼法学基础理论也得到了很大发展，有少部分学者注意到了刑事诉权存在的客观性，并进行了一定的论证。具体来说，近几年来刑事诉讼法学界对刑事诉权的界定主要存在以下一些观点：

观点一：徐静村、谢佑平教授认为，当刑事侵害发生时，社会主体请求国家通过诉讼形式保护自己权益的根据就是刑事诉权。③

观点二：宋世杰教授认为，当侵害行为触及了刑法所保护的特定法律关系时，被侵害的当事人享有控告权，这种控告权可演变为实体法的诉权，同时他基于二元诉权论认为诉权分为实体法的权利和程序法上的权利，并将诉权分为自诉权和公诉权。④

观点三：汪建成教授、祁建建博士认为，在刑事诉讼中诉权就是控辩双

① 蔡枢衡：《刑事诉讼法教程》，河北第一监狱印刷1947年版，第113页。
② 陈朴生：《刑事诉讼法实务》（增订版），海天印刷厂有限公司1981年版，第336页。
③ 徐静村、谢佑平：《刑事诉讼中的诉权初探》，载《现代法学》1992年第1期。
④ 宋世杰：《中国刑事诉讼发展与现代化》，湖南人民出版社2002年版，第11页。

方进行诉讼的基本权能，一方面，它在动态的程序运行中得到满足，体现为个案中控辩双方诉讼权利的行使和保障；另一方面，诉权反映在静态的法律规定中，以各种具体的规范化的诉讼权利为表现形式：当实体法确定的社会秩序或者个人合法权益遭受犯罪行为的侵害时，代表国家行使控诉权的侦查追诉机关或者被害人就有了进行诉讼的权能，被控诉方也就有了利用程序为自己洗刷清白的对抗性诉权，诉讼程序启动之时，诉权便从纯粹的理论抽象形态演化成诉讼参加者的具体诉讼权利。①

观点四：孙宁华认为，刑事诉权是指犯罪行为发生时，国家法律赋予社会成员或公益代表（公诉机关）请求审判机关通过审判方式惩罚犯罪和保护合法权益的权利。②

观点五：有学者认为，刑事诉权是指公诉机关及当事人为保障社会利益和当事人利益而享有的请求审判机关对刑事纠纷作出公正裁判的权利。③

观点六：还有学者认为，所谓刑事诉权，是指刑事诉讼主体（除法院外），基于严重的社会纠纷，以宪法和刑事诉讼法为规范依据，所享有的开启、推动和终结刑事诉讼程序，进而通过审判权实现惩罚犯罪和保障人权目的的一系列诉讼权利的统称。④

就第一种观点而言，表述较为简略，体现了诉权的请求司法救济的内涵，但是并未突出刑事诉权自身的特征。第二种观点则简单套用了二元民事诉权论，也没有明确阐明刑事诉权的概念，并且将诉权的性质归为实体性质，这与现代民事诉权理论的观点明显相冲突的。第三种观点应当说从静态与动态两个层面比较详尽地阐述了刑事诉权的含义，比较合理地反映了刑事诉权的一些特征，但是却并未对刑事诉权的概念明确进行阐述。第四种观点总体上对刑事诉权的内涵和功能有较为合理的表述，但似乎偏向于将刑事诉权归为一方专属，没有突出诉权所享有的双方性。第五种观点虽然也对刑事诉权的内涵有相对合理的解释，但是却并未说明刑事诉权产生的前提，是一种不够完整的表述。第六种观点对于刑事诉权动态运行过程进行了阐释，但对刑事诉权概念的表述过于模糊，何谓严重的社会纠纷本身就是一个似是而非的问题，没有明确的判断标准，因而不够合理。

①　汪建成、祁建建：《论诉权理论在刑事诉讼中的导入》，载《中国法学》2002 年第 6 期。
②　孙宁华：《刑事诉权探微》，载徐静村主编：《刑事诉讼前沿研究》（第二卷），中国检察出版社 2004 年版。
③　王长鉴：《刑事诉权研究》，中国政法大学 2006 届硕士学位论文，第 16 页。
④　李军海：《刑事诉权研究》，山东大学 2006 届硕士学位论文，第 8 页。

　　此外，在民事诉权和行政诉权的研究中，也有学者基于对诉讼制度的整体性认识对刑事诉权有所关注。有学者根据实体权利义务纠纷的等级不同，将诉权分为民事诉权、行政诉权和刑事诉权，认为公诉机关代表国家在刑事诉讼中享有广泛而强有力的诉权，"国家兴讼"是刑事诉权的一个重要特征，刑事诉权是最高等级的诉权。[①] 但是该学者并未对刑事诉权的内涵进行界定。有行政诉讼法学者认为，刑事诉权是指社会权利主体按照法律预设程序，请求法院对嫌疑人有罪或无罪及是否给予刑罚的主张进行公正裁判的权利。[②] 此观点虽然突出了刑事诉权请求裁判的这一功能并突出了刑事特征，但对于刑事诉权的内涵概括也并不完整，缺乏对于刑事诉权产生前提的描述。

　　从目前对刑事诉权的理论研究来看，大多是在对民事诉权借鉴的基础上进行理论构建，而且整体上在刑事诉讼法学研究中不仅提及刑事诉权者较少，而且由于对诉权本身未能全面认识，对刑事诉权内涵的认识大多不全面，甚至有些过于简单化，远远滞后于对民事诉权、行政诉权的研究。由于作为诉权理论发端的民事诉权本身也较为抽象，对于民事诉权的内涵至今也未完全达到共识，刑事诉权作为从民事诉权理论衍生出的一种新理论自然也很难获得统一的意见。

　　但是，如果概念不予以明确，那么我们的研究对象本身就可以说是未确定的，最终导致研究的空洞化，言之无物。所以，尽管刑事诉权的概念界定是一个十分抽象的问题，但仍然很有必要对刑事诉权的内涵加以明晰。

　　2. 刑事诉权的概念及其展开

　　概念作为我们认知的重要根据，往往带有一定的选择性与抽象性，在这种选择与抽象过程当中，往往难以完全再现具有无限复杂的研究对象的本来面貌。然而，我们认知的本性决定了，即使任何一种观念体系都不能完美再现刑事诉权的全部面貌，我们也不能放弃通过对刑事诉权的概念界定而认识刑事诉权的努力，这是一个不能绕过或跨越的逻辑过程。虽然刑事诉权的概念众说纷纭，但是在分析对比各种观点之后，基本上也能找出观点之中的共识。同时，作为一种广义诉权所涵括的一类诉权，刑事诉权始终走不出广义诉权的背景，刑事诉权理论也应当在广义诉权的基础上结合刑事诉讼自身的特点而建构。而且，加之"刑事"这一领域限定，又赋予了刑事诉权与其他类别诉权不同的个性。在此基础上，笔者认为，刑事诉权是指刑事法律纠纷

---

① 常怡主编：《比较民事诉讼法》，中国政法大学出版社2002年版，第142页。
② 薛刚凌：《行政诉权研究》，华文出版社1999年版，第28页。

利益双方所享有的请求法院对刑事实体纠纷予以解决，并对被告是否构成犯罪及如何定罪量刑进行公正裁判，对受害方予以司法救济和保护的权利。从此概念不难看出，刑事诉权其实包含了两个层面的意义：一是就实体法角度而言，刑事纠纷双方为了解决实体纠纷要求法院对实体纠纷予以裁判的权利；二是从程序角度来看，纠纷双方启动裁判权的权利。如此一种探索性的对刑事诉权的概念界定应当说直接源于广义诉权理论，同时也将刑事领域纠纷的犯罪与刑罚的特色结合起来，就现在看来，至少基本反映了刑事诉权的内涵，算得上是一种相对合理的界定。

　　概念往往是由诸多要素合成，是各种要素的集合。"这些孤立的要素可以组成概念，而只要具备定义该概念之全部要素的事物，均可涵摄于此概念下"。① 为了便于对研究对象认识的深化，需要将概念进行一定的解构。在对刑事诉权概念界定的基础上，我们对刑事诉权内涵的认识应当把握以下几个要素：

　　第一，刑事诉权的产生是基于刑事法律纠纷的存在。

　　这一要素是刑事诉权产生的前提。法律纠纷的发生引发了对纠纷解决机制的渴求，而作为公力救济代表性方式的诉讼由于采行由中立裁判机构对纠纷予以裁判，与双方利益无涉，因此裁判权不能自行启动和发展，需要一个媒介性的推动力，这个启动和推动诉讼进行的力量就是诉权。因而没有纠纷及纠纷的诉讼解决机制的存在就不会有诉权的产生。刑事诉权也不例外。

　　如前文所述，一个理性社会在纠纷发生后理当为社会成员提供多种可选择的纠纷解决途径，但是由于刑事纠纷的特殊性，公力救济成了解决刑事法律纠纷的唯一正当的方式。随着人们对犯罪认识的深化，犯罪的性质从私人之间的纠纷逐步转向为被追诉人与国家、社会之间的利益纠纷。"无纠纷即无诉"，在刑事法律纠纷存在的情况下不仅被害方在权益受到犯罪侵害后有请求国家给予司法救济和保护的需要，而且国家和统治阶级为了维护国家利益和社会秩序也产生了对犯罪追诉的需要，这样就形成了私人追诉与国家追诉并行的制度。甚至当今一些国家已经鉴于私人追诉的弱点彻底摒弃了自诉制度而实行公诉垄断制度。在刑事法律纠纷的诉讼解决机制中除了有审判权这一国家权力的存在外，还有作为国家和社会利益代表的公诉机关代表国家行使追诉权。但即使国家对犯罪进行主动追诉，也不能违背"不告不理"这一现代司法理念，由审判机关径自纠举犯罪，而需要通过诉权的行使，将犯

---

① ［德］卡尔拉伦茨：《法学方法论》，陈爱娥译，商务印书馆 2005 年版，第 318 页。

罪产生的刑事法律纠纷引向审判权，并通过诉权的行使推动法官作出裁判。

第二，刑事诉权的权利主体是刑事诉讼中的控辩双方。

诉讼是当事人解决其争议或纠纷的程序，故而当事人与纠纷的解决具有利害关系，理应成为诉讼活动中的主体。但诉讼过程中还会将证人、鉴定人、翻译人员等当事人以外的诉讼参与人牵涉进来，这些当事人以外的诉讼参与人不是诉讼活动的主体，也不能享有诉权。因为诉权是法律赋予当事人诉请裁判的权利，这种权利在权益受到犯罪侵害后、诉讼开始之前即已享有，其行使的目的是寻求权益的司法保障，获得诉权的事实依据是主体与争议法律关系具有直接利害关系，如果对这种刑事实体法的争议不享有利益，也就不可能享有诉权。虽然行使诉权时诉讼双方必须提出自己基于刑事实体法的主张，但刑事诉权的存在与这种实体法上的主张是否真正存在无关。当事人只需根据自己的法律评价提出一种实体法上的主张即可。对于公诉方来说刑事实体法上的主张就是刑罚请求权，而对被告方来说主要是主张无罪、罪轻或希望从轻、减轻处理的请求。

与民事诉权所不同的是，刑事实体法律纠纷中契约关系的纠纷较少，而多为侵权纠纷，故而刑事诉讼往往是由认为自己权益受侵害的一方主动提起，实施犯罪侵害行为的一方则往往是被动地接受审判。但这并不意味着在刑事诉讼中，被告方不享有请求司法裁判的诉权。根据诉权的基本原理，刑事诉权的享有主体也不仅限于国家和被害人，被告人也平等地享有刑事诉权。因为尽管被告方在诉讼中往往处于消极地位，但他与纠纷所牵涉的权益有着根本上的利害关系，因此也有自己的实体主张，这种实体主张在纳入诉讼程序后就只能通过诉权来进行表达。所以被告人也有权在诉讼中应诉、辩解，主张自己的权益，利用诉讼程序上或实体上的防御手段对原告的攻击进行抵抗，这些权利都是来自于被告人所享有的诉权。而且，在刑事自诉制度中，被告人也可独立地提起反诉，积极地行使诉权。因而那种认为刑事诉权就是起诉权，或者是将刑事诉权分为公诉权与自诉权的说法比较片面，并未深谙诉权的内涵。

第三，刑事诉权行使相对的义务主体是审判机关。

权利的实现不仅有权利主体对权利予以行使，同时还需要有义务主体对权利的实现负有对应的保障实现的义务。刑事法律纠纷双方主体将纠纷解决的权力让渡给国家，当然就应享有请求国家保护其权益的权利，这是符合社会契约理论的要求的。社会契约主旨是解决个人、社会和国家之间的权利与义务问题，"人民提升和服从某一个人使之成为统治者，就是要让他使正义施与每一个人。如果他违反了人民选择他的契约，那么人民就可以正义而理性地解除服从他的义务，因为是他首先违背了将他们联系在一起的信仰。"①这就意味着国家与公民之间具有一个社会契约，人民通过契约使国家享有司法裁判权，国家就有通过行使司法权来保障人民权益的义务。国家对刑事诉权的保障应当从积极与消极两个方面来体现：从积极的层面来看，国家应当充分尊重诉权，为刑事诉权的行使扫清障碍，为刑事诉权的行使提供畅通的渠道，并且要切实保障刑事诉权能得到合理的实现；从消极的层面来看，国家不得推诿或拒绝公民行使刑事诉权的要求，并不得以任何理由来不当干涉和侵犯公民的刑事诉权。

"受法律平等保护的权利首先是一项要求权，尽管在具体情况下它需要有附属的权力。与要求权相关的义务主要由同法律实施有关的人来承担：法官、警察、政府官员和律师。"② 而刑事诉权作为一种要求权，其义务的相对方便是审判机关。国家通过设立公共裁判机构在制度上垄断了刑事实体纠纷的裁判权，并赋予社会成员在发生刑事实体法律纠纷后的诉权，同时也就为自己设定了满足诉权的义务，刑事诉权的行使就要求国家通过司法程序理性地、公正地解决刑事法律纠纷。刑事诉权是将刑事实体法律纠纷引向审判权，为审判权的行使提供裁判对象，在具备诉权要件时，审判机关必须受理诉讼，并依法审理和作出裁判。狭义的诉讼活动局限在法庭审判阶段，而这一阶段自始至终交织着审判权和当事人诉权的活动，因而可以说诉讼法律关系中最为核心的一条线索便是诉权与审判权的互动关系。刑事诉权充分行使最为重要的保障就是审判机关履行裁判职能，通过刑事诉权的行使使刑事实体法律纠纷双方之间的关系变成双方各自同国家间的关系，活动的界域也由社会移向了国家设置的审判机关，诉权成为国家同社会成员连接的纽带。这种诉权与审判权的关系实际上也是诉权主体与国家之间的关系，这种关系是一种公法上的权利义务关系。

还应当注意的是，刑事诉权是向审判机关的请求权，而非向对方当事人、立法机关、行政机关、检察机关等的请求权，只有审判机关才是刑事法律纠纷解决的正当主体。对方当事人只是刑事实体法律关系上请求权的对象，而非是满足诉权的义务主体。

---

① ［英］迈克尔·莱斯诺夫等：《社会契约论》，刘训练等译，江苏人民出版社2005年版，第21页。

② ［英］A. J. M. 米尔恩：《人的权利与人的多样性——人权哲学》，夏勇、张志铭译，中国大百科全书出版社1995年版，第131页。

第四，刑事诉权的主要内容是对刑事法律纠纷的裁判请求。

刑事诉权在主要内容上是一种裁判请求权，具体而言是请求法院对刑事实体法律纠纷作出公正的裁判，这也是刑事诉权的核心之所在。刑事诉权产生于刑事实体纠纷解决的需要，但这种刑事实体法律纠纷的解决并不是靠无序性的自我救济，只能是通过诉讼这一公力救济方式。在这种诉讼的解决过程中，刑事诉权将刑事实体法律纠纷引入诉讼程序这一装置中，通过裁判权的行使对刑事实体纠纷作出处置。而这种引入的方式便是向国家审判机关发出请求，要求审判机关对刑事实体纠纷予以解决。表现在刑事诉讼中更为具体的裁判请求就是要求国家审判机关对作为刑事纠纷一方的侵害人罪与非罪以及如何处以刑罚等问题予以裁判，同时通过这种裁判来保障受害方的权益。需要注意的一点是，这种裁判请求的表现形式在刑事诉讼中主要表现为公诉权与自诉权，通过这两种形式的起诉权来启动审判程序，以此来回应诉权双方对刑事法律纠纷的裁判请求。另外，对刑事法律纠纷的裁判请求只是刑事诉权的核心内容，而非全部内容，行使刑事诉权的全部内容应当是诉权主体进行诉讼活动与实施诉讼行为。

第五，刑事诉权的实现形式是通过司法审判。

刑事诉权作为一种权利，其义务主体是国家审判机关，而国家的审判机关作为国家的权威性与法定性的刑事实体纠纷解决机构，对于刑事实体纠纷的解决主要是通过刑事司法审判程序机制实现的。刑事司法审判通过程序技术"创造一个相对独立于外部环境的决策的'隔音空间'"，[①] 同时赋予了刑事实体纠纷利益双方在这个空间中充分和平等的理性对话机制，这种对话则主要是通过诉权主体对于纠纷争点的举证与质证来实现的，仅仅与诉权的行使能力相关，而不涉及其他非程序性因素。在这种诉权的对话与交涉之后，由中立于刑事实体纠纷双方的裁判权主体根据双方的质证形成一个对证据事实和法律的判断，最终通过确定的裁判对刑事实体法律纠纷予以解决，以此来实现刑事诉权。

二、刑事诉权与相关术语的关系及厘清

目前存在诉权一词与许多相近的概念混用的情况，造成了诉权语义的多样性，有些学者将其与诉讼权利等同，有些学者又将其等同于起诉权，还有学者将其与胜诉权等同，这些都影响着学术研究对象的统一性。语义分析法

---

① 季卫东：《法治秩序的建构》，中国政法大学出版社 1999 年版，第 16 页。

学大师哈特曾指出，任何一个法律、法学的词语都没有确定的、一成不变的意义，而是依其被使用的语境有着多重意义，只有弄清这些语境，才能确定它们的意义。① 只有对刑事诉权与相关概念进行辨析，分清诉权在不同语境之下的特定含义才能在研究对象统一的基础上深化对刑事诉权内涵的理解。

（一）刑事诉权与权利、人权

权利（right）与人权（human rights）在现代学术研究中，往往是哲学家、政治学家以及法学家等不同学术群体所共同关注的焦点，尽管如此，对于权利与人权的界定却往往让人一头雾水。在本书的研究中，笔者没有必要也没有能力对权利与人权的含义进行梳理，但是诉权的研究过程当中也无法避免对诉权的属性和本质的探源，最终也将与权利以及人权发生现实关联，三者之间的关系在刑事诉权理论研究中也是需要予以关注的基本问题。

就权利的内涵界定而言，从不同的侧面对其形成了不同的学说，有"意思说"、"自由说"、"利益说"等，这些学说无疑按照其考察的角度而言，都具有一定的合理性。有学者经过综合对比各种学说后认为权利的本质是由多方面的属性构成的，具体而言有五个最为基本、必不可少的要素：利益、主张、资格、权能和自由。一个人要充分享有权利，就必然具备五个条件：有某种特定的利益；能够通过现实途径提出自己的要求；具备提出这种要求的资格；这种利益和要求得到某种现实权威的支持；以及他自己要有起码的人身自由和选择自由。② 刑事诉权作为一种刑事实体纠纷双方当事人所享有的权利，必然也应当符合这五个要素。首先，刑事诉权的存在主要是为了对刑事实体纠纷予以解决，同时对双方的利益予以保障；其次，诉权是对国家审判机构提出的一种主张，即主张对刑事实体纠纷予以解决；再次，刑事诉权的提出需要有资格提出这种要求，这种资格也是刑事诉权理论中当事人适格理论的重要要求；复次，诉权是法律所赋予的刑事实体纠纷双方当事人的一种法律上的权能，侵害刑事诉权者需要承担一定的法律后果；最后，刑事诉权主体具有一定的自由意志，可以在权衡利益的情况下选择行使或放弃该项权利。在这种简单地套用权利五个要素分析之后，刑事诉权的权利本质得到了确认。也就是说，刑事诉权本质上是作为一种权利存在，是诸多权利类型之一种。

"人权"在当代法治社会也已经算得上是一个耳熟能详的词汇，但是对

---

① 张文显：《马克思主义法理学——理论与方法论》，吉林大学出版社 1993 年版，第 102 页。
② 参见夏勇：《人权概念的起源》，中国政法大学出版社 2001 年版，第 62 页。

于人权概念的解释与运用以及人权的范畴等问题上却仍然较为混乱和模糊。对于人权内涵的研究俨然已经成为一个宏大的课题，至今学者们基于不同的视角，对于人权的定义也未能最终达成共识。反而是在人权实践中形成了一些共识，制定了一系列的国际性人权公约，将公认的一些基本性的权利纳入国际性的人权保障中。人权不同于权利，权利涵括了人权，人权是权利中每个人均享有的普遍性与基本性的权利，也主要是一种针对国家的公法意义上的权利，国家对人权有义务予以保障。那么刑事诉权是否是一项人权呢？这需要我们对诉权从两个层面上进行理解。刑事诉权其实具有静态与动态两个层面的意思：从静态的角度来看，刑事诉权在法治社会是潜藏于社会个人身上的一项权利，只是没有外化。在这一角度看来，刑事诉权是具有抽象性与普遍性，每个人均可能具有诉权，是一种普遍性的权利赋予，同时，诉权作为"现代法治社会第一制度性权利"，① 在权利体系中也具有基础性地位。从一个意义上来看，刑事诉权是一项人权。从动态的角度来看，在犯罪侵害了国家、社会以及公民个人的利益之后，发生了刑事实体纠纷，作为抽象性权利存在的刑事诉权活跃起来，演变为一项具体的权利，提起并推动诉讼程序的进行。从这个意义上来看，刑事诉权并非普遍性的权利，其主体仅仅局限于刑事实体法律纠纷的双方当事人，只能算得上一种具体权利，是对具体权利的救济权，还上升不到人权的高度。

基于诉权的静态与抽象的内涵，在"二战"后，随着人权保障理念的兴起，有学者提出了将诉权上升到宪法基本权利的高度，使诉权从普通的救济性权利的属性得到提升，成为一项基本人权。同时在一些国家的宪法和国际人权公约中也出现了将诉权的部分内涵予以确认的立法实践。诉权的宪法化与国际化的趋势开始兴起，正是这一趋势推动了诉权理论从狭窄的民事诉讼法学领域走向了更为宽广的整个诉讼制度视角之下的诉权研究，同时衍生出刑事诉权与行政诉权理论。因此，总体上说，刑事诉权是一项人权，是一项宪法性基本权利，都是在对诉权内涵提升的前提下的表述。

（二）刑事诉权与刑事诉讼权利

简言之，刑事诉讼权利就是在刑事诉讼程序中当事人及其他诉讼参与人可以为或不为一定行为的权能。从其含义来看，与刑事诉权较好区分，但目前在诉权理论的研究中仍然有部分著作将诉权误解为是诉讼权利的简称，造成了对诉权理解的歧义。刑事诉权与刑事诉讼权利虽然有一定联系，但二者

---

① 莫纪宏：《诉权是现代法治社会第一制度性权利》，载《法学杂志》2002 年第 4 期。

并非同一概念。"把诉权的内容局限于任何一种诉讼权利，或是把诉权看成是各种诉讼权利的简单代数和都有失偏颇。"①

刑事诉权是刑事诉讼权利的根基，刑事诉讼权利是刑事诉权在诉讼中的具体表现形式。刑事诉权要在诉讼中得到实现，还需依靠具体刑事诉讼权利的行使，如当事人需要举证权、质证权、辩论权、辩护权等具体诉讼权利来保障刑事诉权的实现。只有刑事诉权的保障而缺乏诉讼中具体的诉讼权利保障，当事双方是无法真正充分有效地参与诉讼的。只有依法享有刑事诉权的当事人双方才可能进行诉讼，才可能在诉讼中享有诉讼权利，不具有刑事诉权，就不能进行诉讼，当然就没有诉讼权利，从这个意义上可以说刑事诉权是当事人享有诉讼权利的前提条件。尽管二者有着紧密的联系，但仍有以下区别：

1. 刑事诉权与刑事诉讼权利享有主体范围不同

刑事诉权的主体限于刑事诉讼中的控辩双方，也就是诉讼当事人，包括公诉人、公诉案件中的被害人、自诉人、被告人，只有这些人才与刑事实体法律纠纷具有利害关系。而诉讼权利的享有并不要求与纠纷的实体法律关系具有诉的利益，其享有者除了诉讼双方当事人外，还包括其他诸如证人、鉴定人、翻译人员等诉讼参与人。

2. 刑事诉权与刑事诉讼权利针对的对象不同

刑事诉权直接指向法院的审判行为，与其相对的义务主体是国家，具体由审判机关承担满足诉权的义务，国家有责任保障诉讼双方诉权得以实现。而刑事诉讼权利的义务主体因刑事诉讼具体法律关系的不同而不同。在审判法律关系中，刑事诉讼权利相对人是审判机关；但在抗辩法律关系中相对人则是对方当事人，同时诉讼双方还可能与证人、翻译人员、鉴定人等其他诉讼参与人形成诉讼上的权利义务关系。甚至诉讼权利在有些情况下还可能是针对案外人的权利。

3. 刑事诉权与刑事诉讼权利行使的目的不同

刑事诉权行使的基础是程序法和实体法两方面的规定，虽然刑事诉权本质上是一种程序性权利，但与诉讼双方刑事实体法上的权益仍有着重要联系，刑事诉权行使最重要的目的就是要保障当事人刑事实体权益的实现。而刑事诉讼权利则是与诉讼活动的开展相关联，是为保障权利享有主体对诉讼的参与及诉讼活动的顺利进行而设定的程序权利。诉讼权利与实体法上的权益联

---

① 顾培东：《法学与经济学的探索》，中国人民公安大学出版社 1994 年版，第 207 页。

系并不如刑事诉权那样紧密，不具有直接的实体权益保障功能。

4. 刑事诉权与刑事诉讼权利产生的时间不同

刑事诉权是存在于诉讼之外的权利，在刑事实体法律纠纷发生之时，纠纷双方即有权请求法院对纠纷进行裁判，这时刑事诉权即已潜在地存在。正是因为刑事诉权的存在，刑事诉讼程序才得以启动。刑事诉权主体放弃诉权，也就不会产生相应的刑事诉讼权利。而刑事诉讼权利大多数是在诉讼启动后才享有的，是保障刑事诉讼顺利进行的权利。

5. 刑事诉权与刑事诉讼权利存续的期间不同

刑事诉权自刑事实体纠纷发生之时即已产生，贯穿于刑事诉讼始终，启动和推动刑事诉讼的进行。而刑事诉讼权利则依当事人在诉讼过程中的地位而有所不同，一部分可能贯穿刑事诉讼始终，而另一部分则具有阶段性，只存在于特定的诉讼阶段。而且诉讼权利一般产生于诉讼程序开始后，也即有了起诉和受理，才有了诉讼权利。

6. 刑事诉权与刑事诉讼权利的具体表现不同

刑事诉权更多的是一种理论上的抽象概念，本身表现较为单一。而刑事诉讼权利是作为具体权利而存在的，内容较之于刑事诉权更为丰富，其中有一部分与刑事诉权重叠，重叠部分可以视作刑事诉权的具体表现。而且刑事诉权作为特定的语汇基本上不会随诉讼程序具体设置的变化而变化，但刑事诉讼权利呈现多样化，各国刑事诉讼的程序设置不同，刑事诉讼权利也会出现差异。

7. 刑事诉权与刑事诉讼权利产生的法律根据不同

刑事诉权理论来源于民事诉权，但是作为广义诉权的分支，刑事诉权已经上升为宪法权利，属于基本权利的范畴。而刑事诉讼权利的直接法律根据是刑事诉讼法，属于刑事诉讼中具体的法律权利的范畴。当然也不排除一部分重要的刑事诉讼权利被上升到宪法基本权利。

8. 刑事诉权与刑事诉讼权利行使次数限制不同

根据一事不再理原则，对同一刑事实体纠纷，其诉权仅可行使一次，刑事诉权一经行使则被消耗。而具体的诉讼权利往往可以多次重复性地行使，如当事人可以在诉讼中反复行使辩论权、质证权等，这些权利并不会行使后即消失。

（三）刑事诉权与起诉权、胜诉权

我国传统民事诉讼理论所继承的苏联的二元诉权论认为诉权可以分为程序意义上的诉权和实体意义上的诉权，程序意义上的诉权就是指起诉权，实体意义上的诉权指胜诉权。在此基础上有些学者将起诉权或胜诉权与诉权混同，常常以诉权来指称起诉权或胜诉权，未能真正把握诉权的内涵。

刑事诉权启动刑事诉讼程序，使国家通过审判权的行使履行权益保障的职责。但刑事诉权的内涵并不仅限于启动诉讼程序，还包含了推动诉讼程序进行的意思。起诉权是指公诉机关或公民提起诉讼的权利，功能仅在于启动诉讼程序，从这一点来看，起诉权是诉权的重要表现。但是要以起诉权来涵盖诉权的内容实际上缩小了诉权的内涵。具体来说，刑事诉权与起诉权有以下区别：

1. 刑事诉权与起诉权在内容上有所不同

起诉权的内容较为单一，仅仅指启动诉讼程序的一项具体的诉讼权利，甚至连反诉权、上诉权等启动诉讼的权利也不能包含在内，具体功能上也仅限于启动程序。刑事诉权不限于起诉权、反诉权，还应当包括上诉权、申请再审权等，还有推动诉讼进行的诸多权利，内容较为抽象。

2. 刑事诉权与起诉权享有的主体范围不同

刑事诉权是诉讼双方当事人的权利，其主体范围包括公诉机关、被害人、自诉人、被告人等。而起诉权仅仅限于提起诉讼的一方，如公诉机关、自诉人等。

3. 刑事诉权与起诉权所存在的诉讼阶段不同

刑事诉权产生于刑事实体纠纷发生之时，而贯穿于整个诉讼过程。起诉权只是在审判程序启动时行使，一经行使即结束。

胜诉权在二元诉权理论中被用来指代诉权实体上的意义，指的是实体请求获得满足的权利，最早源于具体诉权说。按具体诉权说和二元诉权说的观点，有实体意义上的诉权就必有胜诉权，就能胜诉。这一点本身就不符合诉讼活动的规律，受到了理论上的批判。刑事诉权虽然具体表现出来的诉讼权利多样，但是并不必然包含胜诉权。胜诉权的有无只能在诉讼程序开始后，由法官通过审理而予以确认。即使是真正权利受到侵害的主体也不一定能在诉讼中当然地胜诉，因为法官主要是靠证据来对案件事实进行审查判断，本身也会受到诸多因素的影响，法官作出的判断不一定就与当事人提出的请求一致。故而胜诉权并不能作为一项诉讼权利而存在，更不能作为诉权的当然结果。

（四）刑事诉权与刑罚权

刑事诉权产生于刑事纠纷解决的需要，而刑事纠纷最为根本的表现就是犯罪，对于刑事纠纷诉讼处理的结果常常表现为刑罚。刑罚与公民人身自由和财产等重大权利紧密相关，国家机关往往被赋予了制定和实施刑罚的权力。为了保障刑罚的公正性和公民的权益，国家实施刑罚的权力只能在诉讼制度的约束下进行，这里就涉及诉权与刑罚权之间关系的问题。

"国家的刑罚权，产生于抑制社会越轨行为维护正常统治秩序的国家基本职能。"① 它是对犯罪人实行刑事制裁的一种国家权力，刑罚权的行使最终都会体现国家的意志，是国家主权的一种反映。目前因学者立于不同的角度，对刑罚权具体包括哪些权能，刑罚权的内涵是什么还存在诸多争议。多数学者是从刑罚权的运作过程来诠释刑罚权的，有三项权能说、四项权能说等。目前支持刑罚权四项权能说的学者占多数，认为国家对刑罚权的运用是通过制刑权、求刑权、用刑权和行刑权四项基本权能得到实现。这种观点几乎将刑事法领域内的所有公权力全部涵摄在内。笔者不否认从刑罚的运行过程来解释刑罚权能够较全面地把握刑罚权，但是这种概括容易使刑罚权的外延过于宽泛和无所侧重，使其实体性权力的本质受到忽视。刑罚权主要是由刑事实体法所确认的，涉及罪与非罪、此罪与彼罪及定罪量刑等问题，而制刑权、求刑权、用刑权和行刑权等权能不过是实现国家刑罚权的权力，只能算作广义上的刑罚权，还不能代表刑罚权本身。故而，在本书中笔者将刑罚权定义为一种刑事实体法所确认的国家对违反刑法规范的人所实施的惩罚权，本质上它是一种实体法上的国家权力。

就刑事诉权与刑罚权的关系而言，由于先前缺乏对刑事诉权的理论研究，笔者所掌握的资料并未见有文章对此予以论述。但作为刑事诉权一部分的公诉权与刑罚权的关系在理论上早有争议，这种争议主要出现在对公诉权内涵的阐释中。实体性公诉权说认为，公诉权来源于刑罚权，公诉权就是在审判中确认因犯罪形成的刑罚权。② 这种观点认为，公诉权与刑罚权具有渊源关系，一定意义上公诉权就等同于刑罚权。而我国台湾地区学者在对公诉权内涵进行阐释时出现了认为公诉权具有诉讼法上特殊意义的学说，这种学说对公诉权与刑罚权关系的表述是：公诉权是国家为了确定刑罚权是否存在及其内容而在诉讼上实行的权限。因而，公诉权是刑罚权的实行形式。诉讼对象及公诉权与实体法之法的效果具有不可分离的关系，故刑罚权及公诉权的存在是诉讼程序上不可缺少的前提条件。刑事裁判的内容有两个：一承认刑事诉权，二承认刑罚权。公诉权分为实体公诉权与形式公诉权。实体公诉权是

---

① 徐静村：《刑事诉讼法学》（上），法律出版社 1999 年版，第 4 页。

② ［日］田口守一：《刑事诉讼法》，刘迪、张凌、穆津译，法律出版社 2000 年版，第 114 页。

以请求确定作为诉讼对象的刑罚请求权为内容；形式公诉权则是以请求开始及实行诉讼为内容，或称为诉讼追行及程序上的权利，或指诉讼追行权，重其在诉讼上意义，系属诉讼法上的权利，既与实体法上刑罚权异其概念，而且其发生、消灭条件亦互异。[①] 这种观点认为公诉权与刑罚权并不相同，公诉权是一种诉讼法上的权利，而刑罚权则为一种实体上的权利。德国学者宾定克（Binding）强调公诉权与刑罚权为彼此独立各自意义不同但又存在实在联系的公权；而德国柏令克（Beling）则提倡"主观的刑事诉讼权说"，称刑罚权是随犯罪而发生的客观存在的对犯罪人的处罚权，而公诉权是为实现这种追究而存在的"主观的刑事诉讼权"。[②] 法国则有学者认为，公诉为适用国家刑罚，[③] 言下之意便是公诉权的目的是刑罚权的适用。以上对刑罚权与公诉权关系的解读大都是随着公诉权内涵的争议出现的，尽管对公诉权与刑罚权具体关系的认识不完全一致，但基本上各种理论均未将公诉权与刑罚权作为同一概念使用，也都认识到了公诉权本质上属一种程序权力，而刑罚权则属实体权力。

刑事公诉权实际上是刑事诉权的一种具体表现形态，从刑事公诉权与刑罚权的关系就可窥见刑事诉权与刑罚权的关系。首先，犯罪侵权行为发生后，犯罪行为人就可能受到国家对其判决有罪并处以刑罚的后果，对刑事实体法律纠纷的解决往往以刑罚权的实现而终结，这就产生了国家行使刑罚权的需要。然而这种需要又不能不经诉讼程序而由国家径自施以刑罚，还必须通过刑事诉权的行使，引起刑事审判权的行使来对国家的刑罚请求作出裁断。从这一点来看，国家刑罚权行使的需要促使了刑事诉权的行使，也只有借助刑事诉权的行使，国家刑罚权才可能实现。总体上，正是国家刑罚权促成了刑事诉权的行使，而刑事诉权在实体上的意义就在于确保国家刑罚权的实现。其次，受刑事实体法罪刑法定原则的影响，刑事诉权的行使范围要严格受制于国家刑罚权的范围。罪刑法定的基本要求就是，法无明文规定不为罪，法无明文规定不处罚。虽然现代刑法学理论已经对绝对的罪刑法定原则有所松动，增加了刑罚权的灵活性与适应性，但总体而言，刑罚权的运作仍然受制于罪刑法定原则。尽管刑事诉权在性质上具有一定的处分性，但是这种处分

---

① 参见陈朴生：《刑事诉讼法实务》（增订版），海天印刷厂有限公司 1981 年版，第 336～337 页。

② 参见龙宗智：《相对合理主义》，中国政法大学出版社 1999 年版，第 292 页。

③ 参见［法］卡斯东·斯特法尼等：《法国刑事诉讼法精义》（上），罗结珍译，法律出版社 1999 年版，第 118 页。

性也是相对的，具体到刑事诉讼中就是只能在罪刑法定原则之下处分。

以上只是论及了刑事诉权与刑罚权的联系，二者的区别又在何处呢？其一，刑罚权主要是由刑事实体法确定的，本质上是一种实体法上的权力，具有完全的公权力性质，而刑事诉权是一项程序性权力，行使主体以公诉机关为主，公民个人为辅，除了体现国家意志外，还可能体现公民个人的意志。其二，刑罚权体现的是国家与犯罪人之间的法律关系，是国家单方面对犯罪人追究和科处刑罚的法律上的权力，具有强制性与主体的法定性，享有刑罚权的主体仅为国家。而刑事诉权体现的是刑事诉权行使主体与审判机关的关系，享有诉权的主体多元化，只要与刑事实体纠纷相关涉，即可享有刑事诉权，也就是说，不仅仅法定国家机关享有刑罚权，公民个人也可以享有该权利。其三，刑罚权在性质上是一种强制性权力，具有单向性，刑罚权的施加对象往往只是处于一种被动地位，刑罚权的运作过程整体上呈现出一种不平等性。而刑事诉权虽然在以公诉权作为具体表现形态时客观上带有一定强制性，但是刑事诉权的性质决定了双方诉权是在一种平等地位上的对抗。

（五）刑事诉权与刑罚请求权

刑罚请求权是由刑事实体纠纷的受侵害方或其代表向审判机关请求对侵害方施以刑罚的权利，包括定罪和量刑两个方面的请求权。刑罚请求权从功能上来讲主要是促成国家刑罚权的实现，这种功能的实现也主要依赖于审判机关的裁断。就这一点而言与刑事诉权较为相近。对于刑事诉权与刑罚请求权关系的论述大多也是从刑事公诉权与刑罚请求权的角度切入的，因此我们也需要从考察刑事公诉权与刑罚请求权关系的角度来衍生出刑事诉权与刑罚请求权的关系。有学者就认为，公诉权是请求确定属于诉追者之刑罚请求权之存在及其内容之诉讼法上的权限，诉讼，系以刑罚请求权为其对象，以保护诉追者所主张之刑罚请求权。[①] 这种观点应当说在现有的公诉权理论研究中具有代表性意义，许多学者将公诉权与刑罚请求权相等同，认为二者只是表述角度的不同，在内涵上没有实质性差异。

虽然刑罚权本质上是一种实体权力，但刑罚请求权是向审判机关行使的权利，并不是针对侵害方直接行使实体请求权。这一点恐怕与民事诉权理论中的民事诉权与实体请求权的关系并不完全一致。民事实体请求权的义务主体是对方当事人，而不是审判机关，民事诉权的义务主体则是审判机关。然

---

① 参见陈朴生：《刑事诉讼法实务》（增订版），海天印刷厂有限公司 1981 年版，第 336～337 页。

而我们在刑事诉讼领域，由于对私力救济的禁止，刑事实体纠纷在应然层面上几乎完全交由国家审判机关予以裁断，以此来促成刑事纠纷的解决。在这种客观背景之下，刑罚请求权不能向被告人行使，而是要求统一向审判机关行使。就这一点而言，刑罚请求权与刑事诉权的指向与义务主体具有同一性，而且刑事诉权行使的最终结果往往是刑罚的运用，与刑罚请求权的结果似乎也相同。但是，我们不能简单地将二者画等号。

刑事诉权与刑罚请求权其实在内涵和外延上存在一定的区别。首先，从二者的主体范畴来看，刑罚请求权虽然也是请求国家审判机构对犯罪人施以刑罚的一种权利，但其享有的权利主体仅仅是控诉方，具体而言，或者是公诉机关或者是自诉人。而刑事诉权的权利主体则具有双方性，除了公诉机关与自诉人之外，被害人与被告人作为与实体纠纷处理结果的利害关系人，根据刑事诉权原理也应当享有刑事诉权。其次，从二者的行使目的来看，刑事诉权作为一种纠纷解决的推动力，其行使的目的主要是解决刑事实体纠纷，实现国家的刑罚权虽然可以说是其行使的内容之一，但是其目的并不仅仅限于此。除了实现国家的刑罚权这一目的之外，还有实现对被害人权利的救济与保障也是重要的目的。而刑罚请求权的目的较为单一，仅仅是实现国家的刑罚权。可见，刑事诉权的范畴并不仅限于刑罚请求权，但从一定意义上来说，刑事诉权可以涵盖刑罚请求权，只能将刑罚请求权作为控诉方刑事诉权内容的一个重要方面。

第二节 刑事诉权的类型

法国民事诉讼法与民事诉权理论按照民事实体纠纷的特点将民事诉权分成不同的种类，包括物权诉权、债权诉权与混合诉权，动产诉权与不动产诉权，占有诉权与本权诉权等。[1] 诉权的分类使诉权理论的具体适用有了可能，使法国诉权理论具有了实用性。[2] 法国民事诉权理论的分类主要是按照诉权与各种具体实体权利一一对应的方式进行划分的，这一点与民事实体纠纷的多元性有关。然而就刑事诉权而言，其所针对的刑事实体法律纠纷的多样性特征并不明显，更多情况下是一种侵权性纠纷。如果借鉴民事诉权的分类方

①　参见［法］让·文森、塞尔日·金沙尔：《法国民事诉讼法要义》（上），罗结珍译，中国法制出版社2005年版，第126～148页。

②　参见张卫平、陈刚：《法国民事诉讼法导论》，中国政法大学出版社1997年版，第61页。

法，按照刑事实体法律纠纷的类型或者说犯罪所侵犯的利益来对刑事诉权进行分类，本身较为困难，而且划分的意义不大。

从既有的研究来看，大多数学者将刑事诉权按照享有的主体分为公诉权与自诉权。这种分类的结果其实将诉权与起诉权相等同，公诉权与自诉权虽然也是刑事诉权的一种，但未能穷尽刑事诉权的全部内容。刑事诉权是控辩双方所平等享有的权利，不但控诉方享有，辩方也应当享有。因此，公诉权与自诉权的两分法忽略了刑事实体纠纷的侵权方即犯罪人诉权的存在。

还有学者将刑事诉权按照主体和内容分为国家诉权和公民诉权。[①] 这种分类无疑相较于前一种分类更具有科学性，基本符合了刑事诉权的运作状况，但是细究起来，也有些许遗憾之处。将公民作为刑事诉权的主体在某种程度上缩小了诉权主体的范畴，刑事诉权的主体应当不仅仅限于公民。"公民"是一个法律概念，是指具有本国国籍，并依据宪法或法律规定，享有权利和承担义务的人。可以看出，"公民"主要是以国籍归属为判断标准的。刑事诉权则是应刑事实体法律纠纷解决的需要而产生的，其享有主体是刑事实体法律纠纷的当事双方，并未要求一定要具有本国国籍才享有刑事诉权。另外，还需要提及一点的是，现代国家和社会理论研究认为，在一定程度上存在市民社会与政治国家的相对分离并二元分立的客观情况，即国家与社会并不能完全对等，尽管国家与社会在某些时候可能在利益上具有一致性，但也可能出现利益分歧的情形，不能互相替代。犯罪所侵犯的利益则主要包括国家、社会和个人的利益，这三种利益都是有所区分的。社会利益在遭受犯罪侵犯后也应当通过诉讼机制予以解决，即社会也应当是刑事诉权的主体。尽管在刑事诉讼中，最终代表国家与社会行使诉权的机构可能是同一的，但国家和社会是两种不同的真正享有诉权的主体，不能以国家诉权来涵盖社会诉权。因此，按照国家诉权与公民诉权的划分方式，以国家诉权来涵括社会诉权，事实上忽略了国家与社会的分离这一客观现实，考虑不够周到。

更具可操作性的一种分类是根据刑事诉权的内涵，按照诉权享有的主体为标准将诉权分为公共诉权与个体诉权。所谓公共诉权，是指以国家或社会作为刑事诉权的实际享有者，尽管在具体表现形式上往往要由国家公诉机关来代表国家和社会行使诉权。国家和社会作为刑事实体纠纷的受侵害一方当然也应享有刑事诉权，国家与社会的利益可以合称为公共利益。但是国家和社会作为一个虚拟存在，不能亲自行使诉权，国家和社会的具体权利只能让

---

① 参见汪建成、祁建建：《论诉权理论在刑事诉讼中的导入》，载《中国法学》2002 年第 6 期。

国家机关代为行使。因此，公共诉权的具体表现便是公诉权，由公诉机关在国家和社会的授权与委托下代表国家和社会行使公共诉权。而个体诉权则是指以社会中的个体为诉权的享有主体，包括了受到犯罪侵害一方当事人的诉权与实施犯罪侵害行为一方当事人的诉权。需要指出的是，所谓"个体"，指的是个人和社会团体或其他集体，是相对于国家和社会而言的。社会团体或其他集体虽然是多个个体的集合，但总体上相对于国家和社会而言仍然是一种社会个体，因此在这里分类时，将社会团体或其他集体也从广义上涵括在个体里。现代社会，犯罪侵权人和被侵权人不仅仅局限于个人，其他一些作为个人集合的团体和集体等也常常成为犯罪的主体或犯罪的对象，在这个意义上，团体和集体在刑事诉讼中也可以享有刑事诉权。对于个体刑事诉权而言，我们常常提到的自诉权可以囊括在其中，是一种以个人形态存在的被害人所享有的刑事诉权，但是被害人的刑事诉权并不一定会表现为自诉权，在公诉案件中，被害人的刑事诉权就不会演变为自诉权。但个体刑事诉权并不仅限于此，还有被告方的诉权、作为被害人的团体和单位的刑事诉权等。

当然在刑事诉权的这种分类当中，最为重要的三类刑事诉权还是公诉权、被害人诉权与被告人的刑事诉权，这三类是刑事诉讼中刑事诉权的常态。当然，这三类刑事诉权并不一定在刑事诉讼程序中就是必备的，只有被告的刑事诉权是一定存在的。在自诉案件中，虽然犯罪在实质上也侵犯了国家和社会的利益，但是由于不具有根本的严重性，国家将刑事诉权交由受害个人行使，公诉权就不存在。而在无被害人犯罪案件中，由于并不存在现实的受到犯罪侵害的个体，刑事实体法律纠纷纯粹成了国家和社会与犯罪人之间的利益纠纷，也就谈不上被害人刑事诉权的问题。

第三节　刑事诉权的性质与特征——基于与民事诉权比较的角度

从理论渊源来说，刑事诉权源于民事诉权，对于刑事诉权内涵的界定一方面不能完全脱离民事诉讼中诉权的特定含义，另一方面也要遵循刑事诉讼自身的特点。总体而言，由于诉权这一共性，刑事诉权就具有了一些民事诉权也具有的一些特征。

一、程序性

诉权在性质上究竟是一项实体性权利抑或是程序性权利在诉权学说的形

成与发展过程中广受争议，经过几百年诉权理论的研究，学者们基本达成了共识：诉权是一项程序性权利。刑事诉权虽然具有程序意义和实体意义两种内涵，但总体上程序性才是其本质归属。如同我们在前面的分析中提到刑事诉权产生于刑事实体纠纷解决的需要，但是刑事诉权与实体上的请求权不同，只能向国家审判机关提出。刑事诉权发挥作用的领域主要是在刑事诉讼程序中，刑事诉讼程序的启动和展开均依赖于刑事诉权的行使，离开刑事诉讼程序，刑事诉权就失去了存在的土壤。同时需要注意的是，刑事诉权又不同于一般的程序权利，它是以刑事实体法律纠纷受到侵犯为前提而产生的，源自于实体权利，也具有实体权利保障的目的导向，内涵上也具有一定的实体意义。

二、平等性

诉权理论认为诉权在行使过程中应当具有平等性，这种平等是指实体纠纷双方也即诉权的享有主体的权利平等，不以一方当事人首先提起诉讼而有所偏倚。这种平等性首先是一种机会上的平等，即实体纠纷双方都有平等的机会享有刑事诉权；其次是地位上的平等，即诉权主体在诉讼地位上平等。在公诉权介入的前提下，达玛斯卡也曾指出："代理性的国家利益也同私人利益处在同样的诉讼地位上：政府官员必须通过起诉来实现这些得到严格限定的具体利益，而且他们在法庭与其私人对手享有平等的地位。换句话说，执行代理使命的政府官员与私人或社团当事人是'平行的'——两者都是一起纠纷的当事人。"① 当然这里所谓的诉权的平等性主要是一种相对的平等，而非实质的完全的平等。刑事诉权在性质上也具有平等性，但是刑事诉权的平等性由于国家权力介入诉权中，相对于民事诉权而言更难实现实质上的平等。总体上，刑事实体纠纷的双方均享有刑事诉权，同时在诉讼地位上平等。当然，在刑事诉讼程序中，刑事诉权的主体之间存在现实上的差异，即使为双方提供同等的诉讼武器也不能确保他们享有追求自身诉讼利益最大化的平等能力。

三、处分性

诉权的处分性是指诉权的行使与否以及如何行使均由诉权主体自主决定，

---

① ［美］米尔伊安·R. 达玛斯卡：《司法和国家权力的多种面孔——比较法视野中的法律程序》，郑戈译，中国政法大学出版社2004年版，第116页。

诉权主体有一定的处分权，可以选择性地行使诉权，也可以放弃诉权。就此而言，刑事诉权也具有处分性。刑事诉权主体可以决定是否启动刑事诉讼程序，可以在刑事诉讼过程中放弃部分诉权，可以对刑事诉权的内容与对象进行适当的变更，这些都是刑事诉权处分性的表现。但是刑事诉权的处分权空间与民事诉权相比大大缩小了，在刑事诉权的行使中，尤其是公诉权的行使过程中，其处分权要受到一定的干涉，不能随意地放弃或变更刑事诉权。

从以上的分析中我们不难看出，刑事诉权作为诉权的一种类型也具有诉权的一些本质特性，这一点与民事诉权相类似。虽然刑事诉权与民事诉权都是广义诉权的下位概念，在内涵和性质上有一定的相似之处，但是由于刑事诉权与民事诉权所涉及的实体法律纠纷性质的不同，决定了刑事诉讼和民事诉讼本身的差异，进一步而言，刑事诉权也就具有了一些不同于民事诉权的特征：

（一）刑事诉权行使的目的和内容是要审判机关就被告是否构成犯罪及如何定罪量刑进行公正裁判

这是与刑事诉讼的目的相联系的。虽然刑事诉讼与民事诉讼的最终目的都是要对法律纠纷进行解决，维护社会秩序的稳定，但在这一最终目的指导下刑事诉讼与民事诉讼的具体目的不同。犯罪是刑事实体法律纠纷的表现，它对国家利益和社会秩序会造成较之于民事纠纷更为严重的危害。在许多情况下刑事法律纠纷的解决要完全恢复原状和对受害者进行物质补偿是不可能的，而主要表现是真正的犯罪分子按照刑事实体法的要求得到应有的惩罚，受害方权益不再面临威胁，精神得到抚慰。这一点就与民事诉讼主要倾向于物质上的补偿和回复原有秩序有所区别。于是也就导致了刑事诉权行使目的和内容上与民事诉权有所差异。一般认为，我国刑事诉讼具有惩罚犯罪和保障人权的双重目的，两者都与刑事诉权的行使有关。惩罚犯罪的目的主要是受害方所追求的，这里的受害方不仅是被害人，还包括因为犯罪而受到侵犯的国家和社会。保障人权的目的不仅要求对受害方的权利进行保障，还要求保障被告人的人权。惩罚犯罪与保障人权两个刑事诉讼的具体目的的实现有赖于诉讼双方主体诉权的行使，也可说是诉权行使的目的。受害方刑事诉权行使的目的是要求审判机关对被告方定罪量刑，并对己方权益进行司法保护。而被告方行使诉权的目的是要求审判机关依法公正地对自己进行处理，维护自己在诉讼中的权益。民事诉权由于与民事诉讼的性质和目的相联系，虽然也会涉及各方对己方权益的维护，但不会涉及定罪量刑之类的刑事实体法律上的问题，更多的是请求审判机关对人身、财产争议进行公正处理。

（二）刑事诉讼主要实行国家追诉主义，被害个人的诉权行使受到较大限制

刑事法领域禁止私力救济，而且刑事纠纷解决的机制并非如民事法领域那样存在一些替代性纠纷解决机制，刑事诉讼在大多数情况下可以说是刑事法律纠纷唯一的解决机制。这样刑事诉权的行使在某种程度上可以说是刑事法律纠纷发生后，受侵害方寻求救济的唯一方式。对刑事诉权的保障就具有更为重要的意义。

刑事诉讼涉及的刑事法律纠纷比民事纠纷强度更大，被认为危及了国家和社会的利益，而对犯罪行为行使刑事诉权被认为是国家的义务，故而形成了国家追诉主义，由公诉机关代表国家行使刑事诉权。同时，由于被害人自行行使诉权，难免受到个人感情的左右，缺乏客观精神，易形成报复心理，而且由于力量弱小行使举证权能力有限，所以许多国家对私人控诉进行一定程度的限制。这样，在刑事诉讼中，刑事诉权的主体主要是公诉机关，被害人的诉权只是处于附从地位，在自诉案件中被害人诉权才具有独立的意义。而在民事诉讼中，尽管当前民事公诉制度有所发展，但民事诉权享有主体主要还是民事纠纷中的个人或组织，而非公诉机关。

（三）公诉案件中刑事诉权行使的过程性更为明显

诉权行使的空间主要是在法院，诉权与审判权的关系构成诉讼程序中最基本的结构，但是诉权的行使也具有过程性。民事诉权理论认为诉权是纠纷出现后的一种状态，是存在于诉讼外的权利。从诉权的行使到诉讼程序的启动或诉讼系属的形成，其间必须有一些中介。这一过程可被描述为：行使诉权→提起"诉"→行使起诉权或反诉权→诉讼程序的启动或诉讼系属的形成。[①] 在民事诉讼中，当事人往往直接针对法院行使诉权，刑事诉讼则不然。刑事法律纠纷关系本身较为复杂，解决起来难度较大，加之刑事诉讼的结果往往涉及刑罚的运用，在普遍强调人权保障理念的今天，各国为保障犯罪嫌疑人、被告人的权利而对公权力进行了一定的限制，并就刑事诉讼规定了较之于民事诉讼更高的证明标准、更为严密的程序规则与技术，从而保障刑事法律纠纷得到公正的解决。这些程序技术在一定程度上限制了刑事诉讼中公权力行使的随意性，也使法官公正地作出裁判并非是简单的事，而是需要经历一系列过滤或分流程序才能最后到达裁判阶段。犯罪发生后，报案人、控告人、举报人向公安司法机关提供案件线索，希望能引起公共诉权的行使，

---

① 参见江伟、邵明、陈刚：《民事诉权研究》，法律出版社 2002 年版，第 153 页。

而为使公共诉权能顺利实现，需要通过侦查进行证据收集，进而引起公诉的提起。整个刑事诉讼程序就由一系列紧密连接的程序构成，通过一环扣一环的程序行为，刑事诉权行使的过程性也就得以体现。因此，在多数情况下刑事诉权在审判前程序中就有所体现。而在民事诉讼中，在审判前阶段国家权力基本没有介入，民事诉权行使的过程性主要体现在审判程序中。

（四）公诉案件中，被追诉方的诉权与公诉权相比较为弱小

刑事诉讼中大多数国家都实行国家追诉主义，形成了公诉权。刑事公诉权实际上是诉权与国家公权力的结合，以此来实现诉权的功能。但是诉权一旦渗入了公权的因素，这种权利也就演化为了一种权力，尽管其本质仍是一种诉权，但是这种诉权已经与民事诉权所强调的诉权平等有所差异了，公诉方的诉权与被告方的诉权在诉讼资源配置等方面从现实层面上来看是不平等的。例如，一审程序的启动主要还是由公诉权主动追诉，而被告人往往只能消极被动地应诉。当然，现代法治国家也开始强调在刑事诉讼中要有控辩双方平等对抗原则，也就是要求控方诉权与辩方诉权平等，但是实质上如民事诉权之间般的平等仍难以达到，只能说是追求一种相对合理的形式上的平等，这就需要国家尝试通过给弱势的诉权主体提供律师协助以及增加沉默权等一些被告方用以对抗公诉权的防御性手段，将诉权保障的天平倾向于被告方，从而达到增强被告方诉权力量的目的，矫正诉权不平等的客观状况。

（五）公诉案件中，被告人没有反诉权

刑事实体法律纠纷的发生往往是被告方实施了侵权行为，侵权方与受害方的法律关系一般较为明显。告诉才处理和被害人有证据证明的轻微刑事案件在实践中可能存在自诉人与被告人相互之间都有侵权行为，但自诉人先行提起诉讼的情况，故而允许被告人享有反诉权。在这两种案件中被告人所享有的刑事诉权较为完整。但是在公诉案件中，犯罪行为往往被认为是单方面对国家利益和社会秩序的破坏，国家在刑事实体法律纠纷中并不是主动的侵权方，故而立法上对被告人的诉权有所限制，不允许被告人拥有反诉权。这种情况是与民事诉讼中被告方拥有完整诉权有所区别的。

第四节　刑事诉权的功能定位

如果不能明确刑事诉权的功能就难以提出研究刑事诉权理论的意义。

"消除冲突，减少或避免冲突总是构成特定社会制度下社会控制的基本任务。"① 诉讼制度的产生是基于纠纷和社会冲突解决的需要，"这一现象表征着一个极有意义的社会进步：人类不再依靠冲突主体自身的报复性冲突来矫正冲突的后果，尤其是不再用私人暴力杀戮式的冲突来平息先前的冲突。"② 而启动和推动诉讼程序运行的根本力量就是当事人的诉权，在诉讼机制之下，冲突双方的关系变成了双方当事人各自与国家之间的关系；通过诉权的理性化行使，来实现对犯罪的惩罚，取代了野蛮的相互残杀和暴力争斗。从这一点来说，诉权的最基本的功能就是推动纠纷的解决，是社会冲突的"减压阀"。在这一基本功能之外，诉权的诸多技术性规则还有着其他一些具体的功能，如权利保障功能、权力制约功能等。根据刑事诉讼制度自身的特点，刑事诉权除了促进刑事实体纠纷的解决这一基本功能之外，还有以下具体的功能：

一、启动和推动刑事司法程序的功能

国家司法职能发达的重要标志之一便是排斥私力救济，要求一般的法律权利义务纠纷均需由当事人依法提请司法机关解决。国家通过法院行使纠纷解决权，让人们在程序的装置内有序地通过对抗来解决纠纷和冲突。刑事诉讼程序具有解决刑事实体法律纠纷的功能，但由于审判权具有被动性，故这种功能的发挥需要有力量来启动和推动其运行。"直到一位当事人提出起诉，司法系统才能获得有一起纠纷等待解决的信号。"③ 刑事诉权总体而言是一项主动性的权利，其最为直接的功能就在于启动刑事司法权，并推动刑事司法程序的运作。正是刑事诉权将刑事实体纠纷这种激烈的社会冲突引入刑事司法程序中，通过和平、理性的方式解决纠纷。如果没有刑事诉权的主动行使，刑事司法程序便不会启动，更不会运行下去。总体上可以说，刑事诉权主体控制着刑事纠纷的解决过程，包括诉讼的启动、运行直至结束等一系列的存续。刑事诉权的充分发挥有利于刑事司法权的充分实现，只有赋予刑事诉权顺畅的行使渠道，才能使当事双方的主张充分地展现在审判权面前，才能推

---

① 顾培东：《社会冲突与诉讼机制——诉讼程序的法哲学研究》，四川人民出版社 1991 年版，第 18 页。

② 顾培东：《社会冲突与诉讼机制——诉讼程序的法哲学研究》，四川人民出版社 1991 年版，第 22 页。

③ ［美］米尔伊安·R·达玛斯卡：《司法和国家权力的多种面孔——比较法视野中的法律程序》，郑戈译，中国政法大学出版社 2004 年版，第 164 页。

动刑事实体纠纷的解决。

二、权利保障功能和权力实现功能

刑事诉权具有促使刑事实体纠纷解决的功能，而纠纷的解决往往是通过对受侵害的权益予以救济，对侵害人施以刑罚权来实现的。这样刑事诉权就兼具了权利保障和权力实现两项功能。

刑事诉权的权利保障功能首先体现在刑事诉权是一种司法救济权之上。"世界上没有无法定救济的法定权利，没有救济隐含的是权利的不存在。"①古罗马人就认为，先有诉权而后才能谈到权利，权利必须有诉权保障，否则形同虚设。至今在英美法系国家还存在"救济先于权利"的理念。国家通过宪法和法律对公民的生命权、自由权和财产权等实体权利予以确认，但仅仅通过法律宣示权利还不够，应同时配置权利救济制度。有法谚云："没有救济的权利不是权利"，是指权利在得不到实实在在的保护时就不能真正成其为权利。在现代法治社会，若没有救济，宪法和法律赋予公民的生命权、自由权和财产权等仅仅是口惠而实不至的虚幻之物。

对一项权利的救济可能存在多种途径，但诉讼是权利救济的最合法、最公正、最理性、最彻底和最权威的方式，也是最后的途径。通过诉权使当事人双方的权利诉求得以充分表达，并为在诉讼的场域中为其权利救济提供司法保障。"一个完全没有诉权的人不是法律上的人，一个诉权不完整的人则是法律人格遭到贬损的人。"② 这一点在刑事法领域体现得更为明显。为了避免社会秩序由于私力救济而陷入更进一步的混乱，在刑事法领域完全禁止私力救济。而"禁止私力救助的禁令要能得到切实有效的执行，各方就必须得到某种保障是能够获得正确判决的。"③ 这样刑事诉讼就成了公民权利得到救济的唯一渠道。而刑事诉讼只能通过刑事诉权的主动行使才能运行，也就是说，只能通过刑事诉权的行使才能完成司法救济的任务。其次，通过刑事诉权的行使，国家运用刑罚权对侵害人予以惩罚，也是对法定权利的再次肯定，反复地强调权利的价值，不断宣示权利，为权利的充分实现创造了良好的氛围。最后，在刑事诉讼过程中，不仅仅是受侵害方具有请求权利司法保护的

---

① ［美］理查德·A. 波斯纳：《正义/司法的经济学》，苏力译，中国政法大学出版社 2002 年版，第 19 页。

② 周永坤：《诉权法理研究论纲》，载《中国法学》2004 年第 5 期。

③ ［德］哈贝马斯：《在事实与规范之间：关于法律和民主法治国的商谈理论》，童世骏译，三联书店 2003 年版，第 289 页。

需要，被告人也应享有对控诉方诉权的防御性诉权，也具有请求保护自己诉讼过程中权利的需求。正是基于诉权的权利保障功能，有学者认为"诉权是现代法治社会中第一制度性的人权，只有诉权是可以要求政府承担无限的保护责任的，这种保证责任不仅是可能的，也是现实的。"①

由于国家对刑事实体法律纠纷的干预往往是通过公诉权来主动行使的，故而刑事诉权不仅具有对公民权利的保障功能，还具有保障国家权力实现的功能。这里所谓的国家权力，是指国家的刑罚权。国家的刑罚权源自于国家的社会治理机能，通过刑罚对犯罪人实施国家性的报复，以此来平息刑事实体纠纷，恢复国家统治秩序。尽管国家的刑罚权是一项强制性权力，带有强烈的主动性，但是在现代法治社会，主动治罪的专制式司法模式一去不复返，变身为一种更为民主性的司法模式。在这种模式之下，国家刑罚权的实现仍然需要有刑事诉权的保障与配合。虽然国家可以通过国家刑事侦查与公诉机关来主动纠举犯罪，但是如果由刑事审判权直接对被指控人施以刑罚则会有违不告不理、控审分离的基本诉讼原理，故而这种国家刑罚权的实现还需通过刑事诉权这一外壳来请求审判机关进行裁判。没有刑事诉权的保障，在刑事司法职能严格区分的社会背景下，国家刑罚权也只能是流于空洞，而不能实现。

三、权力制约功能

现代社会的法治归根结底是一种规则之治，即通过法律的社会治理。这种社会治理的方式不仅引导和支持着国家权力的行使，使这种权力的行使更为有效，也是使权力得以正当化和合法化的机制和过程。②

诉权是一项纠纷解决请求权，而审判机关承担着最终解决刑事实体纠纷的职能，负有保障诉权实现的职责。在诉权与审判权的权利义务关系之中，审判权是刑事诉权的有效保障力量，离开了审判权的运作，刑事诉权便无法实现。但另外，诉权相对于审判权而言，又是一种有效的制约力量。通过这种制约来达到权利与权力的必要的平衡。因此，审判权与诉权是审判程序的两个基本要素，二者的结合构成了刑事诉讼程序运行的必要条件，二者的关系构成了刑事审判程序中的基本诉讼法律关系。"明智的立法者知道，再没有人比法官更需要立法者进行仔细的监督了，因为权势的自豪感是最容易触

---

① 莫纪宏：《论人权的司法救济》，载《法商研究》2000 年第 5 期。
② 参见苏力：《道路通向城市：转型中国的法治》，法律出版社 2004 年版，第 18 页。

发人的弱点的东西。"① 而立法权直接监督司法权是制约的一个方面，另一方面是通过立法切实保障诉权，使诉权构成监督和制约诉权的重要力量。刑事诉权的行使直接指向审判机关，对刑事审判机关构成制约。首先，按照不告不理原则，没有刑事诉权的行使，就不会有刑事审判权的启动和运行，即"无诉即无审判"。"只要没有依法提出诉讼的案件，司法权便没有用武之地。"② 其次，刑事审判权行使的范围要受刑事诉权行使范围的限制，刑事审判权不得逾越或脱离刑事诉权请求的范围，就控辩双方未提出的事项作出裁判，并且在诉讼进程中，刑事诉权的主体还可通过行使程序选择权、上诉权、处分权等诉权的具体内容来牵制审判权。刑事诉权客观上对刑事审判权的制约如果从深层次上来讲是一种诉讼民主性的体现，有助于对司法专断的防范。

另外，刑事诉权之间在审判中还会形成对抗，这种对抗事实上也是一种互相制约。国家公权力对控方诉权渗入而形成的公诉权也会受到辩方刑事诉权的制约。如辩方可以在诉权的行使过程中对控方的请求进行反驳，提出无罪、罪轻等方面的辩护证据，这些都可以制约公诉权的实现，是一种诉权之间的对抗。被害人的诉权对公诉权也会起到制约作用，如对公诉机关作出的不起诉决定可以申诉，还可以通过向法院直接起诉将公诉转为自诉，也就是说，即使公诉权不作为，被害人的诉权也具有表达的机会。

---

① ［法］罗伯斯庇尔：《革命法制和审判》，赵涵舆译，商务印书馆1965年版，第30页。
② ［法］托克维尔：《论美国的民主》（上卷），董果良译，商务印书馆1991年版，第110页。

第四章　刑事诉权的运作机理

——制度化的刑事诉权

概念的产生往往源于实践与具体制度，是对制度与实践的一种抽象与归纳。诉权并不仅仅是一个概念或者是一种观念，它的真实存在还需要有一套法律制度运作来予以凸显、支撑和强化。在刑事诉讼法学领域，刑事诉权尽管在具体的刑事诉讼制度上难以觅其踪迹，但它并不仅仅作为一个刑事诉讼理论中的抽象概念而存在，它源于制度与实践，最终也需要在制度与实践当中得以体现。刑事诉权的制度化并不是说要体现在某一项诉讼制度上，而是在一系列的制度运作中体现出刑事诉权的存在，是一种动态化的刑事诉权。沿着上一部分的思路，在前文对刑事诉权的内涵进行界定之后，我们需要回归到刑事诉权的制度体现上来，对其具体运作机理进行考察，以探求刑事诉权的本来面目，进一步加深对刑事诉权理论的理解。

第一节　刑事诉权要件

权利之所以能够成其为权利，自然应当具备一定的条件，这些条件便是权利的要素。刑事诉权作为一项具体的权利，可以请求法院对刑事实体纠纷进行裁判，并对实体权利予以救济和保护。由此来看，刑事诉权是一种要求，也是一种资格。面对一个概念化与抽象化的刑事诉权，我们不免会对刑事诉权在什么情况下存在或成立发出疑问。诉权作为一个抽象的概念，其是否存在需要有一些容易识别的判断标准。这一标准就是诉权的要件。刑事诉权的要件是刑事诉权运作的门槛，如果一开始就不具备刑事诉权的要件，就谈不上之后的刑事诉权的行使，更谈不上刑事诉权制度体系的建构。

一、刑事诉权要件概说

民事诉权的要件研究在民事诉权理论中占据了重要的地位，各种民事诉权学说都无可避免地要对民事诉权的要件进行阐释，不同的民事诉权学说也对民事诉权要件的构成产生了观点上的分歧。目前民事诉讼理论界与实务界较为统一的观点认为，诉权的要件主要包括当事人适格和诉的利益两个方面。

刑事诉权理论在借鉴民事诉权理论的基础上产生并发展，对于民事诉权理论体系中的一些问题自然也无法回避，因此，诉权的要件问题在刑事诉权理论体系中也应当是一个有必要进行说明的问题。同时，刑事诉权具有静态与动态两个层面的意义，从静态上来看是法律所规定的所有人均享有的一种潜在的请求裁判权，而动态上的刑事诉权，只有特定的人才能现实地拥有和行使，是一种现实和具体的刑事诉权。尽管任何人均潜在地享有静态层面的刑事诉权，但是静态层面的刑事诉权过于抽象与泛化，如果不付诸实施，对刑事诉权的主体而言也毫无意义与价值。这一层面的刑事诉权由于未能具体化，即使所有人都享有，但其实并非所有人均能真正将刑事诉权付诸实践，成为一种现实的自由权利。只有将静态层面的刑事诉权转化为现实的和动态的刑事诉权才能真正实现刑事诉权的价值。这种转化也需要一定的条件，而这一条件就是刑事诉权的要件。

刑事诉权要件是指就特定的刑事实体纠纷或具体的案件而言，享有诉权所必须具备的法定条件。由这一含义可见，刑事诉权要件只是解决刑事诉权享有的问题，而不解决刑事诉权行使的问题，但刑事诉权要件是刑事诉权行使的先导，必须是在具有刑事诉权的前提下，才可能谈及刑事诉权的行使。符合刑事诉权要件，才可以行使刑事诉权，启动刑事诉讼程序；不符合刑事诉权要件，法院就可以拒绝提供裁判，也就不能启动刑事诉讼程序。从含义来看，刑事诉权要件与刑事诉讼理论上的诉讼条件问题也是两个不同的范畴。刑事诉讼条件，又称为刑事诉讼要件，是指"诉讼程序有效成立并持续下去的条件。"[1] 也有学者认为诉讼条件是指"整个诉讼能够合法进行并为实体判决所需具备之前提要件"。[2] 从广义上来看，它包括公诉权行使的条件、应诉权行使的条件以及行使审判权的条件。狭义上的刑事诉讼条件则仅指起诉条件，[3] 即起诉必须符合特定的诉讼条件，遵循合法性原则、合理性原则及相应的法定程序。"维系整个诉讼程序的合法与否，可谓诉讼要件的本质，欠缺时法院不能为实体判决，只能以免诉、不受理或管辖错误等程序判决来终

---

① ［日］田口守一：《刑事诉讼法》，刘迪等译，法律出版社 2000 年版，第 118 页。

② 林钰雄：《刑事诉讼法》（上册），中国人民大学出版社 2005 年版，第 179 页。

③ 参见黄东熊：《刑事诉讼法论》，三民书局 1985 年版，第 269 页。

结已经产生的诉讼关系。"① 可见，刑事诉讼条件的欠缺更多地引起一种程序性的法律后果，在起诉阶段中，如果欠缺刑事诉讼条件，往往由公诉机关作出不起诉的决定。而如果欠缺刑事诉权要件，则证明刑事诉权主体不是适格的主体，自然其诉讼行为也无效，在起诉阶段，虽然不适格主体可以执意提出诉讼，但审判机关可以作出不予受理或驳回起诉的处分。就这一点而言，似乎刑事诉权要件与刑事诉讼条件的欠缺都可以导致程序中止或终止，但事实上刑事诉权要件的欠缺是更为致命的。由于诉权的产生与刑事实体法律纠纷紧密相关，如果不具备诉权要件而实施的诉讼行为是一种釜底抽薪式的无效，对于同一主体而言，是不可补正的，只能由适格的刑事诉权主体重新提起诉讼。而刑事诉讼条件的欠缺则往往在主体适格的前提下是可以补正的，可以通过补充或修改刑事诉讼条件来最终启动刑事诉讼程序，只有在确实不符合追诉要件的前提下，才可能导致整个追诉程序的终止。

在民事诉权理论研究中，由于民事诉讼涉及的是平等主体之间的民事实体纠纷，在诉讼的提起问题上，更加尊重当事人的自由意志，往往没有国家强制性权力的干涉，这样通过诉权要件来限定诉讼的随意提起就十分有必要。同时，由于民事实体纠纷种类繁多，而且各有特点，在民事诉权主体的识别问题上并不容易，故而，通过诉权要件来规范民事诉权主体的识别也是客观上的需要。然而，就既有的刑事诉讼理论研究而言，几乎无人对刑事诉权要件问题进行论述，似乎在刑事诉讼中公诉机关提起公诉，自诉人提起自诉成为一种理所当然的事情，不值得对公诉机关、自诉人为何享有提起公诉的资格的背景与机理问题进行深入的探讨。这种状况的出现，究其原因一方面是由于刑事实体法律纠纷的性质，另一方面则主要是因为刑事法领域调整手段的强制性。刑事实体法律纠纷以犯罪为主要表现形式，具有单一性，往往只是一种被犯罪化的侵权行为，在本质上与民事法领域中的侵权行为无异，只是在强度上不一，而被纳入刑事法领域中进行调整。因而，刑事实体法律纠纷不像民事实体法律纠纷那样在诉权主体的确定问题上如此复杂，往往按照犯罪的程度分为公诉案件与自诉案件，公诉案件由公诉机关作为适格的诉权主体，自诉案件由自诉人作为诉权主体，似乎在研究诉权资格的问题上就是当然而为之，不需要进一步的研究。同时，由于刑事法领域涉及国家利益与社会秩序问题，在价值取向上似乎较之于民事法领域更为重要，关涉利益更为重大，因此在刑事法领域对刑事实体法律纠纷的处置问题上更为明显地体

---

① 林钰雄：《刑事诉讼法》（上册），中国人民大学出版社 2005 年版，第 179 页。

现出一种法定性与强制性，对当事人意思自治体现较弱，诉讼的启动更多的是一种法定性，一般不会出现由错误主体启动刑事诉讼的情形。而民事法领域以崇尚当事人的意思自治为传统，在诉讼中也赋予当事人较大的处置权，在诉讼的提起上也体现出一定的自由性与随意性，如果不对诉权的要件进行限定，那么势必导致诉权的滥用。在这种理论背景下，诉权要件问题在刑事诉讼法领域几乎不受人关注自然不难理解。然而，在刑事诉权导入刑事诉讼法学研究这一理论前提下，刑事诉权的要件问题也随之进入人们的视野。对长期在制度上存在，却又难以合理解释的问题，如为什么公诉机关和自诉人有权提起诉讼，而其他机关和个人则无权提起等这些看似简单却又很难从深层次上解释的问题，需要从刑事诉权要件的角度进行重新的审视与解读。

应当注意，刑事诉权作为民事诉权基础之上衍生出的概念，在其理论架构上即使沿用民事诉权理论的框架，也不能作简单的套用，因为会涉及理论移植的适应性问题。同时，刑事诉权作为一种新的理论框架如何融入既有的刑事诉讼理论体系也会存在冲突与适应性的问题。这两个方面的考虑使我们对刑事诉权要件的阐释就必须既要尊重民事诉权要件的固有本质，又要在刑事诉讼领域将其具体化。在借鉴民事诉权要件理论的基础上，在刑事诉权的要件构成上，也可以从当事人适格与诉的利益两个方面进行阐释。其中当事人适格是刑事诉权要件的主体构成要件，涉及刑事诉权主体的适格性问题；诉的利益则是刑事诉权客体方面的要件，是诉权主体有必要请求诉讼救济，否则便无从保护权益和解决刑事实体纠纷。由于刑事诉讼中公诉与自诉两种程序机制与刑事诉权主体多元化的客观存在，相对于民事诉权要件而言，刑事诉权要件的问题就显得更为复杂，尤其是在刑事公诉案件中，刑事诉权要件的套用更显得艰难。

二、当事人适格

（一）民事诉讼中当事人适格理论概述

当事人适格，是指对于特定的诉讼，可以自己的名义而成为当事人的资格，在民事诉讼法理论当中往往又被称作正当当事人理论。在早期自由市场经济时期，由于社会关系并不复杂，在当时的条件下如果个人利益受到侵害，只需私益诉讼便可获得权利的救济。因此，为了节约有限的司法资源，防止个人恶意诉讼，对当事人的适格问题作出了明确的限制。传统的民事诉讼当事人适格理论认为实体法上的权利人和义务人即为诉讼当事人，在民事实体权利义务发生纠纷时，当事人便是案件的实体利害关系人。这种理论从实体法角度考虑当事人适格的基础，"强调当事人必须与案件有直接利害关系，即强调当事人与民事实体主体的同一性"。① 在这种传统司法理念之下，只有自身权利遭受侵害者才能获得司法救济的资格，也即只有证明自身享有某种权利，且此权利已经遭受侵害才能成为适格的诉权主体。

"当事人适格理论发展直接根源于对传统当事人适格基础的质疑，而质疑直接来源于诉讼的发展和纷争的现实。"② 随着社会的发展和复杂化，传统的当事人适格理论开始无法解释现实中出现的问题，如无法对遗嘱执行人、破产财产管理人那样的非权利义务主体之人何以能实施诉讼作出很好的说明。因此在民事诉讼理论界不得不开始扩大当事人适格的范围的理论探索。从1881年开始，德国学者考拉在其发表的多篇论文中，最早提出了形式当事人概念。③ 学者们开始从诉讼实施权的角度来阐释正当当事人的资格问题，大大地扩展了当事人的范围，"当事人已经越来越成为纯粹的程序概念"。④ 学者们认为当事人适格可分为两种：一是实质的正当当事人，即实体法上的权利义务主体作为诉讼当事人；二是形式的正当当事人，即非实体法上的权利义务主体，享有诉讼实施权的人。⑤ 这样在民事诉讼中，就出现了诉讼法上当事人与实体法上的当事人之分。当事人既可能与具体案件有实体法律上的利害关系，具有当事人资格；也可以是因为保护他人利益而有诉讼权能，成为正当当事人。在这种背景之下，当事人适格的范围得到了大大地扩张。

上文所提到的形式的正当当事人主要存在于诉讼担当的情形当中。诉讼担当，是指非实体法律关系主体以诉讼当事人身份为保护争论实体法律关系主体的合法权益而进行诉讼，但是实体权利义务仍归属于争论的实体法律关系主体。⑥ 这一理论意味着，"诉讼担当人"可以基于法律规定或者实体法上当事人的授权而直接获得程序上的当事人地位，也可被视为实体法上的利益

---

① 江伟、邵明、陈刚：《民事诉权研究》，法律出版社2002年版，第185页。
② 江伟、邵明、陈刚：《民事诉权研究》，法律出版社2002年版，第185页。
③ 肖建华：《民事诉讼当事人研究》，中国政法大学出版社2002年版，第92页。
④ 杨荣馨主编：《民事诉讼原理》，法律出版社2003年版，第54页。
⑤ 江伟、邵明、陈刚：《民事诉权研究》，法律出版社2002年版，第179页。
⑥ 诉讼担当在民事诉讼理论中"诉讼信托理论"与其意思相似，在绝大多数时候两者并不进行严格区分。近年来才有个别学者提出诉讼担当与诉讼信托理论虽然在扩大当事人适格的范围这一点上相同，但是还存在一定的区别。这种区别主要是，诉讼信托理论中的委托人仅转移诉讼实施权是不够的，还需将实体权利一起转移给受托人。由于二者在阐释某些问题上有所交叉，其分析的均是非实体权利义务的主体以自己的名义作为当事人，为他人的权利义务进行诉讼为思路，就这一点而言，诉讼信托与诉讼担当其实没有本质上的区别。因此，事实上在很多场合，诉讼信托与诉讼担当仍然混用，笔者在本书中也并未对诉讼担当和诉讼信托进行严格区分。

主体，并且据此拥有了对诉讼标的的处分权。通过诉讼担当理论的阐释，本来不适格的当事人就顺理成章地成了适格的诉讼当事人。诉讼担当又分为法定诉讼担当与任意诉讼担当两类。其中法定诉讼担当是基于法律的规定，第三人为了他人的权利以自己的名义进行的诉讼。法定诉讼担当基于对他人的实体权利义务或财产拥有管理权或处分权而产生，如大陆法系国家的继承法和破产法规定，遗嘱执行人和破产管理人负有管理被继承人遗产或破产财产的职责，可以在发生遗产或破产财产被侵占或遭受侵害等事由时，以自己的名义提起诉讼，成为诉讼当事人。而任意诉讼担当则是基于实体权利义务主体明确将财产的管理权和处分权以及纠纷的管理权授予第三人，从而使本来与实体纠纷不具有权利义务关系的第三人成为适格的当事人，第三人一般具有某种职务资格，因公益的需要和法律技术的考虑而被赋予诉讼当事人资格，如公益诉讼中的检察官。在涉及公共利益的情况下，检察机关或者公益团体等可以根据法律的明确授权提起以维护公益为目的的民事诉讼，形成公益诉讼。

"一般而言，享有实体权益就享有诉权，实体权益主体和诉权主体本是同一的。然而两者分离（须有充分合理的依据）的情形在现代社会已是屡见不鲜的了。在两者分离的情形中，诉权可以独立于实体权益主体而赋予他人。"① 通过当事人适格理论的发展，民事诉讼中的正当当事人的范围大大扩展，将真正的实体纠纷主体与诉权主体分离，赋予了诉权主体代表真正的纠纷主体行使诉讼的职能，这种趋势目前还有扩大的迹象。

（二）刑事诉讼中的当事人适格问题

作为对民事诉权理论借鉴的刑事诉权理论在分析刑事诉权要件时，不可避免地涉及当事人适格的问题。在套用民事诉权要件中的当事人适格理论来分析刑事诉讼中的当事人适格问题之前，必须明确民事诉讼与刑事诉讼中的当事人的差异。我国新修订的民事诉讼法并未对当事人的范围进行明确的界定，只是在第49条中规定，公民、法人和其他组织可以作为民事诉讼的当事人。对于民事诉讼法上当事人的界定更多的是体现在理论上的争论。这一点我们在当事人适格理论的介绍中已经有所了解。总体上来看，民事诉讼中当事人的界定在范围上有越来越扩展的趋势，将一些非实体纠纷的权利义务主体也纳入其中作为诉讼上的当事人。总体上，民事诉讼中的当事人主要包括原告、被告以及有独立请求权的第三人。其中的原告与被告作为刑事实体纠

---

① 江伟、邵明、陈刚：《民事诉权研究》，法律出版社2002年版，第201页。

纷或者对纠纷有管理权的双方作为当事人自然无异议，而有独立请求的第三人则是由于其对未决案件的诉讼标的有独立诉讼请求或者由于诉讼结果可能使自己权利受到损害而参加到诉讼中，与实体纠纷具有利害关系，理论上也应为当事人。其中在公益诉讼中，作为公共利益代表的国家机关在诉讼中也被认为是纠纷的管理人，享有当事人的地位。而在刑事诉讼中，按照我国刑事诉讼法第82条的规定，"当事人"是指被害人、自诉人、犯罪嫌疑人、被告人、附带民事诉讼的原告人和被告人。从这一规定来看，刑事诉讼法所指称的当事人更倾向于个体，包括了个人以及单位，但却未将作为刑事诉讼中重要一级的公诉机关包括在内。也就是说，在立法者看来，作为刑事法领域代表公共利益的公诉机关不具有当事人的地位和身份。就这一点而言，与民事诉讼中对当事人的界定有一定差异。

对于我国刑事诉讼法第82条中所明确规定的几种当事人按照当事人适格理论来论证并不困难。公诉案件中的被害人、犯罪嫌疑人、被告人、附带民事诉讼的原告人和被告人在一般情况下均与犯罪侵权行为有利害关系，或者是实施犯罪侵权行为的人，或者是受侵害人，总体上均与刑事实体法律纠纷紧密相关，也就是说，在刑事诉讼中完全可以作为适格的当事人。自诉人虽然通常情况下就是被害人，但根据我国刑事诉讼法，在被害人死亡或者丧失行为能力时，被害人的法定代理人、近亲属有权向人民法院提起诉讼，在这种情形下，自诉人便是受到侵害的权益的管理权人和处分权人，成为适格的当事人。

作为公共利益代表的公诉机关在刑事诉讼中是否具有适格的当事人地位，需要在当事人适格理论框架内作新的分析。对于刑事诉讼中的公诉机关而言，我国刑事诉讼的传统理论认为公诉机关代表国家行使公诉职权，是一种职权性行为，与当事人在地位上不可同日而语，不能归到当事人一类中去。但事实上，我们可以按照当事人适格理论来分析公诉机关是否具有当事人地位。刑事实体法律纠纷是犯罪人与国家或社会的严重利益冲突，表现为犯罪对国家或社会利益侵犯，国家和社会受损的利益需要救济。但是，国家作为一个虚拟的集合概念，不可能亲自去行使诉权，只能将诉权交给一个专门的国家机关，由其代表国家行使刑事公诉权。于是，通过这种诉讼担当理论，国家和社会自身虽然是实质的正当当事人，但是通过国家的诉权信托，将诉权授予了公诉机关，公诉机关在此成了形式的当事人，并且代表国家和社会行使诉讼实施权，并且在实施过程中拥有对诉讼标的拥有完全的处分权，这样实质的当事人与形式的当事人发生了分离。但是根据当事人适格理论，我们仍然认为公诉机关作为刑事实体纠纷的管理者,当然拥有原告资格,是一种程序意义上的当事人。

传统上大陆法系国家强调国家权力至上,认为公诉机关具有高于普通当事人的地位,而不再纳入当事人的范畴,这样一种观点应当说在旧的诉讼思维下是合理的,但是在现代提倡诉讼民主主义的理论背景下,硬要将公诉机关在诉讼中的地位抬高,仅仅着眼于其国家权力的属性,而不顾及其适格当事人的本性,显得有些牵强。

三、刑事诉讼中诉的利益问题

(一) 民事诉讼中诉的利益概述

诉的利益作为民事诉权的要件之一,是民事诉讼中一个重要的概念和理论。按照法国民事诉讼法学者的见解,向法院提起诉讼的人必须证明其所行使的诉权有可能为其带来某种利益,这种利益必须是确实的、具体的法律上的正当利益,而且还必须是已经产生的和当前的利益。[①] 民事诉讼中诉的利益乃为原告谋求判决时的利益,即诉讼追行利益。这种诉讼追行利益与成为诉讼对象的权利或者作为法律内容的实体性利益以及原告的胜诉利益是有区别的,它是原告所主张的利益面临危险和不安时,为了去除这些危险和不安而诉诸法的手段即诉讼,从而谋求判决的利益及必要,这种利益由于原告主张的实体利益现实地陷入危险和不安时才得以产生。[②] 简单地说,诉的利益就是,在民事权益受到侵害或发生民事权益纠纷时,需要运用民事诉讼予以救济的必要性。在日本和我国台湾地区的民事诉讼法学理论中,诉的利益还被理解为"纠纷本身原本是否应当在法院中予以解决。"[③]"无利益即无诉权"作为一项原则,排除了不具有诉的利益的一些主体在民事诉讼中的诉权,以此来筛选应当通过民事诉讼程序解决的民事纷争。如果当事人能够在诉讼以外以私力救济或者社会救济等其他方法解决实体纠纷,实现实体权利,也就不存在通过诉讼制度来解决纠纷并对权利予以司法保护的必要。也就是说,

---

① [法]让·文森、塞尔日·金沙尔:《法国民事诉讼法要义》(上),罗结珍译,中国法制出版社2005年版,第97页以下。

② 参见[日]山木户克己:《诉的利益之法构造——诉的利益备忘录》,载《吉川追悼文集》(下),第73页。转引自[日]谷口安平:《程序的正义与诉讼》(增补本),王亚新、刘荣军译,中国政法大学出版社2002年版,第188页。

③ [日]高桥宏志:《民事诉讼法制度与理论的深层分析》,林剑锋译,法律出版社2003年版,第198页。

即使当事人享有实体法上的权利，但并不意味着当事人就一定可以请求法院予以司法保护。

理论上诉的利益被认为包含权利保护资格与权利保护利益两个方面的内容。权利保护资格实际上是法院民事审判权的范围，如果某个案件不属于法院民事审判的范围，当事人所提起的诉就不具有权利保护资格，也就根本谈不上诉的利益问题。当事人所提起的诉尽管具有权利保护资格，但是法院未必有必要对案件进行审判，在某些情况下法律明确规定不得向法院提起诉讼时，该起诉就不具有权利保护利益，即狭义上的"诉的利益"。① 国家设立民事诉讼制度的目的是要解决可诉的民事实体纠纷，通过诉的利益以及当事人适格来界定民事诉权的行使范围，这样，一方面当事人可以利用诉权来实现实体纠纷解决的利益，另一方面通过诉的利益又起到了禁止原告滥用诉权，保护对方当事人的合法权利和正当利益的客观效应。

对于诉的利益的认定标准，如果就肯定的角度而言，就是民事实体纠纷有受诉讼保护的必要性，但是这一标准过于抽象，不具有可操作性，法律也很难给予明确的范围。因而，在法律制度上往往从否定或者消极的角度，在明确否定或阻却诉的利益的因素和情形的前提下来对诉的利益进行认定。一般而言，在民事诉讼中诉的利益的否定或阻却的因素和情形有：（1）一事不再理，即禁止"一事再诉"；（2）法律规定在一定的期限内不得起诉的案件；（3）原被告达成撤回诉讼或者不起诉的协议；（4）当事人双方已有仲裁协议并申请仲裁或正在仲裁，或者已经作出仲裁裁决；（5）强制 ADR。此外，破产案件、请求确定诉讼费用的、超过诉讼时效的原告之诉等，也没有诉的利益。②

（二）刑事诉讼中诉的利益问题

依托民事诉讼中诉的利益理论，并结合刑事诉讼自身的特征，我们可以对刑事诉权的诉的利益这一要件进行考察。

对于刑事诉讼制度而言，作为一种纠纷的解决机制，所解决的纠纷是刑事实体纠纷，即犯罪。犯罪在现代普遍被认为除了侵犯公民个人的人身、财产、民主等权益以外，还侵犯了国家与社会公共利益，就其所侵犯的利益来说都是较为重大的，就其侵犯的程度而言是严重的，总体上是一种激烈的社会冲突。相对于民事实体纠纷而言，如果通过私力救济方式来解决纠纷，容

---

① 参见张卫平主编：《民事诉讼法教程》，法律出版社1998年版，第174页以下。

② 参见邵明：《论诉的利益》，载《中国人民大学学报》2000年第4期。

易使社会陷于一种无休止的彼此报复的恶性循环，进一步导致社会的无序状态。如果采用诉讼以外的其他社会救济方式，则又显得不具有权威性和强制性，从而使刑事实体纠纷的解决不具有彻底性。因此，在现代法治社会背景下，各个国家普遍禁止刑事法领域的私力救济，统一将刑事实体纠纷纳入刑事诉讼的轨道当中，实现刑事实体纠纷解决的有序化。当然，也并不完全排除在实践层面有部分犯罪通过民间私了的形式得到了处置，但是毕竟就立法层面以及主流实践状况而言，刑事实体纠纷的诉讼化解决仍然是垄断性的。在这样一种制度背景之下，刑事实体纠纷几乎除了通过诉讼程序解决以外，没有别的渠道，于是，犯罪侵权纠纷发生后，国家利益和社会利益以及被害人利益就具有了运用刑事诉讼予以救济的必要性。客观上，诉的利益在刑事诉讼中就得以成立。相对于民事诉讼中的诉的利益而言，作为唯一的实体纠纷解决形式的刑事诉讼，在诉的利益问题上理解起来相对较为简单。

　　一般而言，国家被视为对社会公共利益、公共秩序负有维护责任的抽象主体，但是在抽象意义上国家不能作为原告。公诉机关虽然不是国家和社会公共利益的直接享有者和支配者，却是国家与社会公共利益的代表，依法享有作为国家或社会公共利益代言人所应享有的相关利益。当国家和社会公共利益遭受到犯罪侵害时，也就构成了公诉机关诉诸诉讼的利益。

　　诉的利益将需要诉讼救济的事项纳入诉讼中，同时还可将无须诉讼救济的事项排除于诉讼之外，这是诉的利益积极与消极两方面的功能。在刑事诉讼中，国家将犯罪都纳入刑事诉讼的程序之中，同时也排除了一些不具有诉的利益的案件进入刑事诉讼程序中，如超过追诉时效的案件、已有生效裁判的案件、被告人被特赦的案件、犯罪嫌疑人、被告人死亡的案件等。就这些案件而言，或者是刑事实体纠纷已经得到了解决，或者是已经不具备刑事实体的纠纷形态，而不具有诉讼救济的必要性，故而往往被排除于诉的利益范畴之外。这些案件由于不具有诉的利益，因此被认为不具有可诉性，不属于法院裁判权的保护对象。

四、当事人适格与诉的利益之关系

　　当事人适格与诉的利益两项要件是拥有诉权所必须具备的法定条件，二者是相辅相成，缺一不可的。在特定的民事案件中，尽管当事人适格，但由于该民事纠纷没有诉讼保护的必要性，即诉的利益，也不应纳入诉讼的范围内；即使某项民事纠纷具备了诉讼保护的必要性，但由于当事人不适格，法院同样会拒绝解决该纠纷。[①] 甚至于在某些特定的民事案件中，当事人适格与诉的利益是同一的，只有具有诉的利益的人才能成为适格的当事人。

就刑事诉讼领域而言，当事人适格与诉的利益相辅相成的关系体现得更为直观。刑事法领域中，由于刑罚往往是对刑事实体纠纷的处理结果，涉及对犯罪分子人身自由以及财产等基本权利的约束与限制，故而相对谨慎。现代社会私刑被严格禁止，只能由刑法进行明确规定，并且有权决定和实施刑罚的机构是法定的国家机关。在刑事法领域，刑事实体纠纷即犯罪侵权行为发生后，以诉讼的方式进行权利的救济几乎成了唯一正规化与正当化的解决渠道。于是，在刑事诉讼中，只要当事人适格，诉的利益问题基本上就能顺利得到认定。而在诉的利益确定以后，当事人适格的问题也基本不存在困难。被害人作为犯罪侵权纠纷的利益相关者，具有刑事诉讼救济的必要性，在此前提下，其作为适格的当事人是自然而然的事情。当然也存在当事人适格与诉的利益分离表面上不同一的状况。在公诉案件中，一般认为虽然案件的实体利益主体为国家和社会却未成为该案件的诉讼当事人，表面上看来是公诉机关拥有了诉的利益，但事实上诉的利益还是归属为国家和社会这类实体利益的主体，毕竟通过刑事诉讼所保护的实体利益是归属于国家与社会的。国家和社会通过诉讼担当赋予了公诉机关对刑事实体纠纷的管理权，使其具有适格当事人的地位。

第二节　刑事诉权的行使

诉权在现代民事诉讼理论中被认为是一种在诉讼之外存在的权利，诉权的行使并不能直接启动诉讼程序，而需要经过一系列的过程，即为：行使诉权→提起"诉"→行使起诉权或反诉权→诉讼程序的启动或诉讼系属的形成。[②] 同样，刑事诉讼程序作为一个过程，具有动态性，从程序的启动到展开再到结束，都是一个循序渐进的过程。诉讼法学理论认为，诉讼程序往往具有被动性，尤其是审判程序的被动性特征更为明显，需要有外部动力的推动，而刑事诉权在其中所扮演的角色，便是将刑事实体纠纷引入到诉讼程序中，并启动对刑事实体纠纷的正式解决过程。这一过程是将刑事诉权付诸实施，也是刑事诉权自身从静态向动态转化的过程。刑事诉权的行使使刑事诉

---

① 参见江伟、邵明、陈刚：《民事诉权研究》，法律出版社 2002 年版，第 169 页。
② 参见江伟、邵明、陈刚：《民事诉权研究》，法律出版社 2002 年版，第 249 页。

权不仅仅作为一个抽象的概念和理论而存在，更展现为刑事诉权的制度体系，通过制度来实现刑事诉权。

一、刑事诉权行使的方式

刑事诉权行使的方式，是指刑事诉权在刑事诉讼程序中的外在表现形式。而这种表现形式从两个角度来理解，又具有不同的意义。其中一个角度便是从刑事诉权行使的表达方式来看，刑事诉权在刑事诉讼中始终需要表达出来，这种表达可以是口头形式，也可以是书面形式。另一个角度则是指按照具体案件类型中刑事诉权的外在表现形式，将刑事诉权行使的方式分为公诉案件中的刑事诉权行使和自诉案件中的刑事诉权行使，分别从公诉与自诉案件中探讨刑事诉权行使的具体方式。

无论是口头抑或书面的诉权表达形式并不仅仅体现在起诉过程中，不仅指起诉要求以口头言辞形式起诉抑或是以书面起诉的形式提起诉讼，而是指在整个刑事诉权的行使过程中，如何使刑事诉权所承载的内容为外界，尤其是为审判机关所知悉。其实，在刑事诉讼程序中，一般情形下并未对刑事诉权行使是采用书面形式还是口头形式进行明确的限定，只有一个例外便是在起诉过程中，对公诉权的行使一般要求采用书面形式。在我国台湾地区，对自诉人的起诉甚至也要求采用书面形式。整个刑事诉讼程序即是刑事诉权表达的过程，也是诉权外部（包括对方诉权主体和审判权主体）对表达后的诉权反应的过程。刑事诉权的主体往往是根据自身的情况选择采取利用诉权表达的形式，或者是书面形式，或者是口头形式。在审判程序中，刑事诉权主体可以以书面形式提交证据调查申请、辩护词等，也可以以口头言辞的形式参与到庭审调查与辩论中，可以作出最后陈述。一般而言，刑事诉权以书面作为表达形式显得更加谨慎和庄重，而以口头形式则显得更加生动和形象，总体上，以口头方式来表达刑事诉权的内容更容易加深审判机关的印象，能够更好地起到充分表达刑事诉权的作用。因此，在刑事审判程序中，除极个别的情形外，一般都采用口头言辞的方式来表达诉权。

当前主要国家的刑事诉讼制度按照自诉案件是否存在，大致可以分为公诉垄断与公诉、自诉并行两种模式。尽管这两种模式存在的原因都是要致力于解决刑事实体纠纷，但由于两种模式所要解决的实体纠纷在性质上有区别，也就导致他们在诉讼制度上的差异，刑事诉权在两种模式中的行使方式也就各有特点。因而，我们在此将两类案件中的刑事诉权行使方式分别进行探讨。

（一）公诉案件中的诉权行使方式

公诉案件是刑事诉讼中一类最为典型的案件，几乎世界上所有的国家均确认了公诉制度，甚至于在一些国家还确立了公诉垄断制度，即所有的刑事案件均以公诉提起诉讼，排斥私诉制度。究其原因，是因为当前刑事法领域主流的犯罪本质学说认为犯罪最为主要的是侵犯了国家和社会利益，理所应当由国家和社会享有诉权。然而国家和社会将诉权委托给国家的公诉机关代为行使，称为公诉权。

在公诉制度下，一般刑事审判程序中主要存在四个主体：法院、公诉机关、被告人、被害人。其中必不可少的主体是前三者，被害人则往往只是在有被害人犯罪的案件中才会存在，在无被害人犯罪的案件中则不存在单独的被害人主体。法院行使审判权，不属于我们这里所要探讨的范围。因此，在公诉案件中刑事诉权的行使主要是指公诉机关、被告人与被害人三者对刑事诉权的实施。

公诉机关是公诉权的主体，也是将刑事诉权付诸行使的重要主体。在公诉案件中，公诉权是一种通过向审判机关提起对刑事实体纠纷予以裁判的请求，促使纠纷解决的权力。公诉权行使的最为重要的方式便是提起诉讼，然而却不限于提起诉讼的权力。公诉权作为一种刑事诉权的重要表现形式，还承载了其他一些重要的内容。公诉权在启动刑事诉讼程序之后，还应当进一步在刑事审判程序中支持公诉，充分表达诉权，推动刑事诉讼程序的进行。公诉权行使的对象是审判权，而具体的表现则是向法院提交公诉书，在法庭上展现证据，证明案件事实，并进一步请求法院对被告人处以刑罚，最终使公诉权获得审判机关的确认并实现。当然，公诉机关在刑事审判程序中可以对刑事诉权进行一定的处分，比如可以作出不起诉的处理，还可以对刑事诉权的内容进行一定的修正，等等。

被告人在公诉案件中往往被认为是追诉的对象，处于一种被动的地位，但是被告人作为刑事实体纠纷的犯罪侵权行为实施者，也与刑事实体纠纷存在利害关系，也是刑事诉权的享有者。只不过在公诉案件中，从表面来看被告人的诉权更多的是体现为一种被动性，处于被动应诉的地位，是一种防御性的诉权。公诉机关的公诉书指明了被告人作为特定对象，应当一起参与到刑事实体纠纷的诉讼处理过程中。被告人在公诉案件中所行使的刑事诉权主要表现为应诉权，但从实质上而言，"应诉权不是被动的防特御权，而是更主动的权利"。① 这种主动性表现为被告人为推翻或削弱指控所进行的各种抗辩活动，如可以申请或自行进行证据调查权、与证人对质权、提出异议权等，而且在刑事诉讼中，被告人的刑事诉权往往得到了沉默权与辩护权的强烈支撑，使被告人不至于在诉讼中沦为被宰割的对象，而是能够以此为基础，充分地表达自己的诉权。

有被害人的犯罪案件中，被害人也是刑事诉讼中的重要参与人。但被害人在公诉案件中的地位往往显得较为尴尬，按照诉权理论，刑事被害人作为刑事实体纠纷，即犯罪侵权行为的受害人，与纠纷的解决具有直接的利害关系，是适格的当事人，同时也具有通过诉讼救济权利的诉的利益，因此，从诉权法理的角度来看，被害人即使在有公诉权存在的前提下，也应当是刑事诉权的主体之一。但是，诉权的平等性原理要求控辩双方的诉权应当大致处于平等地位，在已经有公诉权存在的场合下，公诉权由于有国家公权力作为后盾，就与被告人的诉权失衡，倘若再赋予被害人完整的刑事诉权的实施权，那么势必进一步恶化这种失衡状态。因此，在公诉权已经存在的前提下，法律一般对被害人的诉权行使进行了一定的限制，被害人的诉权在行使中并不是一种完整的刑事诉权，如其不能启动审判程序，不能根本性地影响到诉讼程序的走向。即使如此，刑事被害人在公诉案件中的诉权也是可以行使的，只是行使空间上相较于公诉权和被告人诉权大大地缩小，对公诉权的行使起着一种辅助性的功用。被害人的诉权行使往往表现为参加庭审调查和辩论，作出被害人陈述表达自己的意见，并且可以与被告人、证人质证。

（二）自诉案件中的诉权行使方式

在奉行国家追诉主义的同时，在一些国家和地区依然留存了私人追诉制度，尽管私人追诉在这些国家和地区并不占主导地位，但是既然私人追诉是整个诉讼制度的一个重要组成部分，为了研究的完整性，仍然值得我们对私人追诉制度视域内的刑事诉权行使加以考察。

在自诉案件中，国家往往通过刑事审判权来对当事人双方刑事实体纠纷的解决进行干预，而在起诉问题上不再施加影响。这样，在自诉案件的主体结构中，仅存在审判机关、自诉人、被告人三方，基本与民事审判程序的结构相类似。这三方主体中，仅有自诉人与被告人是诉权的行使者。

自诉人，通常情况即为刑事案件的被害人，但如果被害人死亡或丧失行为能力时，被害人的法定代理人、近亲属也可能成为诉权的行使主体。自诉

① ［日］田口守一：《刑事诉讼法》，刘迪等译，法律出版社2000年版，第116页。

权的行使方式最为关键的便是提起自诉，启动刑事审判程序，发挥刑事诉权程序上的功能。同时，自诉人还要进一步在刑事审判程序中表达诉权，这种表达方式主要是通过提供证据证明案件事实，在法庭上与被告人质证等。自诉人的刑事诉权与公诉权相比，在行使方式上的一个重要特征便是处分性更强，对诉讼程序的控制性更强。

对于自诉案件的被告人诉权而言，相较于公诉案件中行使的空间就更大了。在自诉案件中，自诉权人与被告人双方的刑事诉权更接近于平等，基本不存在失衡的情形。被告人在自诉案件中的刑事诉权除了表现为应诉权以外，主动性特征明显较强，甚至于可以对自诉人提起反诉，使被告人被动性的诉权转变为主动性的诉权。自诉案件的被告人行使诉权可以在更为平等的基础上与自诉人的诉权对抗，具体表现为除了可以为自己辩护外，还能更为平等地质证与辩论，表达自己的诉权。此外，在自诉案件中被告人的诉权除了可以转化为更为主动的反诉权以外，也具有较大的处分性，被告人与自诉人可以在平等的基础上进行调解或和解，对诉权进行处分。

二、刑事诉权行使的条件

（一）刑事诉权行使的条件概述

刑事诉权的实现必须具备一定的条件，其中首先是主体要享有诉权，其次便是刑事诉权的行使须符合一定的条件。享有诉权即指刑事诉权的要件，也就是具备我们前面所谈到的当事人适格与诉的利益两个基本要件，刑事诉权的要件是刑事诉权行使的先导与前提。在已经拥有刑事诉权的前提下，刑事诉权也不能当然地实现，还需要通过刑事诉权的行使才能真正实现诉权目的。

刑事诉权行使的外在表现形式为提起程序意义上诉，主要表现为提起诉讼的行为，在一定意义上，刑事诉权行使的条件转化为提起诉讼的条件，可以直接视为起诉（包括反诉）的条件问题。广义上的刑事诉讼条件虽然并非仅限于起诉的条件，但提起诉讼的条件是刑事诉讼条件的一个重要构成，因此，学者们往往将起诉权的条件称为狭义上的刑事诉讼条件。本书中，我们也主要从刑事诉讼条件的角度来考察刑事诉权的行使条件，当然由于诉权享有的双方性，我们不能只从狭义上来看待刑事诉权的行使条件，还应当对作为诉权一个重要组成部分的应诉权的行使条件予以适度的关注。

（二）刑事诉权行使条件的理论分类

在刑事诉讼条件的理论框架下，借鉴刑事诉讼条件的分类方法，① 对刑事诉权的行使条件可以作出如下分类：

其一，刑事诉权行使的一般条件与特殊条件。刑事诉权行使的一般条件指的是在一般刑事案件中，刑事诉权行使所共同要求遵循的诉权行使条件，如符合法院管辖权范围等。特殊条件指特殊刑事案件所必要的诉权行使条件，如在告诉才处理的案件中提起告诉等。

其二，刑事诉权行使的积极条件与消极条件。积极条件即以一定事项的存在为条件，促成刑事诉权的行使，其功能是使诉权能够付诸行使。具体如法院对于被告人有审判权和管辖权，告诉乃论罪已有告诉等。消极条件却是以一定事项的不存在为条件，其功能是从否定的角度来阻碍刑事诉权的行使，其效果是即使存在确实的犯罪嫌疑，也未必会行使诉权。

其三，刑事诉权行使的绝对条件和相对条件。刑事诉权行使的绝对条件指的是不论当事人是否提出主张，法院原则上可以依职权调查其是否存在的条件，如是否符合管辖权、是否已过追诉时效等。相对条件指的是原则上必须由当事人提出主张后，法院才能加以调查的条件。如《日本刑事诉讼法》第331条规定，如果没有被告人的申请，法院不得就地区管辖作出管辖错误的宣告，即受诉法院对于案件有无地区管辖权，以被告人提出反对主张为前提才能进行调查和宣告。总体上在大陆法系国家的刑事诉权行使中相对条件较少，绝大多数都是由法院主动进行调查。

其四，刑事诉权行使的形式条件与实体条件。形式条件涉及刑事诉权行使中的程序性问题，与实体并无直接关联，仅产生诉讼上的效果。实体条件则是指刑事诉权行使中以实体上是否具备某种事项为条件，产生实体法上的法律效果。如果刑事诉权的行使欠缺形式条件，法院则只能作出程序性裁判，欠缺实体条件，则作出实体性裁判。刑事诉权的形式条件如告诉才处理的案件提起告诉、法院对该案件有审判权及管辖权等，实体条件则如已有判决确定、时效已完成等。

（三）刑事诉权的行使条件

刑事诉权的行使在刑事诉讼程序，尤其是审判程序中，占据了半壁江山。

---

① 关于刑事诉讼条件的分类，可参见［日］田口守一：《刑事诉讼法》，刘迪等译，法律出版社2000年版，第118～119页；陈朴生：《刑事诉讼法实务》（增订版），海天印刷厂有限公司1981年版，第109～110页；陈健民：《刑事诉讼法要论》，"国家政策研究基金会"2006年再版，第11～13页；徐静村主编：《刑事诉讼法学》（上），法律出版社1999年版，第109～110页。

就整个刑事审判程序而言，从其基本架构来看，无非就是刑事诉权与刑事审判权的运作，其他权利抑或权力在其中不过是起到一种辅助性的作用。因此，刑事诉权的行使条件是刑事诉讼条件内容中重要的组成部分。刑事诉讼条件包括起诉权行使的条件、应诉权行使的条件以及审判权的行使条件。体现在刑事诉权的行使中，主要表现为刑事起诉权的行使条件和应诉权的行使条件两个部分，其中由于刑事诉讼中起诉的主体主要是公诉机关和自诉人。公诉案件与自诉案件在程序架构和性质上各有特点，在刑事诉权行使的条件上也有一定的差异。因此，刑事起诉权的行使条件又可以进一步分为公诉权的行使条件和自诉权的行使条件两种。

在一般情形下，刑事诉权的行使条件主要有：

（1）实体条件。这种实体条件就是指应当具备确实的理由怀疑被告人犯罪。当然，这里所谓的"具备确实的理由"并不是一种凭空的想象，而是需要以一定证据能够证明的案件事实为根据的，需要有一定的证据支撑的犯罪构成。同时，这种实体条件也只是表明了有罪的可能性，仅为诉权的提起条件，而不是指诉权要求最终得到满足的条件，因而，并不一定完全确实。

（2）形式条件。这些形式性条件也称为程序性条件，即必须符合程序法的相关要求，如必须向法院递交书面起诉书，同时起诉书记载的形式应当符合法定要求，必须按管辖范围的要求向法院提起诉讼等。

（3）不具备刑事诉权行使的消极条件。这些消极条件的存在，构成了对刑事诉权行使的阻碍性因素。这些条件包括"基于犯罪嫌疑人特性的事由、与嫌疑事实有关的事由，以及因为程序导致的事由等"。[①] 综合各国刑事诉讼法，其中基于犯罪嫌疑人特性的事由指的是：犯罪嫌疑人死亡以及法人消灭、犯罪嫌疑人心神丧失或其他原因欠缺诉讼能力、不具有特定身份而需要特殊处理者（如具有外交豁免权的官员、议员等）。与嫌疑事实有关的事由则包括：犯罪情节轻微而没有追诉必要、相关法律被废止、大赦或特赦、已过诉讼时效等。因为程序导致的事由则有：侦查程序中有瑕疵、已被另一法院受理、撤销公诉后再起诉、判决已经确定、告诉才处理的案件未经告诉、诉权滥用等。

有学者认为起诉条件应当具备起诉的必要性条件，即对于轻微犯罪起诉

---

① ［日］松尾浩也：《刑事诉讼法》（上册），张凌译，中国人民大学出版社 2005 年版，第 163 页。

的，原则上应具备起诉的必要性。① 笔者认为，其实起诉的必要性条件与其他一些刑事诉权行使的消极条件在性质上是一样的，都是在具备了实体条件与形式条件的情况下，阻碍刑事诉权行使的消极因素，因此可以归入到消极条件之中，没有必要单列出来。总体上说，刑事诉权行使的实体条件和形式条件是其中最为基本的条件，而消极条件相对而言，是对二者的补充。

对于公诉权的行使条件而言，各个国家的刑事诉讼中一般均予以规定。有学者认为，"综观不同国家的刑事诉讼法及有关法律的规定，对于提起公诉的条件，并无太大的差异"。② 但事实上，虽然从宏观上看，各国的公诉权行使条件均对实体条件、形式条件以及消极条件有所规定，但在细节上仍有一些区别。在实体条件方面，各国由于起诉制度的不同在对犯罪嫌疑程度的要求上就有差异，这一点又涉及公诉证明标准的不同。例如，《德国刑事诉讼法典》第125条规定"除法律另有规定外，在有足够的事实根据时，检察院负有对所有的可予以追究的犯罪行为作出行为的义务"。③ 而英国则在1994年《皇家检察官守则》中规定："皇家检察官应当确信对每一个被告人提出的每一项指控，都具有'预期可予定罪'所需的充分证据……预期可予定罪属于一项客观性审查，它是指陪审团或者治安法官，根据法律的正确指导，对被指控的被告人定罪的可能性远远大于不定罪的可能性。"④ 在公诉权行使的形式条件上，各国一般均要求提出公诉书，但是对于公诉书所记载的具体内容也由于诉讼模式的不同呈现较大差异。例如，日本由于实行起诉状一本主义，在《日本刑事诉讼法》第256条中就规定："起诉书，应当记载下列事项：1.被告人的姓名或其他足以特定为被告人的事项；2.公诉事实；3.罪名。"⑤ 也就是说日本的公诉机关只需提交起诉书即可，不须提出相应的证据材料。《德国刑事诉讼法典》第200条则规定，起诉书应当写明被诉人、对他指控的行为、实施行为的时间与地点、犯罪行为的法定特征和适用的处罚规定（罪状）。此外，在起诉书中要写明证据、应当开庭审判的法庭和辩护人。同时还应当写明主要的侦查结果。⑥ 由此可见，德国刑事诉讼中起诉

① 参见宋英辉：《刑事诉讼原理》，法律出版社2003年版，第216页。
② 杨诚、单民主编：《中外刑事公诉制度》，法律出版社2000年版，第267页。
③ 李昌珂译：《德国刑事诉讼法典》，中国政法大学出版社1995年版，第72页。
④ 中国政法大学刑事法律研究中心编译：《英国刑事诉讼法选编》，中国政法大学出版社2001年版，第543页。
⑤ 宋英辉译：《日本刑事诉讼法》，中国政法大学出版社2000年版，第59页。
⑥ 参见李昌珂译：《德国刑事诉讼法典》，中国政法大学出版社1995年版，第88页。

状除了对控辩双方基本情况、诉因和罪名予以记载外，还要附有相应的证据以及其他一些附加性事项。而对于公诉权行使的消极条件问题，尽管在一些消极条件中各国的规定有一些交叉的内容，但具体来看各国也有不同的考虑，尤其是对于起诉必要性的认识，各个国家可能基于本国的具体情况及刑事政策作出不同的规定。例如，英国刑事诉讼法中一个重要的特色就是在起诉时就需要考虑一系列公共利益的需求，即要求检察官从社会公众利益的角度来审视是否有必要对被告人追究刑事责任。具体哪些属于"公共利益"的范畴，在英国是通过《皇家检察官守则》先列出倾向于起诉的因素，然后列出对提起控诉有负面影响的因素，其目的是一旦每一栏中的因素都被考虑到，就能决定起诉是对公共利益有利还是不利。对于严重的案件，除非有公共利益的因素趋向于反对控诉，并且远远胜过那些趋向于支持控诉的公共利益，否则通常应当提起诉讼。在《皇家检察官守则》中列举了14项支持起诉的公共利益因素，包括定罪后可能导致处以实刑的、在实施犯罪行为过程中使用武器或者以暴力相威胁、针对公务人员所实施的犯罪等。而反对起诉的公共利益因素则包括：法庭可能处以非常轻微或者只是名义上的刑罚、因确实的错误或者误解而犯的罪行、损失或者伤害是轻微的，或者是由单纯的事故造成的，特别是因为判断错误引起的等8项。而日本则是在《日本刑事诉讼法》第248条中规定了犯人的性格、年龄及境遇、犯罪的轻重及情节和犯罪后的情况可以作为刑事公诉权行使的消极要件。

由于各国对自诉制度的存废观点不同，在制度上只有少部分国家确认自诉权的存在，如德国、奥地利、俄罗斯、中国（包括台湾地区）等。从现存自诉制度国家的刑事诉讼来看，对于自诉权的行使条件，除了具有刑事诉权行使的一般条件以外，还具有一些自诉权所独有的特点。首先，从实体条件来看，一般实行自诉制度的国家均对自诉权行使的证据等问题未予明确，而只对案件范围予以规定，往往将自诉限于一些特定的轻罪案件。如果案件不符合这些范围，便认为是不符合实体条件。其次，在自诉权行使的形式条件上，一般对于起诉状的形式要求没有公诉状严格。如《德国刑事诉讼法典》第381条就规定，自诉可以用口头方式由法院书记处作笔录或者书状，起诉状应符合公诉状的要求，但"对侦查之重要结果无须说明"。① 我国台湾地区在2003年刑事诉讼法修改中规定了自诉必须由律师强制代理，因此删除了以往可以言辞提起自诉的方式，必须提交自诉状。另外，还有国家对自诉权的

---

① ［德］克劳思·罗科信：《刑事诉讼法》，吴丽琪译，法律出版社2003年版，第581页。

行使规定了一些独有的形式条件，如《德国刑事诉讼法典》第379条就规定自诉人需要缴纳诉讼费用，第380条规定，只有在州司法管理部门所指定之一的调解机构调解无果后，才准许对非法侵入、侮辱、侵犯通信秘密、伤害、威胁和损坏财产起诉，起诉时，起诉人应当出示调解证明书。

就被告人的诉权而言，虽然被告人是被追诉的对象，但是正如我们所谈到的，应诉权仍然具有主动的防御性，刑事被告人的诉权形式上表现为被动性，但实质上具有一定的主动性，甚至于在自诉案件中，被告人还可以提出反诉，成为带有进攻性的起诉权主体。应诉权行使的条件包括两个方面：一为被告人自身行为能力方面的健全，如果被告人死亡、作为被告人的法人不存在，或者被告人精神失常，则被告人无法行使应诉权，程序应当终止。二为不存在双重危险。禁止双重危险原则禁止对同一案件进行两次程序。这包括：（1）已经生效判决确定的案件；（2）对同一案件向不同法院提出双重起诉的；（3）驳回公诉后，未发现新的重要证据却再次起诉的；（4）在少年程序中家庭法院作出不予审判或者不予处分的决定时，也适用禁止双重危险原则。[①]

就我国的情况而言，现行刑事诉讼法第141条规定了提起公诉的条件："人民检察院认为犯罪嫌疑人的犯罪事实已经查清，证据确实、充分，依法应当追究刑事责任的，应当作出起诉决定，按照审判管辖的规定，向人民法院提起公诉。"学者们普遍认为这一规定即是我国公诉权行使的条件。这一规定基本包含刑事诉权行使的实体条件、形式条件以及消极条件三方面的内容。其中实体条件是：犯罪嫌疑人的犯罪事实已经查清、证据确实、充分，依法应当追究刑事责任。而该规定中的形式条件则是按照审判管辖的规定，向人民法院提起公诉。事实上，这一规定未完整地概括出公诉权行使的所有形式条件。完整的公诉权行使的形式条件还需要结合相关法条予以说明。刑事诉讼法第150条规定："人民法院对提起公诉的案件进行审查后，对于起诉书中有明确的指控犯罪事实并且附有证据目录、证人名单和主要证据复印件或者照片的，应当决定开庭审判。"这一规定对刑事公诉权行使的形式条件予以了补充，即起诉书应附有证据目录、证人名单和主要证据复印件或者照片。但是仍未对起诉的形式予以明确。《人民检察院刑事诉讼规则》第281条才明确规定："人民检察院作出起诉决定后，应当制作起诉书，"这才真正明确了公诉应以书面形式提出，同时该条还对起诉书的主要内容予以规定，

---

① 彭勃：《日本刑事诉讼法通论》，中国政法大学出版社2002年版，第179页。

包括被告人的基本情况、案由和案件来源、案件事实、起诉的根据和理由。对于公诉权行使的消极条件，似乎难以从该规定中看出。其实"依法应当追究刑事责任"也可以看做是消极条件，是对追诉必要性的肯定性解释，对于内容的进一步阐释，则是在刑事诉讼法第15条的规定中完成的，即情节显著轻微、危害不大，不认为是犯罪的；犯罪已过追诉时效期限的；经特赦令免除刑罚的；依照刑法告诉才处理的犯罪，没有告诉或者撤回告诉的；犯罪嫌疑人、被告人死亡的；其他法律规定免予追究刑事责任的。

从我国公诉权行使条件观之，在形式条件与消极条件上基本与其他国家相类似，但在实体条件中存在一些可以探讨的问题。有学者认为，我国的公诉权行使条件中的实体条件着眼于"犯罪嫌疑人的行为已经构成犯罪"，而之后才对证据条件予以论述，由于这种规定方式脱离证据来认定犯罪，我们只能称之为一种社会经验层面的认定，而非从法律意义上对犯罪的认定。"这种立法理念是一种社会经验层面犯罪观的体现，不合现代法治理念"。①对于这一观点，笔者深以为然，立法中语序上的排列看似是一种不经意的行为，却恰恰能反映出立法者对此问题的理解。在刑事公诉权行使的条件问题上，证据条件往往是融入到实体条件中，对犯罪构成起着一种支撑性的证明作用，人为地将证据条件从实体条件中割裂开来，似乎有欠严谨，也无助于我们对公诉权行使的实体条件的理解，反而可能引发误解。另外，对于我国公诉权行使的实体条件，更为学者们经常所讨论的就是实体条件门槛的高低问题，这种探讨往往伴随着公诉证明标准的设定。我国公诉权的行使条件事实上与刑事审判的有罪定案标准相同，处于一个层次上，即刑事诉讼法第162条所要求的"案件事实清楚，证据确实、充分"。有学者认为，刑事诉讼法第141条规定的起诉条件需达到"犯罪事实已经查清，证据确实、充分"的要求前，加了一个限制词，即"人民检察院认为"，这与法院有罪判决的条件应当说是有区别的。② 这种看法认为，人民检察院与法院作为不同的主体对起诉条件的判断其实是不完全相同的，总体上只要人民检察院主观判断符合起诉条件，即可起诉。从这一角度来看，这种看法具有一定的合理性，但是这种表述方式对刑事诉权行使条件与有罪认定的标准大致雷同，也容易引起误解，在实践中客观上起到了提高刑事公诉权行使条件的作用。从各国的情况来看，一般都实行诉权行使条件与审判后的定罪标准相区分的做法，

---

① 陈卫东：《程序正义之路》（第二卷），法律出版社2005年版，第145页。
② 参见龙宗智：《刑事公诉权与条件说》，载《人民检察》1999年第3期。

往往诉权的行使条件在要求上低于审判后的定罪标准，只要有"合理根据"或者是"足够的事实根据"即可。从证据学的视角来看，这种规定方式无视案件事实认识的渐进性，忽略了刑事证明标准的层次性与阶段性。我们转换一下视角，从刑事诉权理论的角度来看，刑事诉权的行使条件起着通过限制审判权的随意启动而约束诉权滥用的功能，过低的行使条件容易导致诉权滥用，过高则又不利于诉权的行使和保障。但从我国刑事诉讼法对刑事公诉权行使条件的规定来看，这种过高的公诉权行使条件不利于诉权的行使和诉讼的提起，容易导致法院要求公诉机关在提起公诉时就需要对诉讼请求予以完全的证明，即在起诉时就得提供胜诉的证据，最终容易导致法院非法阻却公诉权的行使，不利于刑事诉权的保障。需要提及的一点是，当前大陆法系各国在刑事诉讼制度改革中均倾向于弱化刑事案件的庭前实体审查，走向更为形式化的审查，其实这种改革的方向与刑事诉权的保障具有同向性。

正如其他存在自诉制度的国家一样，我国刑事诉讼法并未对自诉权行使的实体条件予以直接而明确的规定，只在刑事诉讼法第171条的规定中隐含了自诉权行使的实体条件，即"犯罪事实清楚，有足够证据的案件，应当开庭审判"。同时，作为实体条件的一个部分，刑事诉讼法第170条、《关于刑事诉讼法实施中若干问题的规定》第4条以及最高人民法院《关于执行〈中华人民共和国刑事诉讼法〉若干问题的解释》第186条第1项对自诉案件的范围予以了明确。对于自诉权行使的形式条件，我国刑事诉讼法也没有特别地予以明确，只是在最高人民法院《关于执行〈中华人民共和国刑事诉讼法〉若干问题的解释》第186条第2、3、4项，第189条中明确的，即要求案件属于法院管辖范围内、有告诉权人的告诉、有明确的被告人、具体的诉讼请求和能证明被告人犯罪事实的证据以及提交刑事自诉状或者书写自诉状确有困难的，可以口头告诉，由人民法院工作人员做出告诉笔录。对于自诉状所应记载的内容，在最高人民法院《关于执行〈中华人民共和国刑事诉讼法〉若干问题的解释》第190条中，规定了当事人的情况、犯罪的基本事实、具体的诉讼请求、致送人民法院的名称及具状时间、相关的证据名称和来源等。消极要件的特别之处按照法理主要是自诉人没有提起自诉，其他的一些消极条件基本与公诉权的消极条件类似。

从自诉权行使的实体条件来看，我国的刑事诉讼法采取了与公诉权同等对待的办法，其弊端也是如同公诉权行使的实体条件，对自诉权行使的实体要求过高，制约了自诉权的行使。特别需要指出的是，自诉人往往是案件的被害人，其诉讼能力相当有限，缺乏收集证据的条件与能力，要求"犯罪事实清楚，有足够证据"，明显使自诉权的行使雪上加霜。其实，如果法院真正按照这一标准来审查自诉权行使的实体条件，如果符合这一条件，自诉人必定具有胜诉权，审判权的行使就将沦为形式。从某种意义上而言，这种规定是一种前苏联"二元诉权论"的延续，将胜诉权作为诉权行使的一个方面，最终使诉讼程序完全空洞化。因此，降低自诉权行使的实体条件十分有必要，而且这种降低还必须关注自诉权与公诉权行使的实体条件之间的对比关系，公诉权具有强大的国家权力作为后盾，与自诉权在证据的收集与调查能力、法律知识和素养等方面不可同日而语，如果采行公诉权与自诉权同一实体条件的做法，势必破坏诉权的平等性。此外，在德国以及我国台湾地区的自诉制度中，对自诉权行使的形式条件都有特殊的规定，即规定了自诉案件的律师强制代理制度，这一制度是对自诉人能力的补充和增强，可以视为对自诉权的保障。事实上，这并不是自诉案件律师强制代理制度的全部功用，律师作为法律专业人士深谙法律制度，在辅助自诉人的同时，还可以起到防止自诉权人滥用诉权、侵害他人权益和浪费司法资源的作用。而我国的刑事自诉权在行使的形式条件上，并无任何特别之处，表面上是不对自诉权予以过多限制，便利自诉权的行使，但实质上却体现的是对自诉人的关注度不够，对自诉权缺乏有力的保障。

（四）刑事诉权行使条件的审查

刑事诉权的行使，不仅事关公诉权、自诉权以及应诉权主体的权益，而且与社会公共利益也紧密关联。因而，在这种情形下，刑事诉权行使的相关问题并非仅仅以控辩双方的意志为转移的。这一点体现在刑事诉权行使条件的审查上也较为明显。

按照刑事诉讼条件的理论，"所有诉讼要件之成立与否基本上在诉讼程序的每一阶段均应由法院主动审核之"。① 同样，在刑事诉权行使时，诉权行使条件或者说起诉条件属于法院职权调查的事项，即由法院主动对诉权行使条件的充分性和必要性进行审查。只是，一般说来，支撑这些条件是否存在的事实和证据须要由刑事诉权的行使方提供。同时，需要注意的是，法律并不禁止刑事诉权主体在诉讼中对对方刑事诉权的行使条件提出异议。在有异议的情形下，法院应当对异议的内容进行主动调查。其实，法院主动进行职权性调查大多是在大陆法系国家，而在英美法系国家，更多关注的是刑事诉权主体的主体性，大多要求刑事诉权主体对诉权行使条件是否存在提出主张

---

① ［德］克劳思·罗科信：《刑事诉讼法》，吴丽琪译，法律出版社 2003 年版，第 192 页。

的情况下，由控辩双方举证辩论，法院一般不主动进行职权调查，而主要基于控辩双方辩论的情况作出自己的判断。

由于刑事诉权的行使条件包括实体条件、形式条件与消极条件三个方面的内容，法院在进行调查时，难免会触及案件的实体事实部分。例如，关于是否属于"同一案件"、是否属于告诉才处理范围内的案件等，这些一方面是刑事诉权行使的消极条件，另一方面又体现出强烈的实体性。在这种情形下，"以犯罪事实为基准判断是否存在诉讼条件时，是以诉因作为标准，不是以法官心证为标准"。① 这里所谓的"诉因"事实上便是起诉书中记载的特定犯罪事实。也就是说，一般情形下，对案件事实部分的审查，往往只限于起诉状所记载的事实，而法院则不再单独地进行其他相关的职权调查。这样，刑事诉权行使的渠道相对顺畅，可以直接向审判权来表达自己的内容，而不至于未能行使便胎死腹中。

（五）欠缺刑事诉权行使条件的法律后果

"诉讼要件乃为确保法和平所设定之类型化要件，缺乏此类要件时，就法律言之，即无依据、理由来落实（实现）刑法之规定"。② 刑事诉权的行使条件是否具备，对整个刑事诉讼程序有重大意义。当刑事诉权的行使条件具备时，诉权所请求的案件便产生系属关系，只有完全具备刑事诉权的行使条件，刑事诉权才可与审判权真正连接起来，法院才可受理刑事案件并进一步对刑事实体纠纷作出裁判。而如果欠缺刑事诉权的行使条件，法院则无须对案件进行实体性审理，可以径自作出形式裁判。

然而，由于刑事诉权行使条件种类繁多，具体来说也比较复杂，一般应考虑以下三个因素：（1）诉讼程序进行的阶段；（2）所欠缺之诉讼要件的种类；（3）诉讼要件系终局性地或暂时性地欠缺。③

如果是在起诉阶段，在诉权主体的自我审查中发现刑事诉权欠缺根本性的条件，则不应当提起诉讼，应作出不起诉的决定。例如，属于自诉案件的范围，却进入到公诉程序言中的案件。又如，属于不予追究刑事责任的案件，则也应不起诉。当然，如果所欠缺的条件不是根本性的，只是一些技术性的条件，可以要求诉权主体予以补正，公诉机关可在补正后予以起诉。例如，侦查机关移送起诉时，欠缺个别非关键性文件，可以要求侦查机关补充材料。

---

① ［日］田口守一：《刑事诉讼法》，刘迪等译，法律出版社2000年版，第124页。
② ［德］克劳思·罗科信：《刑事诉讼法》，吴丽琪译，法律出版社2003年版，第187页。
③ 参见林钰雄：《刑事诉讼法》（上册），中国人民大学出版社2005年版，第181页。

如果是在起诉之后，法院在审查刑事诉权行使条件过程中，发现欠缺刑事诉权行使条件，则需要经过法院裁定予以中止，一般是作出不予受理的裁定。例如，同一案件撤诉后，没有新的事实和理由而再起诉的，一般应不予受理。又如，属于自诉案件的范围，却被错误提起公诉的案件，法院应当不予受理。如果在审判阶段，法院在刑事审判程序中发现欠缺刑事诉权行使条件，而又属于不能补正的，则应当作出驳回起诉的裁判。例如，对于已经立案，经审查缺乏罪证的自诉案件，如果自诉人提不出补充证据，应当说服自诉人撤回起诉或者裁定驳回起诉。

一般而言，法院在调查刑事诉权行使条件时，原则上不进行实体审判，因此，如果法院通过调查判断认为缺乏刑事诉权行使条件时，主要通过形式裁判来中止审判程序。这一裁判并不是最终的无罪判决。如果根据现有材料直接而明显地能够判明被告人无罪时，则可以通过被告人的申请来宣判无罪。①

各国刑事诉讼法往往都允许原告对一些刑事诉权行使条件有瑕疵的地方进行补正，以免侵害当事人的诉权。比如，欠缺一些刑事诉权行使的形式条件，起诉状的记载不符合法定要求，可以对起诉状进行补正。但是对有些条件原则上不能补正，比如，没有诉的利益，被告人死亡，或者不属于法院受理的案件范围，以及具备一些刑事诉权行使的消极条件等。这些条件往往是根本性地导致了刑事诉权的行使毫无意义或者即使行使也不能达到诉权的目的。

三、刑事诉权行使的过程

刑事诉讼与民事诉讼在具有诉讼制度这一共性的同时，也具有个性差异，二者由于所解决的纠纷性质不同，相适应的制度架构就有较大的差异。在民事诉讼中，诉权有一个行使的过程，即行使诉权→提起"诉"→行使起诉权或反诉权→诉讼程序的启动或诉讼系属的形成。而刑事诉讼具有更明显的阶段性和过程性，尤其是公诉案件的审前程序中侦查程序与公诉程序的划分，这种诉讼循序渐进型的特征，也反映在刑事诉权行使的过程中。在此，我们以刑事诉权行使的主要空间——审判程序为中心，从三个阶段来考察刑事诉权的行使过程。

---

① 参见［日］田口守一：《刑事诉讼法》，刘迪等译，法律出版社2000年版，第124页。

（一）审判前程序中的刑事诉权

审判前程序设置的意义主要就是为了审判程序做准备，其目的是提高诉讼程序的效率。审判前程序中的活动主要是进行证据的收集与调查工作，为审判程序中对实体纠纷的审理服务。诉权理论认为，诉权是一种向法院请求的权利，诉权的行使是要请求审判权主体对实体纠纷予以解决，并对权利予以救济，即诉权行使的对象主要针对审判权。从这一点来看，似乎在审判前程序中不存在刑事诉权的空间。然而，恰恰诉权的行使需要一定的过程，在"行使诉权→提起'诉'→行使起诉权或反诉权→诉讼程序的启动或诉讼系属的形成"这样一个过程中，审判前程序扮演了一个相当重要的角色，"行使诉权→提起'诉'→行使起诉权或反诉权"这一过程一般而言均是在审判前程序中完成的。

由于刑事审判前程序中一般不存在审判权主体的介入，不存在对刑事实体纠纷的解决问题，一般也不涉及诉权与刑事审判权关系的问题。但是，需要注意的是一些国家由于司法审查机制的存在，在侦查程序就存在履行司法审查职务的法官，如德国的侦查法官、英国的治安法官。但是，这里的法官一般情形下并不对刑事实体纠纷进行处置，而只是对审判前程序中的一些程序性事项作出决定。例如，德国刑事诉讼中侦查法官的职能就是：作出采取特定强制处分的决定，或者讯问被告人、鉴定人和证人，以保全言辞证据，或者在延误就有危险情况下实施必要的调查行为。而英国的治安法官也主要是发布对允许采取一些强制措施的司法令状，或者决定保释和羁押等。从这些审前程序中法官的职能来看，主要涉及强制措施的司法审查，并不对案件作出实体性处分。在这些国家的司法审查机制中，虽然有法官的出现，但是这里的法官仅仅作出程序性裁判，而不对刑事实体纠纷的处理起着决定性作用，因此，也并不涉及刑事诉权的行使问题。

我国刑事诉讼法将侦查程序与审查起诉程序严格分离，认为二者是相互独立的两个程序。而世界上大多数国家并不强调侦查程序的独立性，往往多将侦查程序归入公诉程序中，典型的如德国刑事诉讼法就在第二编"第一审程序"的第二章"公诉之准备"中对侦查程序进行规范，法国刑事诉讼法对侦查的规定主要集中于第一卷"提起公诉和进行预审"。出现这种立法上差异的原因主要是这些国家奉行"审判中心主义"的传统，并且认为侦查与公诉都是追诉权的行使，主张侦查是公诉的准备活动，并不强调侦查程序的独立性。在这种立法模式之下，侦查与公诉紧密结合，甚至于实行检警一体化，将侦查活动纳入公诉权行使的范围之内，审查起诉与侦查经常也呈现出一体化的态势，事实上可以将侦查作为公诉权行使的一个具体表现。同时，这些国家认为侦查与公诉一起均是审判的准备活动。我国的侦查机关与公诉机关事实上也具有相当紧密的关系，都是追诉权主体，从这一点而言，也完全可以将侦查权纳入公诉权行使的范畴之内，这样对于审前程序中刑事诉权的行使就不难理解了。

在审判前程序中，刑事诉权的行使主要表现为对证据的调查与收集活动，在此基础上权衡是否需要提起诉讼，使刑事诉权进入到审判的空间发挥作用。这里就涉及刑事诉权的处分问题。在刑事审判前程序中，在对证据调查后，刑事诉权主体认为不具备刑事诉权的行使条件的，可以放弃诉权，作出不起诉处分。而如果认为具备了刑事诉权要件，同时也具备了刑事诉权的行使条件的，则提起诉讼，启动审判程序。

（二）审判程序中的刑事诉权

刑事诉权作为一种裁判请求权，主要的行使对象是审判权，主要的运作空间则是审判程序，而且刑事诉权主要依靠刑事审判权来得以实现，体现刑事审判程序的基本结构的一条核心主线便是刑事诉权与审判权之间的关系。

刑事诉权在审判程序中的行使前提是审判机关对刑事案件的受理。审判机关对刑事诉权是否满足刑事诉权要件，以及刑事诉权的行使条件进行审查，然后决定是否受理。对于符合法定条件的案件，审判机关允许刑事诉权进入到审判程序中，使刑事诉权与审判权发生直接关联。

刑事诉权在启动审判程序后，开始了真正的实施过程，审判机关应当首先安排被告人作出诉权对抗的准备，同时安排专门的司法听证程序，给控辩双方的诉权提供一个公开而平等的对话空间，赋予控辩双方充分而对等的自由发言机会，使刑事诉权在这一空间中充分表达。同时，刑事审判权在刑事诉权所请求的范围内运用裁判技术对刑事实体纠纷进行审理，不得超越刑事诉权诉求的范围进行裁判。审判权独立于控辩双方的诉权，在审判程序中主要行使方式是居中裁判，对诉权的内容及相关案件事实进行审查，审理与裁判的依据则是刑事实体法与相关程序法。除了刑事诉权与刑事裁判权这条主线外，在刑事审判程序中还有一条主线贯穿在审判中，即控辩双方诉权的关系。控辩双方的诉权在行使中发生的关联最主要的表现便是对抗。当然，在具备某些实体条件与程序条件的前提下，双方的诉权也可能达成合意，达成协作关系，比如达成刑事和解。但宏观上而言，控辩双方的诉权更重要的仍然是对抗关系，这种对抗所依据的"武器"主要是证据和法律，即控辩双方作为刑事诉权的主体围绕案件的事实和法律部分，运用证据来进行对抗。最终使审判权综合控辩双方所表达的诉权，结合案件的证据，对刑事实体纠纷作出裁判，并对受侵害的权益予以救济，达到刑事诉权行使的目的。而在刑事诉讼中刑事诉权最终实现的结果便是审判权对犯罪人的罪与非罪、具体罪名以及刑罚作出裁判。经过了审判程序的实体审理过程，无论最终结果是罪与非罪，具体案件的刑事实体纠纷均得到了暂时的平息，也就达到了刑事诉权行使的目的。

需要指出的是，自诉案件中的被告人还可以在审判程序的进行过程中，将自己所享有的具有被动性的诉权通过提出反诉的形式转化为主动性的诉权。反诉权的行使，是一种在既有诉权行使的基础之上，在诉讼请求或诉讼理由有法律上或事实上牵连关系的前提下，对请求的追加。反诉也是诉权主体的一种身份转化的过程，即反诉权主体从被动转为主动。当然这种转化也是部分的和相对的，反诉权主体相对于自己所提出的反诉而言是主动的，而相对于原来的自诉而言，却仍然是被动的。总体上，在刑事审判程序中，反诉权的行使与自诉权的行使基本类似。

随着社会经济情势的变迁，刑事实体纠纷在质和量上均有了不同以往的变化，而且实体纠纷在形态与内容上也日趋多样化与复杂化。这种背景下，刑事实体纠纷解决的难度大增，但同时也有一部分案件其实很简单，不需要通过复杂的诉讼程序便可解决。因而，根据案件性质及案情繁简而设置相应的程序，在各国的刑事诉讼法中已广为接受，这一点在审判程序中体现得更为明显。在各国的刑事审判程序中已经出现了程序的多元化趋向，这是刑事诉讼作为纠纷解决机制适应社会发展的内在需求。在这种多元化趋向中，一个明显的特征便是普通程序与简易程序的共存，在这种程序分流机制中，刑事诉权扮演一种什么样的角色也是需要明确的。从权利的角度来看，刑事诉权的行使原则上还是取决于诉权主体的意志，即刑事诉权具有一定的处分性，而这种处分性表现在程序分流机制中便是程序选择权，即刑事诉权主体可以在一定范围内对程序利益取舍，选择能够最大限度实现自身利益的程序来行使诉权。在刑事诉讼中，作为刑事诉权行使的一种具体表现的程序选择权，由刑事诉权来主动选择适用普通程序还是简易程序，以决定在审判程序中刑事诉权的行使方向。也正是通过刑事诉权主体对于程序的选择权，使刑事诉权主体能够更有效地参与到程序中，对与自身利益紧密相关的实体利益和程序利益作出最有利于自己的处分。

我们也注意到刑事审判程序中，除了一审程序外，如果控辩双方对裁判不服，还可以提起抗诉或上诉，并在此基础上形成二审乃至于三审裁判。[①]
而且，在个别国家，生效的裁判如果符合特定事由还可以提起再审程序。一
审程序是对刑事实体纠纷的初次解决，刑事诉权在其中发挥的重要作用自不
待言，然而在上诉审和再审程序中是否也存在诉权的行使，这一点需要我们
深入探讨。

　　有些学者将上诉权与申请再审权均归入诉权的范畴中，认为上诉权是对
诉的结果不满意而使其延续的权利，申请再审权则是为了纠正不公正的判决，
保护受到不公正生效判决侵害的当事人的权利的一种不完整的诉权。[②] 还有
学者认为刑事诉权外延并不仅仅局限于公诉权、自诉权和应诉权，还应包括
抗诉权、上诉权和申请再审权。[③] 从这些学者的观点来看，他们认为上诉权、
抗诉权和申请再审权都是诉权的行使，都可以归到刑事诉权的范畴之内。同
时，民事诉权理论研究中有学者认为，诉权是一种存在于诉讼外的权能，与
现实的诉讼阶段并无关系，诉权行使启动的是一个实体纠纷的诉讼解决程序。
一审程序、上诉程序和再审程序组成了一个案件诉讼程序，上诉程序和再审
程序仅是一个案件诉讼程序中不同的诉讼程序。提起上诉启动的是上诉程序，
申请再审启动的是再审程序，因而提起上诉和申请再审并非所谓的诉权行
使。[④] 笔者认为，上诉审、再审与原审的案件中所涉及的刑事实体法律关系
也没有实质性的变动，而且控辩双方始终也都是原审之中的诉权主体。当然
对于上诉审与再审而言，虽然二者对原审裁判的不服而要求重新审理，都是
以原审的裁判为其直接针对对象，但二者有本质上的区分。上诉审可视为一
审的延续，在判决尚未生效的前提下，由于刑事实体纠纷的解决未能最终确
定，因此上诉权的行使可以视作最初诉权的延续。再审是在裁判生效后对刑
事实体纠纷的再次审理，是一事不再理的例外，原来的诉权伴随着刑事裁判
的生效而已经消耗，因此只能视为一个新的诉权。也就是说，上诉权与申请
再审权尽管都是诉权的一种表现形式，都是一种请求审判机关对刑事实体纠
纷予以裁判，并对权利予以救济的权利，二者都符合诉权的内涵。但从原审、
上诉审与再审三者的关系来看，原审诉权、上诉权与申请再审权事实上并非

---

① 这里提到"三审"主要是考虑到在部分国家实行三审终审制。
② 周永坤：《诉权法理研究论纲》，载《中国法学》2004 年第 5 期。
③ 顾伟：《刑事诉权导论》，载《福建公安高等专科学校学报》2005 年第 5 期。此外，有学者
将抗诉权也纳入刑事诉权的视野中进行考察，认为抗诉权是诉权的一种，参见段明学：《刑事抗诉制
度改革研究——以刑事诉权理论为切入点》，载《成都理工大学学报》（社会科学版）2007 年第 1 期。
④ 参见江伟、邵明、陈刚：《民事诉权研究》，法律出版社 2002 年版，第 151～152 页。

是同一个诉权。原审诉权直接以实体权利纠纷为诉求对象，上诉审和再审均以原审的裁判为直接诉求对象，而原审的裁判是对原审诉权内容审理后的确认，因此，从这一层面而言，上诉审与再审虽然并不以实体权利纠纷为直接对象，但上诉权与申请再审权客观上都以启动对实体权利纠纷的再次处理为目的，间接地以实体权利纠纷为诉求的对象。但是，从诉权的内容来衡量，上诉权与申请再审权都是在原审诉权之上延伸出的另一个诉权，与原审诉权并非同一的。

（三）审判程序后的刑事诉权

在刑事实体裁判作出与生效的同时，相伴随的还有刑事审判程序的完结。刑事诉权行使的主要空间在审判程序，而一旦这个空间不复存在，那么刑事诉权也就谈不上行使的问题。因此，刑事审判程序后的刑事诉权不再处于一种行使的动态之中。但是刑事裁判是对刑事诉权内容的确认，刑事审判程序后的执行程序则是对刑事裁判的落实和执行，也就是可以将执行程序视作已被确认的刑事诉权内容的落实过程。

四、刑事诉权行使的效力

刑事诉权在刑事诉讼程序中的行使最后无非有三种后果：一是得到实现，二是得不到实现，三是也会存在一些中间状态，即部分刑事诉权得到实现而部分得不到实现。然而，无论刑事诉权行使的最终结果如何，静态的刑事诉权一经行使便会对刑事诉讼程序产生一定的影响，这便是刑事诉权行使效力的表现。

（一）启动审判程序

刑事诉权行使的对象是刑事审判权，具备刑事诉权行使条件的诉权最为直接的效力便是启动刑事审判程序。就这一点而言，毫无疑问可以视作刑事诉权行使在程序层面的效力。基于不告不理原则的诉讼原理，法官只能居中被动地对刑事实体纠纷进行裁判，不能主动地启动对刑事实体纠纷裁判的程序。只有通过行使刑事诉权才能启动刑事审判程序。刑事诉权通过启动刑事审判程序，也正式开启了对刑事实体纠纷的司法解决机制。启动刑事审判程序对刑事诉权而言，可以说是一种最为直观也容易为外界所感知的一种效力。

（二）产生诉讼系属

刑事诉权一经行使，便建立起案件与特定法院的诉讼系属关系。诉讼系属是大陆法系国家诉讼法学理论上的一个概念，是指诉讼存在于法院的事实状态，具体而言，是指特定当事人之间的特定请求，已在某个人民法院起诉，现存在于法院而成为法院应当终结诉讼事件之状态。① 根据诉讼系属理论，诉权一经行使，即产生诉讼系属关系，法院对该诉权所请求的刑事实体纠纷负有裁判的责任。进一步说，诉讼系属还要求管辖权恒定与当事人确定。管辖权恒定是指产生诉讼系属后，受理诉讼的法院如果对该诉权有管辖权，那么该法院就始终有管辖权。在诉讼进行过程中，即使原来据以确定管辖的情况发生了变化，如被告的住所地发生变更等，受诉法院的管辖权也并不会因此而受到影响。当事人确定则指刑事诉权一方主体在提起诉讼时，诉状中所载的双方当事人即为本案的当事人，未予记载的其他人则不能作为当事人进入到审判程序中。例如，在共同犯罪案件中，刑事诉权主体检察官只将其一部分起诉，其效力不能及于未被起诉者，法院也不能逾越刑事诉权主动追加被告人。

此外，诉讼系属还具有限制当事人重复起诉的功能。诉讼系属理论认为诉权只能行使一次，诉讼系属也只能有一次，即只能给予当事人一次向法院的诉讼请求的机会，请求人在用完一次后即已耗尽，不能再次行使。一旦刑事诉权的行使启动刑事审判程序，就不能就同一刑事实体纠纷向别的法院起行使诉权，除非刑事诉权主体已依法定程序撤回了起诉。这正是我们常说的一事不再理原则。当然在再审程序中，一事不再理原则有适用上的例外。

（三）固定诉讼标的

刑事诉权不仅具有程序层面的效力，同时还具有实体层面的效力。刑事诉权实体层面的效力主要表现在固定诉讼标的上。诉讼标的，又称为诉讼客体，指的是诉讼中双方当事人争议的实体权利义务关系。在刑事审判程序中，控辩双方的攻击和防御都围绕着诉讼标的进行；其次，法院判决就是在诉权对抗的基础之上对诉讼标的作出最终处理。因此，可以说诉讼标的既是诉权行使的内容，也是刑事审判权所要审理的对象。

刑事诉权行使的目的是要请求法院对特定的刑事实体纠纷予以裁判并解决，因而是针对特定的案件事实而提起诉讼。基于不告不理与控审分离原则，具备诉权行使条件的刑事诉权一经行使，在审判程序启动的同时，诉讼标的即被固定了，亦即指"法院的调查及裁判只得就起诉时所指之犯罪行为及被告而为之"。② 通过行使诉权而固定诉讼标的，法官原则上只能审理被起诉之

---

① 刘学在：《略论民事诉讼中的诉讼系属》，载《法学评论》2002 年第 6 期。
② ［德］克劳思·罗科信：《刑事诉讼法》，吴丽琪译，法律出版社 2003 年版，第 365 页。

犯罪及犯罪行为人，不得任意独断地将调查范围扩张。① 这一要求其实在大多数国家的立法中已经予以了确认，如德国刑事诉讼法第155条规定："法院的调查与裁判，只能延伸到起诉书中写明的行为和以诉讼指控的人员。"② 日本刑事诉讼法第249条也规定："公诉，对检察官指定的被告人以外的人，不发生效力。"③

固定诉讼标的其实就是要求诉审同一原则，即审判范围应当与诉权行使的内容保持同一性。这里的"同一性"包括诉权相对方的同一和诉权请求的案件事实的同一两个方面。诉权行使时指明的人和事的范围，决定了审判的人和事的范围。审判者只能根据起诉指控的人和事的范围进行审判。如果在审判过程中发现了超出起诉指控范围的人或事，审判者不得径行审判，否则便是侵犯了刑事诉权。诉讼标的固定的另一个面向便是，无论是审判权抑或是刑事诉权在诉讼系属产生后，都不得随意变更诉权的内容。刑事诉权的行使固定了诉讼标的，也就限定了审判的对象。但这种不得随意变更诉讼标的只是相对的，在符合一些严格的法定条件并尊重刑事诉权的前提下，刑事诉权主体可以对诉权的内容予以变更，审判权主体也可以作出与诉权请求内容不完全一致的裁判。

第三节　刑事诉权的保障——以中国刑事诉讼为出发点

刑事诉权的享有及其行使对于整个刑事诉讼程序而言，具有至关重要的意义。"无诉权即无诉"与"无诉权即无权利"表明了刑事诉权的行使不仅对于程序的启动与展开具有关键性作用，而且对于当事人的实体权利也具有保障作用，俨然刑事诉权已经成为整个刑事诉讼制度架构的核心内容。刑事诉权作为一种司法救济权对于实体权利的保障作用显而易见，然而，我们往往遗忘了刑事诉权本身也是一种权利，一种在国家所设置的诉讼程序中运行的权利，是一种与国家强制力所直接关联的权利，其本身也具有受到保障的必要性。缺乏保障的权利永远只是一种空洞的口号，而不是真正意义上的权利，同样，缺乏保障的刑事诉权也就不是真正意义上的权利。但刑事诉权缺乏保障有着更为严重的后果，刑事诉权本身是作为保障实体权利而存在的，

---

① 参见［德］克劳思·罗科信：《刑事诉讼法》，吴丽琪译，法律出版社2003年版，第366页。
② 李昌珂译：《德国刑事诉讼法典》，中国政法大学出版社1995年版，第77页。
③ 宋英辉译：《日本刑事诉讼法典》，中国政法大学出版社2000年版，第58页。

在保障缺失的前提下，受侵犯的权益与刑事诉权之间的链条将断裂，使实体权益无从谈起。应当说，这一断裂对于现代法治国家权利体系建构的打击是致命性的，这并非耸人听闻。洛克曾经明确指出，"臣民有权向法律和法官们申诉，来裁判臣民之间可能发生的任何争执，并阻止任何暴行。这里人人都认为必要的，而且相信，凡是想要剥夺这种权利的人，应当被认为是社会和人类的公敌"。① 从洛克的言论，我们不难看出，他已经将侵犯诉权的行为提升到了一个不可饶恕的地步。因此，强调刑事诉权的保障无论是对于微观层面的刑事诉权本身来说，抑或对于宏观层面的整个国家与社会来说都具有积极意义。

当下中国的法治建设突飞猛进，刑事诉讼无论是在立法层面还是制度实践层面都有了很大的进步，然而在这种确实能为人们所直观感知的刑事法治进步的背后却也隐藏着一些瑕疵。刑事诉权保障的不完善可以说正是其中最为明显的瑕疵之一。总体上看，中国的刑事诉权保障仍然未能达到一种理想状态，并不尽如人意。究其原因是深层次的，既有刑事诉权观念上的缺失，也有具体制度设计上的不足，再加上实践运作中的异化，都对刑事诉权的保障构成了威胁。基于以上分析，下文主要从理念、制度、实践三个层面着手，对刑事诉权保障问题进行反思，并形成对刑事诉权的立体保障体系。

一、刑事诉权的理念保障

理念首先是一个哲学的范畴，同时也是一个观念与意识的范畴。可以说理念在整个刑事诉权从制度到运作中是隐隐约约却又实实在在存在的，它指导整个刑事诉权的制度架构与实践运作，可以说理念问题是刑事诉权保障的灵魂。近些年来，我们的刑事诉讼制度现代化与法治化程度日益提高，而我们却忽略了所引进或新增的制度框架需要靠人来实现，在制度框架内的人却并未伴随着制度的进步在理念和认识上有提高，依然运用旧的理念去理解和运用刑事诉权的制度，于是便经常发生凿枘不投，制度走样的情形。因此，要促进刑事诉权的保障，必须从根本上促成刑事诉权理念的觉醒，使整个社会都真正认识到刑事诉权的重要性。

就中国刑事诉讼法的制度与实践的现实而言，刑事诉权保障理念的缺失可以说是一种较为普遍的现象。从立法者到司法者，再到刑事实体纠纷的控辩双方，均未树立起刑事诉权保障的理念，反而是强调权力至上，国家审判

---

① ［英］洛克：《政府论》（下卷），瞿菊农、叶启芳译，商务印书馆1982年版，第57页。

机关与公诉机关尊崇权力，被告人畏惧权力，被害人则被权力所忽略，时时处处都透露出刑事诉讼中诉权的弱势。

理念是人类所独有的意识形态，要修正和重塑刑事诉权保障的理念必须要从刑事诉讼中的人着手。通观刑事诉讼程序，首先，在刑事诉讼中所出现的人主要有法官、公诉人、被害人与自诉人、犯罪嫌疑人与被告人等，由于这些人在刑事诉讼中或者是一种职务性行为，或者是个人行为，同时在诉讼程序中又发挥不同的作用，因此对其所应灌输的理念也各有差别。对于法官而言，主要应当树立审判权不应当干预刑事诉权行使的理念，还应当树立中立的理念，对双方的诉权不偏不倚地予以裁断。对于公诉人而言，则应确立诉权的平等性理念，不得依靠自己手中的国家权力来压制个人诉权。对于被害人与自诉人以及犯罪嫌疑与被告人而言，则应当树立起诉权的自我保障与合法行使的意识，使其能够敢于在合法的范围内行使诉权。

刑事诉权保障理念的真正树立绝不仅仅是向诉讼中的参与主体灌输刑事诉权保障就足够的，还有一些至关重要的基础性理念对于刑事诉权保障理念的树立起着重要的作用，没有这些理念的树立也难以真正在诉讼中贯彻刑事诉权保障的理念。

首先，应当树立诉讼是一种纠纷解决机制的观念。通观中国的审判机关、公诉机关以及当事人，在其观念中更为根深蒂固存在的是刑事诉讼中的国家本位主义观念，只强调刑事诉讼单单是一种国家追诉犯罪的单向性活动，而没有将这种追诉活动看成一种刑事实体纠纷的互动解决过程，仅强调国家在追诉与审判中职权的发挥，而忽视刑事实体纠纷主体，尤其是被害人与被告人主体性作用的发挥。刑事诉权以刑事实体纠纷的产生与诉讼制度的存在为前提而生成，这一点与其他诉讼制度具有共性。刑事诉权理论也是以诉讼制度是一种纠纷的解决机制为逻辑前提而存在的。因此，将刑事诉讼也回复到刑事实体纠纷的诉讼解决机制这一本质上来，才能弱化国家权力在刑事诉讼中的地位，真正地促进诉权保障观念的成长。

其次，必须树立诉权是公民的一项基本权利的观念。刑事诉权当前在我国并未受到重视，甚至于有人认为刑事诉权不存在。但事实上，刑事诉权作为一种应然层面的诉权，它是程序性的权利，同时独立于实体权利的权利，国家具有保障刑事诉权实现的义务。将刑事诉权上升到基本权利的高度，对于提升社会对刑事诉权的重视程度大有裨益，也能促进刑事诉权保障的理念深入人心。

最后，务必树立程序正义理念。程序正义的理念是相对于实体正义而言的一种诉讼观念，而长期以来，我国无论是在理念还是制度抑或是实践中更加盛行的是实体正义观念，即关注案件的实体结果，而忽略了程序的正当性。程序的独立价值在近年来多为我国刑事诉讼法学者所强调，应该说已经引起了立法者与司法者的重视。程序正义的理念要求诉讼程序不仅要关注案件的结果上的实体真实，而且要强调程序的独立价值，追求程序的法定性与正当性，即要求在追求实体正义的道路上兼顾程序正义的要求。这种理念强调程序的重要性，客观上也提升了刑事诉权在刑事法领域的地位。

二、刑事诉权的制度保障——兼论刑事诉权视野下的制度创新

理念上所成立的最终还是要纳入制度化的轨道之中，在制度中予以贯彻和落实。如果空有理念而缺失具体制度的保障，那也只不过是开了一张关于刑事诉权的空头支票。倘若说刑事诉权的保障体系中理念上的保障是灵魂的话，那么制度保障则是关键。

刑事诉权的制度保障不仅仅包括对侵害诉权行为的规制与惩戒，还包括在制度设计上不为刑事诉权的行使设置不合理的障碍，创造各种条件便利刑事诉权的行使。从权利的保障来看，人们往往认为保障是从外至内的，对建构制度保障体系应当首先关注刑事诉权行使的外部因素的治理。然而事实上，仅有外部的制度保障还显得不够完整，刑事诉权的行使原则上还是取决于诉权主体的意志，刑事诉权主体始终应当对权利进行自我保护，在制度上也应当激励刑事诉权主体的自我保障。刑事诉权是一种桥梁，将权利与权力架接起来，并一同引入审判程序这一纠纷解决装置中来，在这一装置中刑事诉权处于弱势地位，容易受到侵犯，要使刑事诉权得到保障就必须从制度上约束国家权力，尤其是审判权。此外，需要在制度上创造便利刑事诉权行使的条件，排除阻碍刑事诉权的不当因素。这些都只是刑事诉权制度保障上的宏观建构，只体现一种方向性的策略，还需要在更为具体的制度中予以落实。当然这种刑事诉权制度保障的创新，并不是不关注具体的语境，削足适履，而是在结合中国国情的前提下，通过借鉴与吸收其他国家和地区的经验，推动和促进刑事诉权的保障。以下便结合中国国情对刑事诉权的制度保障问题进行考察。

（一）诉权的宪法保障

诉权的宪法化，即将诉权上升到宪法的高度，成为一种宪法基本权利，目前已经成为世界上各国诉讼制度的一种趋势。诉权的宪法化即是要强化诉权的宪法保障。宪法是国家法律体系中的根本大法，各部门法都必须在宪法

的指导下进行制度构建。刑事诉讼法的创新也必须在宪法的范围之内，如果诉权不能获得宪法的认可，那么刑事诉讼中诉权就会缺乏宪法理念的支撑，其诉权保障在制度安排中的重要地位就会大打折扣。诉权作为保障宪法基本权利实现的权利，往往被称为"第二性权利"，在权利的位阶上应当与宪法基本权利同一，诉权的宪法化也有理论支撑。

我国 2004 年修改宪法时将"国家尊重和保障人权"明确写入宪法文本之中，这是对人权保障的一种宪法宣示，诉权保障也应当归属于人权保障的范畴，可以勉强地认为宪法确认了对诉权的保障。但是"人权"这一概念本身就有多种解释，让其承载过多的内容与使命，只可能使其难以真正制度化而被虚置一旁，同样，泛泛而谈人权并不会突出对诉权的保障。由于我国诉权目前并没有明示为宪法基本权利，可以说诉权的宪法性资源仍然是缺失的，在这种立法现状之下不仅诉权所要保障的实体权利无法真正实现，而且围绕诉权产生的程序性基本权利也难以获得有效的保障。

诉权的宪法保障并不是只针对刑事诉讼领域，而是基于诉讼制度整体的需要。宪法作为国家的根本大法规定了公民的一系列基本权利，这些权利包括生命权、自由权、财产权等实体权利和不受非法逮捕、非法搜查、接受公开审判权、辩护权等程序性权利。虽然在程序性权利中已经体现了保障诉权的一些内涵，但是离完整的诉权保障还有很大差距。"没有救济就没有权利"，如果不能给诉权的行使提供一条畅通的渠道，没有完整的诉权保障，宪法所规定的各种公民基本权利则只能流于书面的规定，宪法只能是沦为一张写满美好字眼的纸。因此，虽然宪法文本对诉权的确认与诉权的实践保障并不能等同，但如果不能从宪法上凸显诉权的重要地位，不能将诉权作为公民的基本权利从宪法上宣示，那么诉权的重要地位便不会真正得到提升，实践中诉权保障落空的概率也更大。

对于诉权在宪法中的确立，我们可以借鉴其他国家的一些立法，即并不一定要将"诉权"二字明示在宪法中，可以以接受裁判权的表述形式对诉权的内涵在宪法中予以确认。当然，诉权的宪法化绝非是仅将"诉权"二字写入宪法之中如此简单，其精髓还在于要建立起一套宪政的架构，要能够真正在宪政的框架内，通过一些具体技术的整合与建构，为诉权的行使提供一套制度性的依托。

（二）刑事诉讼启动机制中的刑事诉权保障

"如果法律要得到遵守，正义要得到伸张，法院就必须允许个人在他的私人权利和利益受到犯罪分子违法行为侵害的情况下，以自己的身份亲自对犯罪分子进行起诉。"① 国家建立诉讼机制，就是要吸收当事人解决纠纷的要求，排除私力救济，刑事诉讼制度也不例外。在刑事实体纠纷中，受侵害的在很多情况下不仅仅是国家利益，而且还有社会团体、公民个人等的利益，甚至这些利益一旦受到侵害，被害人请求救济，惩罚犯罪的愿望更加迫切。公诉制度的建立和存在不仅仅是实现对国家利益的维护，另一个重要原因是帮助被害人实现诉权。刑事诉权的重要功能就是启动刑事诉讼程序，将刑事实体纠纷的解决和对犯罪的处理纳入理性的程序空间之中解决。公诉权虽然本质上是一种诉权，但由于它天然地与国家权力相结合，便带有了一定的强制性，如果公诉权决定启动程序则必会发生这种效应，而且，由于刑事法的特点，被告人作为实施侵害行为的人一般不会作为程序的主动启动者。因此这里所谈到的诉讼程序启动机制问题主要是从被害人方面来说的。

2004 年 4 月 29 日《南方周末》报道一则案例：②

2004 年 1 月 13 日，北京市大兴区两名小孩在一高尔夫球场神秘死亡，家长感到死因蹊跷，便要求警方立案侦查。警方作出"排除他杀，符合溺水死亡"的调查结论。然而，两个孩子死去 3 个多月，警方对这起"普通治安案件"，迟迟不向家长提供《不予立案决定书》。家长向北京市公安局提出申诉，市公安局答复，家长必须拿到《不予立案决定书》才能受理。家长转而求助于大兴区检察院，而检方也提出要从公安机关拿到《不予立案决定书》，才能了解公安机关不立案的理由。

这一案例所反映的现象在刑事司法实践中屡见不鲜，还有上诉、请求再审、申诉等不被受理的情况，触及到现行刑事诉讼法在程序启动机制中诉权保障的软肋。

启动诉讼程序是刑事诉权的重要功能，刑事诉讼的启动机制也是刑事诉权得以行使的前提。如果连诉讼程序都不能启动就更谈不上在诉讼程序中诉权的行使了。刑事法领域由于国家刑罚权的介入，对私力救济完全禁止。由于犯罪所侵害的利益往往带有根本性，权益的恢复可能性较小，尽管有部分轻微案件可能通过和解、调解解决，但这种处分所侵犯的利益大都不具有根

---

① ［英］丹宁勋爵：《法律的训诫》，杨百揆、刘庸安、丁健译，法律出版社 1999 年版，第 150 页。

② 参见《两个男孩的神秘死亡》，载《南方周末》2004 年 4 月 29 日第 1、2 版。

本性。虽然这些也是诉权处分的一种方式，但在现行刑事法领域并不提倡用程序以外的方式解决，这样在刑事法领域，被害人的权利救济渠道往往只有通过刑事诉讼来实现。而以上案例所反映的程序启动机制中所存在的互相推诿现象，造成了刑事诉权与诉讼程序的断裂。如果被害者"既不能在人间诉请补救，在这种情况下就只有一条救济的办法，诉诸上天"。① 当然在公民的诉权不能顺畅行使的情况下基本上存在三种选择：第一种是只能眼见权益受侵害，却只能无奈地忍气吞声；第二种便是通过和解或调解回复一部分权益，大都是通过获取一部分物质利益而放弃对犯罪的追究；第三种是通过不断上访，促使政治干预司法的方式解决。现在实践中非程序化的信访制度的根源就在于程序的内在缺陷，不能承担诉权保障的需要，满足公民正当诉求的需要。"正式司法制度供给上的不足，反过来抑制了民间对正式法律的需求"。② 这实际上构成了一个恶性循环，不仅使公民不以法律裁判为终局裁判的态度指向日益增加，也增加了政治干预司法的机会，妨碍了诉讼程序的正常运行。只有通过程序启动机制的改善，增加诉权行使的机会，使诉权能够真正发挥程序启动的功能，才能扭转当前以非程序化方式解决刑事实体纠纷的趋向。

目前，一般认为立案是我国刑事诉讼的启动程序，是一个独立的阶段。虽然立案程序能够起到一定的程序分流作用，使国家追诉机关能够集中资源和力量同真正的犯罪行为作斗争，但是过于严格的立案条件也会对诉权行使造成一定的障碍。宪法大师戴雪曾经基于诉权对程序启动的绝对性认为"权利受侵害的诉讼无论为大为小，法院必然受理，必然设法补救"。③ 对起诉条件设置过高，虽然一方面可以防止诉权的滥用，但另一方面也会使公民接近法院的机会大大减少。鉴于刑事诉讼程序一旦启动则会对被告人的名誉、生活等产生重大影响，各国一般也为防止刑事诉讼程序的随意启动而对公诉权的行使强加了一些条件，特别是证据条件。这是一种利益平衡的结果，具有一定的合理性。但对于自诉案件是否需要很高的条件值得反思。自诉案件中的自诉人不具有公诉机关那样强大的职权来保障证据的收集，但又具有救济的迫切需求。如果规定过高的起诉条件，法院在受理之时就进行实体性审查，这会使诉权的行使虚无化。我国刑事诉讼法第86条的规定立案的条件是"有犯罪事实需要追究刑事责任"，这一条件意味着在立案中，就要由立案机关

① ［英］洛克：《政府论》（下篇），瞿菊农、叶启芳译，商务印书馆1982年版，第15页。
② 梁治平：《在边缘处思考》，法律出版社2003年版，第55页。
③ ［英］戴雪：《英宪精义》，雷宾南译，中国法制出版社2001年版，第252页。

对罪与非罪进行判断。但此时一般尚未正式进行证据的收集，罪行有无，是否应当追究刑事责任判断的依据何来呢？此外第 170 条、第 171 条的规定要求自诉人的起诉要达到犯罪事实清楚，有足够证据的标准，对于自诉人来说在很多情况下过高，甚至于这一条件比公诉案件的立案标准还要高。实践中，个别法院甚至以"事实不清，证据不足"为由对自诉案件不予立案。① 法院这种要求提供足够证据的立案审查是一种实体审查，这种实务上的做法实际上是受了"二元诉权"理论的影响，把胜诉权看做诉权的必然内容，似乎就是要求自诉人的自诉只能获胜，这种过高的门槛往往使被害人诉权在行使的起点上就处于一种告状无门的境地，使案件未经审判便预先判决。

此外，我国刑事诉讼法规定了一种公诉转自诉制度，即刑事诉讼法第 145 条规定，公诉案件检察机关作出不起诉决定后如果被害人不服可以直接向法院起诉，这一条规定的初衷是要保障被害人诉权的行使。但在实践中变了味，公诉向自诉的转变实际上很难实现。正如上面案例所提到的检察机关受理被害人对公安机关不立案决定不服的异议，往往要求有《不予立案决定书》，而法院受理公诉转自诉案件时又往往要求被害人提供《不起诉决定书》。实践中公安机关和检察机关为了避免自己的工作被否定而带来麻烦，往往并不出具这两种文书。而没有这两种正式的文书，被害人的异议和自诉的结果只能是被拒绝受理，诉权行使的渠道被阻断。加之对于自诉案件规定了较为严格的起诉条件，这些都促使启动刑事诉讼程序难成为我国刑事司法实践中的一大痼疾。

因此，随着当前公民权利意识的提高，刑事诉讼中程序启动机制应当积极回应社会的需求，放宽和消除对自诉案件较为苛刻的限制条件，不应当对公诉的诉权行使附加举证条件，使公民在受到刑事侵害时能够真正通过司法程序获得救济，真正符合诉权保障理念的要求。

（三）审判前程序中的诉权保障

刑事诉权的行使针对的是审判权，是要引起审判程序，似乎与审判前程序无关。但由于刑事诉讼的过程性极其明显，在大多数情况下案件都是经过了一些审判前程序并作出一定的程序上的处理后才进入审判程序的。也就是说，诉权的行使大多数情况下并没有直接引起审判权的行使，甚至一些诉权

---

① 参见新浪网体育频道 http://sports.sina.com.cn/j/2001-11-12/12203141.shtml（2004年6月28日下载）所载《法院驳回曲乐恒刑事自诉曲家将在5日内再上诉》，该案详情是足球名将曲乐恒向张玉宁提起刑事自诉，但被沈阳市东陵区法院以"事实不清，证据不足，不适用于《中华人民共和国刑事诉讼法》第一百七十条自诉案件中的第三项规定"为由驳回。

在审判前程序中就被过滤而不再具有引起审判程序的功能。可见，审判前程序中的一系列制度也紧密关涉到了刑事诉权的保障。

　　刑事实体法律纠纷一旦发生，刑事诉权即潜在地存在，但在刑事诉讼中一般要经过侦查、审查起诉阶段才能最后引起审判程序。如果在审判前程序中对诉权行使设置过多障碍就会制约诉权的行使，审前程序应当给诉权的表达以合理的空间。如应当赋予被害人一定的知情权，被害人对程序处理上的异议权应给予尊重，给予被害人充分表达自己对案件看法的渠道，对犯罪嫌疑人的陈述应客观审查，对犯罪嫌疑人提出的程序异议权应予尊重，等等。目前实践中出现的对被害人意见不够尊重，忽视被害人存在的现象就是对其诉权的漠视。而刑讯逼供、诱供等非法收集犯罪嫌疑人口供的行为实际上是违背其诉权行使意愿的，是对犯罪嫌疑人诉权表达的不当干预。

　　审判前程序的主要活动就是通过发现、收集证据，初步确定犯罪嫌疑人是否构成犯罪，是否需要向法院起诉。这实际上是一种刑事诉权行使的准备阶段，是为了保障刑事诉权在审判阶段能够更顺利地运作。在侦查过程中控方不得对犯罪嫌疑人的诉权进行限制甚至以侵犯的方式收集证据。基于司法资源的有限性和诉讼效率的考虑，在审前程序中存在程序分流机制，可以通过程序上对诉权的处分而决定对案件的实体处理。这种程序是一种基于证据是否能够达到证明标准，案件起诉后是否能够获胜的预见而作出的诉权处分。根据诉权的可处分性原理，自诉案件中当事人完全可以根据自己的意志决定是行使诉权还是放弃诉权，甚至还允许自诉案件双方当事人和解。而对公诉权是否具有可处分性争议较大，反对者认为公诉权关系到国家刑罚权的实现，不得由公诉机关主动放弃。但事实上，公诉权也是一种诉权，既然国家将刑事诉权交与公诉机关行使便是对其拥有诉权处分权的一种承认。目前大多数国家所奉行的起诉便宜主义，给予公诉机关不起诉的裁量权就证明了这种处分权的存在。犯罪嫌疑人、被告人在程序进行过程中也拥有一定的诉权处分权，如反诉、放弃辩护权、对某些主张的放弃权等。因此，在下一步的刑事诉讼制度构建中应当对审判前程序中各方诉权的处分性有所体现，如扩大公诉机关的裁量权、增加量刑建议权、吸收辩诉交易的合理因素等。

　　在刑事诉讼中，诉权之间的对抗在审判前程序中即已存在，而且对抗还较为激烈。有对抗就应当有裁判，但是我国目前的体制中却缺乏这种裁判机制。国家为了主动追诉犯罪的需要赋予了侦查机关、公诉机关较之于犯罪嫌疑人更高的地位和职权。这实际上造成了一种诉权行使事实上的不平等，造成了权力性质诉权与权利性质诉权的紧张关系，需要有平衡机制来消解这种紧张关系，否则就使追诉演变为权力性质的诉权对权利性质的诉权的镇压。正如孟德斯鸠所言："一切有权力的人都容易滥用权力，这是万古不易的一条经验。"① 如果不用权利制约权力，那么犯罪嫌疑人的诉权就极易受到以国家名义存在的诉权的侵犯。可见，在审判前程序中建立程序性裁判机制尤为必要，这种机制一方面是对强大国家权力的一种监督与制约，在一定程度上能提升犯罪嫌疑人的诉权在对抗中的地位，另一方面则可以为诉权之间的对抗作出部分裁判。

此外，刑事诉权的平等性也应当在刑事审判前程序中有所体现。由于公诉权所具备的国家强制性，使得在审前程序中犯罪嫌疑人的诉权与公诉权相比处于弱势地位，二者的诉权失衡，因此，根据诉权的平等性原理，应当对这种失衡状态予以适当的矫正，矫正的方式主要是赋予犯罪嫌疑在审前程序中一些对抗公诉权的权利，如沉默权、聘请律师辩护权等。

（四）审判程序中的诉权保障

"当代法律中，解决纠纷被看成是法院的重要作用之一，以争讼处理为中心，反映了'法院中心论'的方法。"② 审判程序是指权衡各种要求和反要求的常规的、合理的程序，程序就是为避免毁灭性冲突而设计的。③ 可见法院是刑事实体法律纠纷解决的中心场所，审判程序是最为重要的诉讼阶段。任何诉讼形态中的审判程序都将诉权与审判权的关系作为基本出发点，诉权与审判权的结构往往决定着整体性的诉讼构造，刑事诉权与审判权的关系也概莫能外。刑事诉权与审判权的关系是审判程序中最为基本的诉讼法律关系，如果二者的关系处理不好会引起诉讼结构的整体性失调。诉权与审判权宏观方向上具有一致性，都是要解决刑事实体纠纷，在具体关系上二者相互联系、相互制约。刑事诉权的行使和实现需要审判权的支持和保障，没有审判权的保障诉权就没有实现的可能，而审判权的存在需要诉权的认可，审判权的运作需要诉权的启动、接受乃至配合，而且审判权的存在就是为诉权服务，回应并满足诉权的需求。在刑事司法资源一定的情况下，诉权与审判权之间是一对反向关系：审判权过于强大，则会使当事人的主动作用难以充分发挥，使诉权之间的对抗失去平衡，压缩诉权的行使空间；审判权合理地自律，则会促进诉权主导作用的发挥。同时如果诉权过于强大，又可能侵蚀审判权的

① ［法］孟德斯鸠：《论法的精神》（上册），张雁深译，商务印书馆1961年版，第153页。
② ［英］罗杰·科特威尔：《法律社会学导论》，潘大松等译，华夏出版社1989年版，第47页。
③ ［英］戴维·米勒：《社会正义原则》，应奇译，江苏人民出版社2001年版，第25页。

领域，对审判权的运行造成妨碍。可见只有审判权与诉权协调一致，才能发挥审判权对诉权的保障作用。

就目前我国刑事诉讼立法来看，整个审判程序基本上是围绕着审判权来构建的，审判权又是在强职权主义诉讼模式下构造的，诉权类型中除了强大的公诉权以外都不可能对审判权构成实质性的制约，更不可能凌驾于审判权之上。因此，应当摒弃以审判权为中心构建审判程序的思路，① 弱化审判权，给审判权合理的限制，确立诉权的诉讼主导地位，扩大诉权表达的空间才是审判方式改革的核心。

当前的司法实践反映出来的情况是审判权对诉权过分干预，甚至凌驾于诉权之上，致使刑事诉权与审判权相互关系明显错位、严重扭曲，诉权面对审判权疲软乏力。具体表现在以下几个方面：其一，审判机关官僚气十足。在法治国体制下，法院应该是最谦抑的机关，其必须尊重被告，而在心证的形成，亦必须重视检察官、辩护人的法律认知与证据认知，也就是说，在无罪推定原则的指导下，刑事诉讼程序应该是最民主、最没有官僚气的程序。② 而我国刑事司法的现状是有相当一部分法院和法官未能摆正自己的位置，官僚气十足，没有理顺审判权与诉权的关系，漠视诉权，拖拉推诿作风严重。比如一些法院为地方保护而争管辖，或是无故拒绝管辖，互相推诿，对被害人、被告人提出的正当请求置之不理，等等。其二，在许多情况下，审判机关的追诉欲望强烈，未能重视自己的中立地位，在行使审判权时明显带有一定的倾向性，没有平等对待双方的诉权，对一方的诉权有所歧视。其三，现行体制下被告人的诉权不过是审判权支配的对象和裁判结果的消极承受者，在审判过程中不尊重诉权的表达，中途无端打断陈述。其四，审判权本身的特性应当是应答性，而实践中表现却过于主动。甚至出现违法行使审判权、未诉即审、未审即判，以及超越诉讼请求任意裁判的现象。在审判过程中，法官积极主动地参与对证据的调查和对证人的询问，打乱了对抗制的竞技规则。理论界备受争议的法院变更起诉罪名，实际上就是在法律没有提到诉权的地方，往往由审判权去填补权力的空间，而不是伸展诉权的领域。这种做

---

① 审判权中心与审判中心主义有明显区别。审判权中心是就审判过程中权力—权利体系而言的，它与诉权中心相对称，而审判中心主义是就整个刑事诉讼过程中审判在程序体系中的地位而言，它与侦查中心主义相对称的，此处并非是反对审判中心主义，而是反对在审判程序中以审判权为中心的制度构架。

② 参见陈志龙：《跨世纪刑事司法改革的专业认知盲点》，载《法学丛刊》（台湾）2000 年第 1 期。

法超越了诉权行使的范围，压缩了诉权行使的空间，也违背了审判权被动性的本质和不告不理原则。其五，裁判并非基于诉权而作出，法官心证并非受诉权影响而形成，而是通过庭前阅卷、庭外对卷宗"默读"形成。其六，对控辩双方的程序选择权不够尊重。如对简易程序的采用、二审是否采用书面审理等问题基本不征求被害人、被告人的意见，而这种程序选择权正是诉权行使的一个重要方面。

　　刑事诉权的行使及其实现在一定程度上依赖于公正、独立、自治、权威的审判权。然而，审判权行使过程中也会遇到一些不合理的障碍，这些障碍也会影响到诉权的保障。尽管司法独立的理念被广为提倡，但实践中审判权的独立行使很多时候却难以得到保障。政治因素、社会因素、上级的干涉往往都使判决并不是在诉权表达的基础上作出的。另外，并未直接履行审判职责的审判委员会的存在实质上剥夺了审判权，一些案件中还存在许多部门协调，先定后审等诸如此类的情况。这些现象客观上造成了审判权的虚无化，强制性地改变了诉权所针对的对象，实际上是对诉权的不尊重。在诉权与检察监督权合一的体制下，检察机关常常将诉权与监督权的行使混同，对不符合自己部门利益的审判权的行使以监督的名义进行不合理的干涉，凌驾于审判权之上，造成检法冲突的问题，也会妨碍到被告方诉权的行使。最为典型的当属我国刑事诉讼法第 169 条的规定："人民检察院发现人民法院审理案件违反法律规定的诉讼程序，有权向人民法院提出纠正意见。"此条极易造成公诉机关将诉权与监督权混同。

　　目前，仍在继续的审判方式改革应当奠定一种诉权保障的基本理念，应当实现审判权的开放化，以诉权的回归来打破审判权在庭审中的官僚地位，树立审判权对诉权的尊重。首先，应当在因循审判权被动性和应答性本质的基础上，弱化审判权的职权因素，不得主动发动审判，在诉权的范围内作出裁判，不得超越诉权的范围主动改变罪名，增加罪名，主动调查犯罪事实。其次，审判权应以中立的眼光看待诉权之间的对抗。英国大法官埃尔登勋爵曾说过"真实情况最易为争诉双方的有力陈词所供出"，① 尊重控辩双方的举证、质证和辩论，创造一种诉权之间平等对话的机制。只要诉权之间的对抗是在公正和理性的空间内进行，审判权就不得主动介入，不得无理干涉。当然在公诉权以高高在上的姿态侵犯被告人诉权的时候，法官应行使诉讼指挥

---

① ［英］丹宁勋爵：《法律的正当程序》，李克强、杨百揆、刘庸安译，法律出版社 1999 年版，第 65 页。

权对这种行为予以制止。最后，建立诉权对审判权实质化的制约机制，明确检察监督权与公诉权的界限，弱化公诉权在庭审中的职权因素，禁止以检察监督权来无理干涉审判权。

另外，刑事诉权的保障并不是一个仅仅从刑事诉讼制度着手就能解决的问题，它还涉及其他一些相关制度的保障，尤其是法律援助制度。完善的法律援助制度对于增强刑事诉权行使的能力，平衡控辩双方的诉权有着积极的作用。当前我国的法律援助制度仍然不够完善，由于各种客观条件的限制，法律援助的对象范围仍然较窄。因此，扩大刑事法律援助的对象，对刑事诉权的保障也有着积极的意义。

三、刑事诉权的实践保障

马克思在《关于费尔巴哈的提纲》中指出"全部社会生活在本质上是实践的"。[①] 法律制度本身也是一种实践理性，最终需要到司法实践中进行贯彻和落实。然而，"文本上的法律"与"现实中的法律"的差异从古至今在法律的发展史上一直都存在，立法的规定在制度的实践过程中难免由于客观情势与主观条件的限制发生异化，形成制度与实践之间的差距。我们基于现实条件并不指望能够完全消除这种差异，但是要尽量缩小这种差距的空间。制度与实践之间的异化，往往表现为制度落后于实践，实践超越制度，也可能是制度的超前性，使制度超越了实践，成为实践不能承受之重。具体到刑事诉权的语境中，就中国的情况而言，两种情形兼而有之，但总体上更多的还是实践对于制度的力不从心。制度落后于实践较为典型的表现便是当前我国刑事司法领域，在一些地方的公检法机关中出现创新意识，在司法实践中摸索出一些新的具有地方特色的制度，比如前两年的辽宁省抚顺市顺城区人民检察院推出的"零口供规则"、黑龙江省牡丹江铁路运输法院开创的"辩诉交易"等，这些自生自发的改革措施均是在司法实践中所探索出的对诉权保障有积极意义的做法。而实践落后于制度，制度在实践中走样，在刑事诉讼中体现得更为明显，如实践中公安司法机关对辩护权的不当限制，羁押为原则取保候审为例外的现实状况等，这些实践中的制度异化都是对刑事诉权的一种压制。实践中，既有的对刑事诉权保障的制度遭受漠视，立法者初衷良好的构想在实践中却无法带来根本性的改化，也使中国的刑事司法经受一场前所未有的信任危机。

---

① 《马克思恩格斯选集》（第一卷），人民出版社 1995 年版，第 56 页。

　　其实，在很多情形下，基于法律的强制性与权威性，我们并不企求实践超越法律制度，而屡屡试图创新，反而是需要在实践中对制度切实贯彻，真正达到制度的目的。那么，如何在刑事司法实践中体现出对刑事诉权的保障呢？

　　首先，要强调对司法官员职业素质的提高。刑事诉权的保障制度主要是通过司法官员的贯彻而实现，而司法官员的职业素质对于制度的理解与实施起着很大的影响。刑事诉权的保障制度在实践中的贯彻并不是生搬硬套，需要发挥司法官员的一些主观能动性，而除了制度的约束以外，对他们主观能动性的走向起着决定性作用的还是其自身的职业素质。司法官员个体职业素质的差异对刑事诉权的保障无论在理解上，还是在实践中都会有所差异。这种职业素质包括法学知识与理论等专业素质，还包括司法人员个人的司法伦理素质。近些年来，尽管我国司法人员的素质有了长足的进步，但在一些个体身上仍然存在一些问题，体现在司法实践中便是"官本位"的官僚主义作风太重，不具备基本的法律思维能力等，更为严重的则是司法官员徇私枉法，彻底地侵犯诉权。鉴于这种情况，加强刑事诉权实践保障的一个重要步骤就是要大力提高司法官员的职业素质，着重培养法官的职业道德修养、文化素质和法律思维能力等，树立司法官员公正严明的社会形象。

　　其次，要营造一种刑事诉权的行使具有正当性的社会氛围。自封建社会以来，由于社会条件的限制，刑事诉讼往往被简单地理解为是一种国家单方治罪的活动，刑事诉权主体在诉讼活动中的主体性不能得到很好的发挥。然而近现代以来，随着社会的变迁，人们对刑事诉讼制度的认识也有了很大的改观，但陈旧的思想仍然有遗留，社会氛围也并未完全改观。人们对于犯罪以及刑事诉讼的认识仍然较为片面，没有形成很好的诉权保障氛围。在一些情形下，刑事诉权主体面对国家审判权或公诉权畏畏缩缩，不敢表达自己的诉权。既然如此，我们便要不遗余力地强调在刑事诉讼中刑事诉权行使的正当性，使社会对刑事诉权产生价值认同，进行刑事诉权保障的社会宣传，改变社会对于刑事诉权的片面性认识。同时，要对刑事诉权主体，尤其是被告人，主动地进行权利告知，使其不耻于主张自己的诉权。

　　最后，刑事诉权的制度保障也并不能完全涵盖刑事司法实践的每个领域，这样便会在实践中出现制度缺失的现象。在出现这种情况时，基本有两种方向，一是倾向于对国家刑事司法权力的保障，另一种则是强调对刑事诉权的保障。目前的刑事司法实践中，更多的做法是偏向于保障国家刑事司法权的实现，也就是强调对犯罪的惩处。然而刑事诉权应当是一种具有自足性的权利，在法无明文规定之处，应当主动地由刑事诉权去填补立法的漏洞，要力求实现刑事诉权。这种实然与应然层面的对比，值得我们反思。实践中，在一些法律所未及的程序性问题上，应当发挥刑事诉权保障理念的指导作用，以刑事诉权的保障为考虑问题的出发点。

第四节　刑事诉权的规制——以"滥用诉权"为核心的分析

从唯物主义辩证法的角度而言，即使总体上说来是有用、有益的制度，也绝不会是毫无反面的制度，而历史上也从来不存在只有益处而没有内在缺陷的制度。在法治建设的过程中，任何时候都不可能只依赖于某一个制度，而需要的是一套相互配合、相互制约和相互补充的制度。刑事诉权作为一类对于刑事诉讼程序以及刑事实体纠纷有着关键性意义的制度，并不意味着仅仅只能是被保障和呵护，其自身也存在一些内在缺陷，其正当行使也有一定的限度，需要对其不当行使予以防范与规制。诉权保障的理念中一个重要的立足点便是，诉讼程序的设计应当注重对当事人诉权的保障，应当给予当事人诉权运用的充足空间，以平衡诉权与审判权之间的关系，从而防止可能出现的审判权专横与武断。然而，这种美好的出发点却不得不直面诉权滥用可能性的客观现实。这也正如美国学者哈泽德教授所说，接近正义的宪法保障同诉权滥用会同时出现。① 在这种情形之下，就需要协调好刑事诉权的保障与刑事诉权不当行使之间的关系，最终的目的是要保障刑事诉权的正当行使。

一、刑事诉权滥用的界定及表现形式

刑事诉权的滥用是刑事诉权不当行使的一种表现形式，具体来说是指刑事实体纠纷的当事人在向法院请求裁判的过程中，通过刑事诉权的行使来达到非法目的或者追求不当后果的行为。但是刑事诉权的滥用与不当行使刑事诉权也并非完全相同的概念。不当行使刑事诉权包括不享有刑事诉权的主体却执意行使刑事诉权的行为，以及享有诉权的主体在诉权行使过程中的滥用两种情形。同时，不当行使刑事诉权在主观方面主要表现为故意和过失两种，而滥用刑事诉权则表现为故意。在刑事诉讼中，由于刑事诉讼的特殊性，尽

---

① Geoffrey C Hazard. Abuse of Procedural Rights: A Summary View of the Common Law Systems, in A-buse of Procedural Rights: Comparative Standard of Procedural Fairness, Kluwer Law International, 1998, p. 35.

管存在一些不具备刑事诉权要件却执意行使诉权的现象，但毕竟只是个别现象，在绝大多数情形下，不当行使刑事诉权主要表现为滥用刑事诉权。

就刑事诉权滥用的具体构成要件而言，主要包括以下几个方面：

（1）刑事诉权滥用的主体是刑事实体纠纷的当事人双方。刑事诉权的享有主体是刑事实体纠纷的当事人，在行使过程中的滥用当然也仅限于此，二者具有一致性。具体来说，主要是公诉人、被害人、自诉人与被告人。公诉人尽管不是刑事实体纠纷的当事人，但在通过诉讼担当承受国家和社会所委托的刑事诉权时成了刑事诉权行使的主体。被害人和被告人往往都是刑事实体纠纷的当事人，自诉人则是在绝大多数情况下为当事人，极个别情形下为与被害人具有亲密关系的人，为被害人利益行使诉权。只有这几类主体在行使刑事诉权的过程中才可能谈得上滥用的问题，不享有刑事诉权自然谈不上刑事诉权的滥用。司法实践中存在一些没有涉及刑事实体纠纷的主体无理乱告状以及乱打官司等的现象，这种现象由于不存在现实的刑事实体纠纷，主体也就不具备刑事诉权要件，不应当归到刑事诉权的滥用中。

（2）刑事诉权滥用的主观要件是刑事诉权主体具有主观上的过错，这类过错主要指的是故意。即刑事诉权主体在明知不具备刑事诉权行使条件的情况下，仍然提起诉讼，或者在刑事诉权的行使过程中，以侵犯他人权益为目的，虚构事实，恶意行使诉权。

（3）刑事诉权滥用在客观上表现为背离了刑事诉权行使的条件，违背了刑事诉权的目的，而行使诉权并进而利用刑事诉讼程序的行为。具体来说就是：不符合提起诉讼的条件，却超越法律许可的界限，而行使起诉权和反诉权；或者虽享有诉权也符合刑事诉权行使的条件，但在具体行使时，却有着侵犯他人合法权益之目的而行使诉权的行为；在行使诉权的过程中，提出显无事实依据的诉讼请求，等等。

日本学者将公诉权滥用概括为三种类型：无嫌疑起诉、应判酌定不起诉的起诉以及根据违法侦查的起诉。其中应判酌定不起诉的包括轻微犯罪起诉、不平等起诉或恶意起诉等。根据违法侦查起诉，则又包括以下几种情况：（1）根据违法的诱惑侦查的起诉；（2）对犯罪嫌疑人施加不当暴行、实施违法侦查的起诉；（3）根据不平等侦查的起诉；（4）拖延少年案件移送家庭法院所导致的起诉等。① 这种概括基本将公诉权滥用情况予以了列举。在我国还存在刑事自诉制度，而在自诉权的行使中也存在一些滥用的情况，如滥用

---

① 参见［日］田口守一：《刑事诉讼法》，刘迪等译，法律出版社2000年版，第117页。

起诉权，不具备法定条件而故意起诉；反复起诉与撤诉，故意拖延时间；在诉权行使过程中，提出一些明显无理由的诉讼请求；虚构事实，意图陷人于罪，等等。而对于被告人的诉权来说，一般情况下是防御性的诉权，被滥用的机会不多，不过在自诉案件中，被告人可能滥用反诉权，拖延诉讼。

二、刑事诉权滥用的后果

刑事诉权的滥用作为一种刑事诉权的不当行使，本质上说是一种违法行为，必然具有不正当性，有着诸多弊端，导致一系列的消极社会影响，包括：

第一，侵害对方当事人的权益。刑事诉权主体在滥用诉权时，明知是不具备诉权行使条件，或者是明知不具有胜诉的事实和理由，却基于非法意图和目的提起诉讼，使对方当事人卷入刑事诉讼中，甚至于使对方当事人的人身权利受到限制，其客观上构成了对他人权益的侵犯。

第二，贻误案件的解决，浪费司法资源，事实上构成了对国家审判权的侵害，也是对法律权威性的一种讽刺。而且这种对司法资源的浪费，将有限的司法资源不当占用，客观上还侵占了他人合法行使诉权和利用刑事诉讼的机会和权利。刑事诉权的滥用使本来就相当有限的审判资源却要集中于一项被滥用的权利身上。从另一个侧面来看，公共的司法资源被浪费也使其他刑事诉权主体行使诉权的机会以及可以依靠的资源大大缩小。

第三，对国家刑事司法制度的危害。刑事诉权滥用的目的往往是要以合法形式来获取非法利益，已经背离了刑事诉权设置的初衷，也背离了刑事诉讼制度纠纷解决的正当功能。基于此，我们可以认为刑事诉权的滥用虽然看似是整个制度实践中的一个小问题，但是事实上积少成多，对刑事司法制度的正当性构成了严重的威胁。

三、刑事诉权滥用的规制

刑事诉权得到充分保障本身是社会法治进步的表现，视刑事诉权为洪水猛兽而一味采取排斥或限制的态度并不恰当，但的确刑事诉权在行使时也存在滥用的风险。虽然刑事诉权一般情况下对审判权不会构成威胁，即使刑事诉权主体滥用诉权，审判权主体也可基于其裁判职能对刑事诉权滥用的情形进行限制，不会导致诉权在行使中的失控。但是，审判权的这种对诉权滥用的防控功能也需要有一系列的程序机制与技术，目前在我国没有这种明确的规范。我国刑事诉讼中没有明确规定不当行使刑事诉权的后果，却在实践中屡屡出现滥用刑事诉权的事例。尤其是一些自诉案件中出现了严重歪曲案件事实的诬告陷害。因此，极有必要对刑事诉权滥用予以规制。从刑事诉讼制度层面来看，笔者认为，对刑事诉权滥用的规制至少应从以下几个方面进行：

（一）法律明确限定刑事诉权的行使条件以及审查机制

由于刑事诉权的行使要件主要属于法院职权调查的事项，而非当事人提出异议才能进行审查的处置。因此，可以在刑事审判前程序中引入司法审查机制，由中立的法官对刑事诉权的行使条件进行严格审查，特别是对那些当事人有异议的刑事诉权应当更加严格。

（二）确立证据开示程序，防止证据突袭

应当在审判前就使控辩双方当事人之间能够充分地相互交换证据和诉讼主张，确定案件争点。使控辩双方全面准确地了解各自情况，便利刑事诉权在审判中的行使，也可以及时发现刑事诉权滥用的情况。

（三）对于刑事诉权滥用应当规定实体法上的后果

滥用刑事诉权的主体往往具有主观恶意，实施的行为是违法行为，应当受到实体法上的处罚。这种处罚可以通过刑法来实现，如规定如果捏造犯罪事实，提起自诉，意图使他人受刑事追究，情节严重的行使诉权的行为应当按照诬告陷害罪论处。当然，这种处罚也可以通过经济赔偿的形式来实现，如可以规定滥用刑事诉权的主体应当对受到侵犯的对方当事人承担一定的损害赔偿责任。滥用刑事诉权的损害赔偿责任的范围主要包括诉权滥用造成相对方当事人因为诉讼拖延或其他原因在财产方面的损失以及对相对方当事人在人身、名誉方面的损害。损害赔偿的方式包括赔偿受害方当事人的经济损失、精神损害赔偿以及出于恢复名誉为目的的赔礼道歉、消除影响等。

（四）规定刑事诉权滥用的程序性法律后果

滥用刑事诉权不仅造成了对方当事人权益的受损，应当受到实体处罚，而且诉权作为一项程序性权利，在滥用时，也应当有程序性法律后果。比如，滥用刑事诉权后，刑事诉权主体不得再提起诉讼，或者提起诉讼时，法院应当直接判定不予受理。如我国刑事诉讼法第 171 条就已经规定了，自诉人经两次合法传唤，无正当理由拒不到庭的，按撤诉处理。最高人民法院《关于执行〈中华人民共和国刑事诉讼法〉若干问题的解释》第 117 条规定：人民法院裁定准许人民检察院撤诉的案件，没有新的事实、证据，人民检察院重新起诉的，人民法院不予受理。这些都已经具备了对刑事诉权滥用的程序性法律后果的雏形。

（五）对自诉制度适当改造

可以借鉴我国台湾地区的自诉制度，规定强制律师制度，即凡是提起自诉的案件，必须聘请律师作为代理人协助自诉。这样，一方面，可以由律师对自诉权的行使提供专业性的建议，既可以便利刑事诉权的行使，又可以对刑事诉权的行使把关。另一方面，有了律师的帮助，自诉权的行使又多了一份保障。

第五章 作为一种理论分析框架的刑事诉权

在刑事诉讼法学的研究中，刑事诉权不仅仅作为一种制度，很多时候还能作为一种理论分析框架，也可以作为分析其他理论与制度问题的理论工具。而且我们不仅仅要对刑事诉权的本体进行研究，还需要对刑事诉权所衍生出的一些相关理论问题进行探讨。近年来，中国刑事诉讼法学研究日益成熟，研究领域也在不断拓展，逐渐突破了传统的刑事诉讼法学研究领域，开始了交叉学科的研究，应当说是呈现出了理论纷呈与繁荣的景象。但是，在新的交叉性研究不断拓展的同时，刑事诉讼法学内部的研究对象仍然较为传统与固定，依旧限于刑事诉讼目的论、刑事诉讼构造论、刑事诉讼主体论、刑事诉讼客体论与刑事诉讼行为论等的研究，自身并未见有太大的扩充。对于新出现的理论与制度问题，有时会出现拿既有的理论框架难以完全清晰阐释，不能深入到细节性的探讨中，经不起推敲。诉权理论的借鉴应当说为刑事诉讼法学自身的研究提供了一个契机，将传统上作为民事诉讼法学的研究对象导入刑事诉讼法学中，输入了新鲜的血液，不仅拓宽了刑事诉讼法学自身的研究范畴，而且可以将诉权作为一种阐释工具来对既有的理论与制度进行分析和评判，可能会产生不同凡响的效果。

第一节 宏观理论框架中的刑事诉权理论——刑事诉权与其他刑事诉讼基础理论的关系

刑事诉讼法学的研究历来都是一种综合性的研究，不应当是一种单一理论的孤芳自赏，其本身也与刑事诉讼目的论、刑事诉讼条件论、刑事诉讼构造等相关理论珠联璧合，在相互的关联之下形成刑事诉讼法学的理论体系。

一、刑事诉权论与刑事诉讼目的论

刑事诉讼目的是指立法者预设的、进行刑事诉讼所要达到的目标，而刑事诉讼目的论则是围绕着刑事诉讼目的而展开的理论框架。刑事诉讼目的理论是近些年来一些学者所提出的一个理论范畴，学者们认为刑事诉讼目的是整个刑事诉讼程序的灵魂，刑事诉讼目的的不同决定了刑事诉讼模式的差异。经过十余年的学术讨论，目前刑事诉讼目的论已经基本成熟，几乎所有的刑事诉讼法学者都认为刑事诉讼应当以惩罚犯罪，保障人权二者作为我国刑事诉讼的目的。较有代表性的观点认为，"刑事诉讼不仅具有通过实现刑罚权保护被告人实体权利和国家利益以维护宪法制度的功能，而且同时具有与此同等重要的通过维护诉讼参与人诉讼权利以保障宪法制度的功能"。① 其中，惩罚犯罪是国家履行公共管理职能的需要，主要是国家对犯罪的追诉和对案件真实的追求；而保障人权，则主要是保障被追诉人的程序性权利，兼及被害人等诉讼参与人的权利，二者是一种对立统一的关系。这种目的仅仅是应然层面的理想，直至目前，司法实践中所体现出来的仍然是重追诉与惩罚，轻人权保障。可以说，刑事诉讼目的的确立在一定程度上决定了我国刑事诉讼制度的架构，由于整体上我国刑事诉讼目的的确立仍然不够合理，因此，在具体制度设计上也有着重惩罚、轻保障的倾向。

刑事诉权理论认为，刑事诉权产生的前提是刑事实体纠纷与诉讼解决机制的存在，刑事诉权的目的则是要通过诉讼程序解决刑事实体纠纷。其中所谓的刑事实体纠纷，指的便是刑事法领域中的犯罪分子与受到犯罪侵害的利益主体之间的争端，即犯罪。事实上，我们的刑事诉讼所要解决的问题也就是犯罪与刑罚，以及对受害人的权利予以救济的问题。从这一层面来看，事实上刑事诉权与刑事诉讼目的在导向上是一致的。但是，目的导向的一致性也并不能掩盖刑事诉权与刑事诉讼目的二者的差异，不能混为一谈，但可以说刑事诉讼的目的就是要保证刑事诉权目的的实现。刑事诉讼与刑事诉权的目的也分别具有一定的偏向性，刑事诉讼的目的除了强调对刑事实体纠纷的解决，即对犯罪与刑罚问题进行处理之外，还强调应当保障诉讼中的人权。而刑事诉权的目的则仅强调对刑事实体纠纷的解决，没有明确提出要对诉讼人权予以保障，诉权的保障问题并没有直接涵盖在刑事诉权的目的之中，而是根据刑事诉权的重要性和易受侵犯性再延伸出来的问题。

---

① 宋英辉：《刑事诉讼目的论》，中国人民公安大学出版社 1995 年版，第 78 页。

二、刑事诉权与刑事诉讼构造论

刑事诉讼构造是指"由一定的诉讼目的所决定的，并由主要诉讼程序和证据规则中的诉讼基本方式所体现的控诉、辩护、裁判三方的法律地位和相互关系"。① 从这一概念来看，事实上，刑事诉讼构造就是对控、辩、裁三方关系及其表现形式的总体系的一种抽象性概括。正好与刑事诉权所关注的刑事诉权与审判权的关系有一定交叉，也可以用刑事诉权理论来阐释刑事诉讼构造，尤其是审判程序的构造问题。

刑事诉权的行使对象是审判权，而审判权则需要在对刑事诉权内容进行审查的基础上对刑事实体纠纷作出裁断。而刑事诉权的享有主体是双方的，控辩双方诉权在平等基础之上对抗，审判权在审判结构中的功能便是居中裁判。刑事诉权贯穿于整个刑事审判过程中，与审判权共同构成刑事审判的两个基本要素，二者的结合成为刑事审判活动运行的必要条件，形成了审判程序中基本的诉讼构造。对于刑事诉权与审判权的关系，更为具体地看，包括：

第一，刑事诉权启动刑事审判权。"从性质来说，司法权自身不是主动的。要想使它行动，就得推动它。向它告发一个犯罪案件，它就惩罚犯罪的人，请它纠正一个非法行为，它就加以纠正；让它审查一项法案，它就予以解释。但是，它不能自己去追捕罪犯，调查非法行为和纠查事实。如果它主动出面以法律的检查者自居，那它就有越权之嫌"。② 这一论述可以做一个形象的比喻便是，刑事诉权是一把钥匙，刑事审判权则是一扇门，不拧动钥匙，门便不会打开。这也充分体现了刑事诉权的主动性与刑事审判权的被动性特征。

第二，刑事诉权为刑事审判权提供了裁判的范围。刑事诉权的启动便锁定了刑事审判权存在与活动的场域，刑事审判权行使的范围要受刑事诉权行使范围的限制，法院不得主动增加对被告人的控诉事实和罪名，也不得随意改变诉权主张的事实和罪名，也就是要求刑事审判权不得逾越或脱离刑事诉权请求的范围，就控辩双方未提出的事项作出裁判。

第三，法院对已立案的刑事案件，不得对刑事诉权所提出的事实不进行裁判。刑事诉权要求审判权满足其请求事项，法院不能对已立案的刑事案件不了了之。无论是按照起诉方的诉求判决被告人有罪也好，还是采纳被告方

---

① 李心鉴：《刑事诉讼构造论》，中国政法大学出版社 1992 年版，第 7 页。
② ［美］托克维尔：《论美国的民主》（上卷），董果良译，商务印书馆 1991 年版，第 110 页。

的诉求，判决被告人无罪也罢，总之必须作出结论性意见。

　　第四，刑事诉权的行使对刑事审判权能够起到监督的效果。"明智的立法者知道，再没有人比法官更需要立法者进行仔细的监督了，因为权势的自豪感是最容易触发人的弱点的东西"。① 刑事诉权的行使能够监督审判权的随意行使，对审判权的违法行使、随意行使，刑事诉权主体可以提出纠正意见，可以上诉、抗诉等，所以说，刑事诉权是监督刑事审判权的一支重要力量。通过刑事诉权来约束与监督刑事审判权，应该说是在法治社会背景下正常与主流的监督审判权的方式，如果刑事诉权不能真正地对刑事审判权进行约束，反而主要通过其他的一些非诉权的方式和渠道来约束刑事审判权，比如政治渠道、行政渠道、舆论渠道等，可能反而会成为引发刑事审判权不当限制的因素，对法治社会的构建产生负面影响。

　　第五，刑事诉权的实现有赖于刑事审判权的合理行使。刑事诉权本质上是一种请求权，其目的的达成要求刑事审判权必须予以回应与保障。缺乏刑事审判权的回应，刑事诉权的目的无法达成，从这一意义上讲，刑事审判权对刑事诉权又形成了一种反向制约。二者正是在这种相互制约的过程中，实现二者基本目标的一致性，为了实现统一的纠纷解决目的，在具体运作中需要相互配合，才能达致这一目标。刑事诉权的主体在起诉时，法院不当地不予立案；审判程序进行中，法院不尊重刑事诉权主体行使的各种权利，甚至违法地、不合理地限制、剥夺这些权利，刑事诉权的各种请求也难以实现。

　　刑事诉权与刑事审判权的关系其实也仅仅体现了刑事诉讼构造中的纵向构造，在刑事诉讼构造中还有横向构造这一层次的内容。在横向构造上，则主要体现的是刑事诉讼中的控辩双方诉权之间的关系。这种关系最为基本的脉络还在于控辩双方诉权的对抗问题。诉讼制度对控辩双方的诉权对抗提供了一个理性的空间，但在这个空间中，双方如何展开对抗，在某种程度上也影响着刑事诉讼构造的具体类型。按照刑事诉权的理想模型，要求控辩双方的诉权要在诉讼这一理性的制度空间内平等地展开对话和沟通，而这种沟通主要是通过举证和质证来展开。在举证与质证过程中，诉权主体能否立于平等与对等的层面上充分地表达，控方诉权是否具有强于辩方诉权的优势地位，这些客观上都形成了不同刑事诉讼构造中的典型特征。在刑事诉讼的横向构造中，倘若是从理想的角度来看，控辩双方的诉权应当是平等的，并且能够在权利对等的基础上公平地运用法律和证据展开攻击和防御，能够充分地举

---

　　① ［法］罗伯斯庇尔：《革命法制和审判》，赵涵舆译，商务印书馆 1965 年版，第 30 页。

证与质证，并且最终都能够按照对抗的结果，由审判权主体在理性的基础上进行裁判。欠缺了诉权主体之间的对等与平等，诉权主体之间的地位和权利严重失衡，可能使理性的诉讼制度沦为弱肉强食的丛林游戏。但这的确也仅仅是一种理想，现实中的刑事诉讼构造却往往并非如此，不同的刑事诉讼构造下，刑事诉权主体之间的关系显示出了较大的差别。也正是这些差异，才会引发了我们对不同诉权主体之间关系进行模式化的归类，产生了不同的刑事诉讼模式。

对于刑事诉权理论与刑事诉讼构造论的关系，还可以进一步延伸到刑事诉讼模式理论之中。刑事诉讼模式是对诉讼构造的一种抽象性概括。一般认为传统意义上世界上存在两种刑事诉讼模式，即以英美国家为代表的当事人主义模式（或称为对抗式模式）、以大陆法系德法等国家为代表的职权主义模式。而区分这两大刑事诉讼模式的标准其实无非就是在刑事诉讼构造中所体现的两对基础性的法律关系：纵向上的刑事诉权与刑事审判权的关系，横向上的刑事诉权之间的关系。这两组刑事诉讼中的基础性法律关系所表现的不同样态，决定了两大诉讼模式的根本性区别。出现这种刑事诉讼模式差异的原因诸多，但其根源还是在法治的理念上，在英美普通法系国家，更多强调"个人—国家"的二元对立，公民个人并不依附于国家，反而是个人权利对国家权力构成了诸多限制，个体实际上构成与国家相对立的平等主体；大陆法系的法治其逻辑起点则往往是"个人—国家"二元统一，个人附属于国家，公民个人的权利不仅不能构成对国家权力的外在限制，反而往往公民个人的权利笼罩在国家权力之下。两种不同的法治理念，造成了两大法系国家在诉讼制度选择时，朝着截然相反的方向发展。"个人—国家"相对立的理念则使在英美普通法系国家盛行限权意识与有限政府的观念，在诉讼制度上也更多倾向于体现当事人的主导作用，保障当事人权利；"个人—国家"相统一的理念使大陆法系国家更多表现为国家权力本位，个人在诉讼制度的作用更多要依赖于国家的积极作为才可显现。

当然上述分类并非绝对，各国诉讼制度之间通过相互借鉴和制度移植，在诉讼模式上也有着融合的趋势，这一点在日本、意大利等国家就体现得较为明显，这些国家以大陆法系的诉讼制度为基础，吸引和借鉴一些英美普通法系国家的制度，形成了独具特色的混合式诉讼模式。同时还需注意的一点是，原有的传统意义上的两大诉讼模式其实用现时的眼光来看划分的标准与界限也并不那么清晰。一些国家虽然诉讼的主流理念与制度没有大的变更，没有形成区别于两大法系的混合式诉讼模式，但总体上不断地相互吸收与借鉴，英美法系与大陆法系国家分别都具有了对方的一些制度与特征。

我国传统刑事诉讼制度一直被学者们认为是职权主义诉讼模式，甚至有学者将其概括为强职权主义模式。随着眼界的放宽，我国 1996 年的刑事诉讼法修改已经渗入了许多当事人主义模式下对抗的因素，尤其是在刑事审判方式上的吸收与借鉴力度颇大，但是强职权主义的基调至今仍未得到较大改观。但不可否认的是，目前我国刑事诉讼的模式已经与现实的法治社会的背景有了裂痕，需要有所转型。

尽管诉权理论的探讨主要是在大陆法系国家，似乎在英美当事人主义国家反而几乎无人对此进行研究。但从诉权理论实质的角度来看，当事人主义模式较之于职权主义模式更加注重对控辩双方诉权的保障。英美当事人主义模式由于奉行"个人—国家"的二元对立，更加注重诉权之间的对抗在程序中的主导作用，限制了国家权力，并且将当事人主体性与现实的诉讼程序结合起来，提出了促进对话或辩论，更加契合诉权保障理念。当事人主义实际上就是一种诉权中心主义。这种思路把审判的重心从当事人和法官之间的纵向沟通的相互作用方面转移到了当事人之间的横向沟通的相互作用方面。[①]当事人主义模式实际上为诉权主体之间的理性对话提供了空间，控辩双方的诉权能够充分和平等地对抗，真正尊重了诉权的行使。也可以认为，刑事诉权理论的引进实际上为借鉴当事人主义诉讼模式下的对抗制，促进由当事人主导的诉讼机制的形成提供了一种正当性基础。回顾和反思我国当前的理论研究和制度实践，一般都是围绕如何实现惩罚犯罪与保障人权两大诉讼目的的平衡来探讨是否需要引进当事人主义模式下的合理制度。从诉权保障的角度来看，增强诉权的对抗实际上保障的是控辩双方的诉权，也能够兼顾两大诉讼目的的平衡。而且，如果换个角度，实现诉讼制度纠纷解决功能与目的的复归，将刑事诉讼看做是解决控辩双方之间刑事实体纠纷的制度，审判权的介入不过是促进纠纷的解决，那么当事人诉权主导程序就具有了合理性，而国家权力的干扰效果就会减少。从这一点来看，现在制度变革的主要方向应当是如何增强诉讼中控辩双方诉权之间的对抗，使控辩双方能够真正主导程序的运行，进一步弱化刑事审判权的地位，改变以往那种过度强调司法权的主导，围绕司法权进行制度构建的立法思路，也就是对当事人主义模式下对抗制的一种吸收和借鉴，向职权主义和当事人主义的混合型诉讼模式转变。

① 参见季卫东先生为《纠纷的解决与审判制度》一书所作的译序，[日]棚濑孝雄：《纠纷的解决与审判制度》，王亚新译，中国政法大学出版社 1994 年版，第 9 页。

三、刑事诉权与刑事诉讼标的论

刑事诉讼标的论，又被称为刑事诉讼客体论，① 指的是"刑事诉讼主体实施的诉讼行为所指向的对象。"② 在刑事审判程序中，刑事诉讼标的则成了法院的审判对象。以此为契机，可以将刑事诉权与刑事诉讼标的论关联起来。刑事诉权理论认为，刑事诉权的内容在审判程序中可以转化为审判的对象，其中包括了被告人与案件事实两个方面的内容，也即"人"与"事"两个要素。这两个要素其实是为审判权的行使确立了一个明确的方向，同时也为诉权的行使提供了一个固定的"靶子"。当然对刑事诉讼标的的选择也是刑事诉权的处分性的体现，诉权主体可以选择仅就部分案件事实行使诉权，而一旦行使了这种选择权，则相应地也限制了刑事审判权的范围。

刑事诉权有一大基本功能便是在启动刑事审判权的同时，又对刑事审判权予以制约，其中一种最为重要的表现便是通过诉权来限定刑事审判权的审理范围，不仅锁定了刑事审判的具体对象，也限定了刑事审判的案件事实。当然对刑事诉讼标的的选择也是刑事诉权的处分性的体现，诉权主体可以选择仅就部分案件事实行使诉权，而一旦行使了这种选择权，则相应地也限制了刑事审判权的范围，不得随意更改。审判权由于受到诉讼标的的限定，也不得超越诉讼标的的范围来对刑事诉权予以裁判，也不能主动地对诉讼标的的范围予以变更，如果确有需要，必须通过诉权主体主动变更或者追加诉权内容的形式来进行，否则便背离了刑事诉权与刑事审判权的基本结构关系。刑事诉权又具有一定的可处分性，诉权主体可以对诉讼标的的范围有选择权，这种选择权关系到刑事审判权的行使范围，此权利仅归属于诉权主体，刑事审判权不得僭越。在案件的审理过程中，一旦案件得到受理，案件的诉讼系属便得以产生，这种诉权的选择便得以实现，诉讼标的也就生成，在一般情况下，诉权主体也不得再予以变更，否则会使审判权的行使无从着手，影响刑事审判权的正当行使。只有极个别的情形下，诉权主体可以对诉讼标的予以变更，但在变更的时候应当尊重对方的诉权，允许对方根据自己的诉权提出异议。但是，审判权是否可以变更诉讼标的呢，也就是是否审判必须完全严格诉权所主张的事实范围进行裁判呢？考虑到现实中的各种特殊情况，也

---

① 需要指出的是，在刑事诉讼理论中，一般用的是诉讼客体这一概念，而使用诉讼标的较为少见，但是二者均是由德文 Streitggenstand 翻译而来，因此，在本书中不再严格对二者区分，而认为是同一概念的不同表达。

② 张晓玲：《刑事诉讼客体论》，中国政法大学 2004 届博士学位论文，第 39 页。

需要给审判权的行使一定的灵活空间，这些特殊情形一般是变更不会超出原有诉权的整体范围，或者变更后的内容为原来诉权主体起诉的效力范围所包容等情形。这些特殊情形的一个共同特点便是，刑事审判权行使的范围表面上与刑事诉权所主张的诉讼标的不同，但从本质上来看仍在刑事诉讼标的范围之内。倘若刑事审判权主体最终认定的案件事实全部或部分不在诉权主体所主张的案件事实范围之内，则属于代行了刑事诉权的职能，有违控审分离的基本原理。在认定诉权的内容时，一般也只要求被告人必须明确具体，而对于诉权内容中的事实部分一般仅要求基本事实一致，如果稍有出入，也并不应认定为是审判权的滥用。当然，如果是需要变更被告人的，必须由诉权主体启动一个针对新认定的被告人的诉权，而不能直接在审判程序中径自变更被告人，毕竟此属诉权与审判权不同的权利（权力）内容。归纳起来便是，诉权内容中的"人"属于绝对不可直接变更，确属诉权对象认定错误。事实上，诉权主体与被诉主体之间如果是通过诉权主体变更则只能是形成一个新的诉权，而若是诉权主体不予变更，则审判权主体则绝对不可变更，即使被诉主体错误，法官也仅能对错误的对象作出无罪判决。而"事实"要素可以在一些特殊情形下，经由特别的程序予以变更，但是这种变更要予以严格限制，否则便会破坏诉权限定诉讼标的的效力。

从以上的分析，我们不难看出，刑事诉讼标的的变更的动力主要出自于诉权主体处分权的行使来自行变更与审判权主体进行变更两种。两种变更虽然都可以在一定的情形下实现，但并非是恣意变更，而是均有一定的限制。对诉权在行使中的处分虽然属于诉权自主性的内容，但是这种自主性并非是不受任何限制的自由，而是要求诉权的处分应当在法律规范的合理限度之内进行。限制诉权对于诉讼标的的处分其根本的考虑还是从诉权平等与公平的角度，诉权行使并与审判权发生诉讼系属后，便限定了审判权的对象范围。正是基于这种限定，才使辩方诉权的行使有了明确的标的，可以进行相应的准备。倘若控方的诉权可以不断地变化，甚至增加新的对象范围，一来使审判权的范围处于动摇之中，更为重要的是会使辩方的诉权没有明确的目标，经常会措手不及，不利于诉权行使的公平与公正。因此，只要涉及刑事诉讼标的的变更，即使审判权接受这一变更，一般也应当赋予辩方刑事诉权主体知悉权与异议权，以防止对其诉权的行使产生不利影响。而对于审判权在特殊情形下自行对刑事诉讼标的的变更，由于牵涉双方诉权的行使，则要求赋予控辩双方刑事诉权平等的知悉权与异议权，如果诉权主体一方不同意变更，则审判权主体应仅依据原来的诉讼标的作出相应的裁判，而不能强行变更，否则就属于行使了诉权主体应有的权利。这种情形在我国刑事司法实践中时有发生，主要的体现就在于法院是否可以变更指控的事实与变更公诉机关所起诉的罪名问题上。对于法院可否主动变更公诉机关指控的案件事实问题，最高人民法院《关于执行〈中华人民共和国刑事诉讼法〉若干问题的解释》第178条规定，人民法院在审理中发现新的事实，可能影响定罪的，应当建议人民检察院补充或者变更起诉；人民检察院不同意的，人民法院应当就起诉指控的犯罪事实，依法作出裁判。对于这一司法解释的理解，我们从表面看起来，该解释似乎恪守了审判权与诉权的界限，将补充与变更诉讼标的的权力交给诉权主体，没有违背控审分离的基本原则。但是，考虑到我国刑事诉讼法虽然限制法官庭外调查权行使的任务仅在于核实证据，但总体上依然保留了法官庭外调查的权力，倘若是法官主动进行庭外调查所了解的案件事实和获取的证据，是否可以作为裁判的依据并未予以明确。在实践中却也屡见法官以自己在庭外调查所获取的证据和了解的案件事实作为裁判的依据，这一做法客观上还是审判权代行了诉权的功能，由审判权自己设定审判范围，有违控审分离的原则。此外，最高人民法院《关于执行〈中华人民共和国刑事诉讼法〉若干问题的解释》第176条第2项虽然明确了"起诉指控的事实清楚，证据确实、充分，指控的罪名与人民法院审理认定的罪名不一致的，应当作出有罪判决"，意味着法院可以主动地根据自己所认定的案件事实变更公诉机关所指控的罪名，但是罪名是否是诉讼标的的组成内容呢？值得注意的一点是，公诉机关在行使诉权时，往往一并明确提出了指控的罪名，这一做法其实也将罪名锁定在了诉讼标的的范畴之内，审判权理所当然也应围绕着指控的罪名进行审判。但另一方面，严格说来，罪名的认定虽然以案件事实为基础，但其实与刑事实体法的适用有更为密切的联系，同一案件事实从不同国家的刑事实体法律规定看来在罪名的认定上却可能不尽相同，甚至于同一案件事实在不同的法官看来也有此罪与彼罪之分，这其实更多的还是对于法律规范本身的理解的差异。看起来罪名虽应属于诉讼标的范畴，但也应该将其区别于诉讼标的中的"人"和"事"这两个要素，在处理其与诉权的关系问题上应当区别于"人"和"事"这两个诉讼标的基本要素对待，特殊情况下可以允许法官基于自由裁量权对于罪名在所依据的案件事实不变的基础上作出一定的变更。这里所谓的"特殊情形"也不能作泛化的扩大解释，应当将其限定为变更后的罪名应当为指控罪名所包容，或者变更后的罪名是实现原指控罪名犯罪行为的某一个阶段性行为的罪名。允许法院主动变更罪名，还必须要有一定的程序规范来规则其恣意变更，以保障控辩双方的诉权，比如原则上应当先通知控方主动变更，如控方不同意法院才可变更，并且不得作不利于被告人诉权的变更，即只能是由重罪名变成轻罪名，不得由轻入重。只有构建起一整套的程序规则，才能在诉讼标的变更的问题上，让控辩双方的诉权切实得到保障，才能真正实现诉权与审判权之间的制约与平衡。

四、刑事诉权与刑事诉讼行为论

刑事诉权的实现必然应有其相应的载体，这一载体便是刑事诉讼行为。正是通过刑事诉讼行为才能实现当事人的诉权。对于刑事诉讼行为而言，虽然对于刑事诉讼行为概念界定，理论界仍有一定争议，但总体来说，基本达成共识的是，刑事诉讼行为指的是合乎诉讼法所规定的构成要件，并足以发生诉讼上之效果的法律行为。[①] 一般可以分为法院行为、当事人行为和第三人行为。其中的当事人行为就可以被看做是刑事诉权主体所实施的诉讼行为，在刑事诉讼中指的实际上是控辩双方的诉讼行为。法院行为则主要是指其行使刑事审判权以及为行使刑事审判权而实施的一些附随行为。第三人行为则是指当事人与法院行为之外的主体所实施的行为，比如证人行为、鉴定人行为等。刑事诉讼行为与刑事诉权的联系主要在于，控辩双方刑事诉权的实现必须依托其刑事诉讼行为才可运作并实现，换句话来说就是刑事诉讼行为是诉权行使的载体。而对于法院的刑事诉讼行为而言，则主要是审判权行使的载体。通过两种不同的刑事诉讼行为类型，使刑事诉权与刑事审判权发生了联系。当事人的刑事诉讼行为必须得到法院诉讼行为的判断和确认才可产生相应的法律效力，其中的标准便是是否合乎诉讼法所规定的构成要件。第三人由于并非刑事诉权主体，其刑事诉讼行为虽然会发生诉讼上的效果，但其并非当事人行使诉权的行为，并非刑事诉讼行为的核心内容。

对于刑事诉讼行为理论而言，其最核心的内容莫过于刑事诉讼行为的效力问题了。而对于刑事诉讼行为效力的判断，并非看其是否发生诉讼法上的效果，而关键要视其是否发生了这一行为应有的效果。在此，便可将刑事诉权理论导入刑事诉讼行为效力判断的问题中进行分析。控辩双方享有诉权，但是，如果其诉权不按法律所预先设定的规则和条件来行使，那么，当事人的行为便不能实现其应有的效果，属于无效的诉讼行为。譬如，自诉人在行

---

① 曹鸿澜：《刑事诉讼行为之基础理论——刑事诉讼行为之效力》，载《法学评论》（台湾）1974 年第 6 期。

使诉权启动审判权时，倘若不能满足自诉的起诉条件，或者不是适当的诉权主体，或者没有证据，或者不符合管辖规定等情况，则法院不会立案，或者虽已立案，其诉讼主张也得不到支持，在此情况下，虽然其已实施了一系列提起诉讼的行为，但是却不会发生预期启动诉讼的效果，即属于无效的刑事诉讼行为。

刑事诉权除了与上述四种理论关系紧密之外，还与刑事诉讼条件论等刑事诉讼的基础理论有着关联。比如，刑事诉权的条件问题则又被刑事诉讼条件理论所涵盖。因此，总的来说，对于刑事诉权理论而言，其并非是一种孤独的理论，而是基本能与其他刑事诉讼基础理论协调，也能够以刑事诉权理论对其他相关理论进行更为深入的再阐释。正是这些刑事诉讼基础理论相互之间的契合与协调才能真正构建起一套刑事诉讼的基础理论体系。

第二节　微观理论框架中的刑事诉权——刑事诉权对相关理论与制度的阐释

从宏观上来把握刑事诉权理论研究的意义，难免会失于空泛，不便于理解和把握，如果结合刑事诉讼的一些理论和制度问题，从微观和具体的层面来讨论和分析，可能会使其研究意义的展示更为形象化。以下是笔者选取八个当前刑事诉讼法学界存在激烈争议的问题，以刑事诉权理论为视角对这些问题进行重新审视。

一、刑事诉权与公诉权的性质、检察权配置

检察机关是我国的公诉机关，代表国家行使追诉犯罪的职能，而这种权力的本质却一直未能阐释得十分清楚。在诉权理论的语境下，或许能找到一个较为满意的答案。

（一）刑事诉权与公诉权的性质

长期以来我国刑事诉讼法学界对公诉权的性质有所争议，而争议的焦点固守在公诉权究竟是一项行政权抑或是一项司法权，抑或是两者兼具之上，一直未能在理论上获得重大突破。这种属性争议的前提是将公诉权本质定位于一种公权力，关于公诉权是行政权还是司法权的划分是以机关职能属性为基础而展开的。这种强调国家权力在追诉之中意义的公诉权性质归属理论虽然能够体现刑事诉讼中国家为实现刑罚权，主动追诉犯罪的特点，但是在理论上对公权力在追诉犯罪中的因素过分强调，以一种国家优位的态势来看待

公诉权的行使，可能会增加公诉机关在诉权行使中的话语霸权，不利于刑事诉讼中公诉权与审判权、公诉权与被告方诉权之间的平衡。如果换个思路将公诉权中的国家权力要素剥离，从公诉权功能的角度将其本质属性定位在刑事诉权之上，在理论上是否能够说得通呢？

　　人类最早的刑事诉讼制度实行的是对犯罪的私人告诉制度，由公民个人行使诉权，当时基本不存在国家主动追诉犯罪的情况，在古罗马中存在的"公诉"也不过是任何公众都有提起诉讼的权利，本质上仍是私诉。在人们认识到犯罪不仅仅是对个人权益的侵犯，而且是侵犯了国家和社会利益以后，公诉权才逐渐产生。公诉权原来是国家和社会所享有的诉权，但是国家和社会只是一种虚拟的集合，不可能直接行使诉权而只能由国家的公诉机关作为代表行使诉权。另外，按照社会契约论的论证思路，也正是公民个人的诉权转让才形成了国家的公诉权。即使是公诉机关所行使的诉权，无论从诉权的产生还是从诉权的功能来看本质上都只能是一种诉权。公诉权的产生也是基于刑事实体纠纷，是在国家和社会利益受到了犯罪行为的侵犯而产生了追惩犯罪，解决纠纷，回复社会秩序的需要，从这一功能来看与公民个人所享有的诉权无异。同时，公诉权在刑事诉讼中最为重要的作用也是启动和推动刑事审判程序，是一种向审判机关要求对案件审判的司法请求权。在具体表现形式上，不仅包括提起公诉的权力，还包括撤回起诉、追加起诉、补充起诉、变更起诉等权力。同时，在法庭上作为诉权的一种，公诉权也可以制约刑事审判权的行使，虽然公诉权带有公权力的因素，但是如果过度强调用公诉权所内含的公权力因素对审判权制约，可能会造成对审判独立的不当干预。另外，有些学说将检察权中的批捕权、检察监督权等也纳入公诉权的功能之中，这种看法可能会造成公诉权内涵的复杂化，更不易把握公诉权的真正性质。笔者认为，批捕权、检察监督权等只能算是检察权的内容之一，而公诉权只能算作一种诉权。只有通过诉权理论，从公诉权功能定位的角度来回复公诉权的诉权本质，将检察监督权等无涉公诉权的公权力因素剥离，才可能不再引起公诉权行使中的角色冲突，才可能不再为公诉权是否可以干预审判权的行使，是否可以庭上监督，公诉人是否需要起立等问题争论不休，才能够贯彻控辩平等从而平衡控辩双方的诉权。可见，从刑事诉权理论的角度来对公诉权的本质属性定位不仅具有理论上的合理性，还可以促进公诉制度的完善。

　　此外，有学者认为公诉权具有监督属性，"就某一具体案件来说，如果检察机关经过审查作出不起诉决定，则该案的公诉只有监督功能而无控诉功能；如果审查后作出起诉决定，则该案件的公诉必然既有控诉功能又有监督功能"。"由检察机关向法院起诉，其目的就是实现对警察侦查权与法官审判权的双向监督"。① 这种观点在我国具有很强的代表性，是一种从刑事司法体制的角度探讨公诉权的观点，也是一种备受质疑的观点，但是在反驳这种观点的时候，少见有学者从公诉权作为诉权的本质出发来进行探讨。事实上，让公诉权超脱于诉权的本质而承载了过多的内容。公诉权作为一种刑事法领域中的诉权，其行使的目的主要是解决刑事实体纠纷，即追诉犯罪。在公诉权寻求审判途径解决纠纷的过程中，公诉权不仅要与被告人的诉权对抗，而且也与审判权发生联结，但这种联结并不是一种监督权，而仅仅是一种制约关系，即公诉权的行使限定刑事审判权的范围，公诉权的处分也在一定程度上决定刑事审判程序的走向。这事实上就是对公诉权与刑事审判权关系的一种基本描述，如果将监督权的因素加入进来，事实上使二者的关系更加紊乱。上述学者的观点认为，如果是不起诉就只具有监督而不具备控诉功能，这种观点如果用刑事诉权的视角来看，也有欠妥帖。刑事诉权在行使的过程中，具有一定的处分性，这种处分可以是不起诉也可以继续起诉，但总体而言，都是刑事诉权行使的一种方式，很难说是一种监督权。如果说过分强调公诉权的监督属性，客观上容易导致一种"泛监督化"的倾向，使公诉权的内容貌似丰满，却实质上空洞。

由此看来，公诉权作为诉权的一种类型，事实上仅为检察权的下位概念，同时也是检察权的权力集合中的核心部分，其本质上仅为一种具有鲜明特点的诉权，只不过是具有了刑事法特征的诉权，是一项包裹了公共权力外衣的权利，相对个人诉权而言，带有一定的强制性，但这也仅限于大陆法系国家的检察官而言。在英美法系国家，检察官更多的与当事人类似，其诉权从表现来看与当事人所享有的诉权没有明显的差别，强调诉权之间的平等性与对等性。但无论是在英美法系抑或是大陆法系国家，公诉权都不是一项行政权，更不是一项司法权，而只能是一种诉请裁判，并在审判过程中与对方当事人诉权相对抗的另一项诉权。正如我们前面所提到的，检察权自身是多种权力的集合，还包括批捕权、法律监督权和职务犯罪侦查权三项主要的权力，尽管这几项权力具有较为明显的行政性特征，但是作为检察权核心构成要素的公诉权却并不具有这一特征，同时，公诉权作为一项诉权对于案件事实的确定和纠纷的解决并不具有决定性作用，还要通过请求审判权来作出裁判，这也就反映出公诉权不具有司法权的性质。因此，要笼统地将检察权界定为行

---

① 朱孝清：《中国检察制度的几个问题》，载《中国法学》2007 年第 2 期。

政权或者司法权其实并未真实地反映出检察权的原貌，实事求是地看，我们可以逐项地对检察权之下的各个具体权力的性质进行界定，但的确很难对检察权这一权力集合的整体性质进行准确的界定。我们以往对于检察权的研究，其实大多时间或者仅关注了检察权的整体表现形式，而忽略了其中各项权力的特点，或者仅关注检察权之下的各项具体权利中的一项，这两种视角最终限制了我们的思路，导致对检察权性质的误读。

综上来看，检察权是一个复合性权力，这就致使其性质在界定上较为困难，可以说很难进行准确的界定。简单地将检察权的性质归纳为行政权或司法权，抑或是二者兼备，谋求通过其中一个特点来概括检察权的整体性质都显得过于片面，可能会犯以偏概全的错误。

（二）刑事诉权与检察权的配置

尽管检察权统摄了公诉权、法律监督权、职务犯罪侦查权、批捕权等具体权力，但这些具体权力之间有严格的区分，并无交叉。具体来说，公诉权本质上是一种带有一定强制性的诉权，主要针对审判权行使，当然在诉讼过程中会涉及被害人和被告人的诉权。而法律监督权则主要是我国宪法中所明确规定的检察机关的一项权力，在刑事诉讼过程中，主要体现为侦查监督、审判监督和执行监督，虽然可以通过行使监督权启动再审程序，但其行使更多地表现为一种行政性的过程，而非诉讼过程，与公诉权行使的机制有着较大的差别。而职务犯罪侦查权与普遍侦查权相类似，不具有中立性、独立性和终局性，基本表现为行政权。而批捕权在我国由于审查批捕的过程不具有司法程序的三方结构，因此事实上批捕权只能称之为一种行政审批权。从这四种权力的特征来看，职务犯罪侦查权和批捕权虽然在性质上都可归为行政权，但二者各自针对的对象不同，区分较为容易。然而对于公诉权与法律监督权而言却在很多情形下容易发生误解。公诉权与法律监督权在行使的场域都是审判程序，而且行使对象也主要针对审判权，主要目的都是要启动审判权。但是，公诉权行使是要通过启动审判权来最终确定刑事实体纠纷，对受损害的权利进行救济，而作为法律监督权之一种的审判监督权则是要通过启动再审程序，来改变原来已经确立的错误的刑事裁判。此外，公诉权仅仅针对审判权行使，而且行使的方式主要是启动审判程序和在法庭上支持公诉，请求法院作出裁判，客观上应当与普遍诉权相对应和对等，应当服从于审判权，但可以通过行使诉权来对审判权的行使予以一定的制约，是以权利来约束权力。法律监督权由于行使的主要目的是纠错，在审判阶段其行使主要也针对审判权，但却是对审判权进行监督，以纠正错误裁判，相对于审判权而言具有优势地位，是以权力来制约权力。从这一点来看，二者有着较大的区别，应当分属于两种不同性质的权力。但在司法实践中常常出现公诉机关以法律监督机关的身份来行使公诉权，在本应是行使诉权的地方来行使法律监督权，对两种权力予以混淆。这种混淆势必影响到审判权的独立行使，尤其是当法律监督权在法庭上直接行使时，对于法官的权威性容易造成一定的损害。

可以说，对于检察权的职权配置，最为重要的就是要理顺公诉权与法律监督权之间的关系。在二者的关系上，更多的情况是法律监督权的滥用，挤占了公诉权行使的空间。造成这种情况的原因主要是，公诉权是检察权的核心构成权力，但事实上法律监督权却为检察机关更为推崇，毕竟这一权力可以是无限强大的，甚至于可以对审判权进行权力上的制约。在当前检察机关内部的机构设置上，对于检察权职权配置上的优化与整合上却有所欠缺，人为地泛化了法律监督权。一般来说，检察机关内部的职能部门主要有公诉部门、侦查部门、侦查监督部门等，公诉部门主要行使公诉权、侦查部门进行侦查，而侦查监督部门主要行使批捕权，却唯独没有独立而设的法律监督部门。而公诉部门往往在行使公诉权的同时，还要行使法律监督权，这样人为地使公诉权与法律监督权行使的主体完全重合，很难起到内部职能部门之间的互相制约效果，难怪使公诉权与法律监督权在行使过程中被混淆，甚至于使法律监督权被滥用。

综上来看，整合检察权的职权关键还是要理顺公诉权与法律监督权之间的关系，而问题的症结又归到检察机关内部职务分工以及职能部门的设置上，只能明确地在职能部门之间将公诉权与法律监督权的行使主体分割开来，才可能真正地理顺检察权内部的职权关系。同时，应当明确在审判程序中，诉权与审判权之间的联结才是程序的主导，而非法律监督权，检察机关的法律监督更多地应当体现为一种后发性的权力，而非与审判程序同步，只有在审判程序及裁判结果出现瑕疵后，检察机关才能行使法律监督权。

二、刑事诉权与公诉案件被害人当事人地位

1996年刑事诉讼法修改后在第82条第2款中规定："'当事人'是指被害人、自诉人、犯罪嫌疑人、被告人、附带民事诉讼的原告人和被告人。"据此可以看出我国现行刑事诉讼法将刑事公诉案件的被害人列为诉讼当事人，从法律上确立了被害人的控诉主体地位，并赋予其一定的诉讼权利。在一定程度上强化了对刑事公诉案件被害人的保护。这种从刑事司法体制内为维护被害人权利所做的努力与改革却并没能在实践中带来根本性的变化。这也导

致目前理论界就是否应赋予公诉案件中被害人当事人地位的争议颇多。一种具有代表性的观点认为被害人作为公诉案件当事人不符合公诉案件性质，不享有上诉权使当事人名不副实，造成当事人地位与证人角色的冲突，可能导致诉讼结构的失衡和诉讼秩序的紊乱，与国际上普遍做法和趋向有别，等等。① 对这一观点反驳的声音不大，一般只是从被害人是受侵害人，与诉讼结果有直接利害关系，被害人的当事人地位可以构成对公诉权的制约，可以体现对被害人尊严的尊重和对被害人权利保护的实质化等方面进行反驳。这些研究多是流于浮浅的制度表层，而缺乏刑事诉讼基础理论的支持。笔者以下将从刑事诉权理论的角度对公诉案件被害人当事人地位进行阐释。

如本书在对刑事诉权存在的合理性进行分析时已提及的，犯罪侵害了国家、社会和被害人两种主体的双重利益，国家与被害人都与刑事实体法律纠纷有直接利害关系，也就是国家与被害人都应当享有潜在的诉权。当代一些国家实行国家垄断对犯罪的追诉权，将国家自我标榜为犯罪的首要受害者，是基于被害人追诉能力的有限性和公诉权理性化的考虑，但是这种对犯罪追诉权的垄断也并不能就此消灭被害人个人的诉权，这种诉权虽然是潜在的，但却是客观存在的。各国都在公诉机关垄断行使刑事诉权的基础上赋予了被害人一定的申请追诉权、知悉权、诉讼参与权等诉讼权利来使被害人能够间接地影响诉权的行使。笔者认为，既然要解决纠纷就必须赋予纠纷主体引入审判权的权利，被害人与刑事实体法律纠纷有着直接利害关系，甚至这种利害关系比公诉机关还要直接和切身。但是被害人所享有的诉权只是一种潜在的权利，并不一定能够真正付诸实施。刑事实体纠纷的处理上有着较民事纠纷更为复杂的关系，也关系到国家刑罚权的行使，在公诉案件中如果由被害人个人实施诉权可能会出现力所不及的情况，反而不利于被害人诉权的保障。而且，如果公诉机关与被害人共同行使诉权，实际上构成的是两个诉权实施权，一方面可能会造成控方诉权内部的冲突，不利于控方诉权目的的实现，另一方面双重诉权实施权的存在可能造成诉的制度的混乱。故而在公诉案件中，一般都是由国家来全部承担将诉权付诸实施的功能，被害人不过是诉权的享有者，但是具体实施诉权的主体已经根据诉讼信托理论由法律规定强制转让给公诉机关，在此被害人诉权的享有者与具体实施者是分离的。虽然国家利益并不能完全代表公民个人利益，但国家利益应当至上并与公民个人利益有一定的重合，国家在一定程度上代表被害人行使诉权有合理之处，甚至

---

① 参见龙宗智：《被害人作为公诉案件诉讼当事人制度评析》，载《法学》2001 年第 4 期。

能够更好地保障被害人实体权益的实现。因此，国外一些国家虽然没有从立法上确立被害人的当事人地位，但是这些国家都赋予了被害人一些间接的并能够有效影响行使诉权的方式，如"准起诉"制度等。

诚然，我国刑事诉讼法第 82 条是在对 1979 年刑事诉讼法对被害人诉讼权利保障不力的反思之下制定的，从其立法目的来看是想重视国家本位、个人本位，兼顾国家利益与被害人利益，从而确立了公诉案件中被害人的当事人地位。应当说这种立法的出发点是好的，赋予被害人在公诉案件中当事人地位可能更有利于对被害人权利的保护。被害人一夜间似乎成了时代的宠儿，成了刑事诉讼中众人瞩目的新贵，但接下来的分析或许使我们对这一结论有所犹疑。当前赋予公诉案件被害人当事人地位的立法是否就意味着真正赋予了被害人完整的诉权呢？答案并不令人满意。以刑事诉权理论观之，当前立法对被害人当事人诉讼地位的确认，只有当事人地位之名，无当事人地位之实，只能算作准当事人，被害人所享有的诉权也不能真正与被告方诉权形成对抗，更不会对审判权构成制约，而是往往流于形式。立法所赋予的被害人的诉权十分不完备，如上诉权、主张权、举证权等这些属于诉权必备内容的权利并没有得到确认。而且整个立法体现的是以公诉权来吞噬被害人的诉权，被害人诉权的功能并未能得到较好的发挥。在一些公诉案件中往往都不列被害人的当事人席位，不邀请被害人出庭，这显然是对被害人诉权的剥夺。被害人的刑事诉权事实上已被剥夺，而仅仅只有作证的义务，沦为司法机关收集证据的来源，甚至于有时候连出庭的权利也被漠视。可见立法虽将公诉案件被害人列为诉讼当事人，但是这种当事人地位几乎是虚置的，被害人诉权也不能得到真正实现。通过以上分析，我们不难发现，被害人的当事人地位不仅没有真正对被害人命运的改善起到任何作用，也未能真正消除现有刑事诉讼构造的各种弊端，只能说是"口惠而实不至"的一种政治表态。笔者认为，与其为了保障被害人权益而牵强地赋予被害人公诉案件中当事人地位，又不能保障被害人诉权的真正实现，使被害人当事人地位与其诉权不相称，不如取消被害人当事人地位，从真正完善被害人程序权利出发，将被害人具体实施诉权的权能交由公诉机关统一承担，但同时赋予其间接影响诉权行使的一些诉讼权利，如程序的知悉权、参与权、异议权等，以这些权利来达到制约公诉权行使的目的。对于公诉权的行使而言，也应当适当考虑被害人的感受，在提起公诉时应当尽可能提出"被害人影响陈述"，使法官能知晓被害人对犯罪事实、损害结果及内心感受的描述，增加在裁判时对被害人诉权的关注。

三、刑事诉权与免予起诉

按理而言，免予起诉作为中国刑事诉讼法中已被废弃的制度，再从理论上进行探讨似乎已显过时，并不具有实际意义。但是时至今日，支持免予起诉制度的呼声仍不绝于耳，也需要用新的理论视角来解析与探讨。

免予起诉是指："对于被告人的行为已经构成犯罪，但是依照刑法规定不需要判处刑罚或者可以免除处罚的，在审查起诉阶段，就由人民检察院对其作出免予起诉的决定，不再将其送上法庭审判，从而使诉讼终结的一项制度。"① 该制度赋予了公诉机关一定的裁量权与处分权，看似与现行立法中的酌定不起诉类似，但是由于其与法院作出的有罪但免除刑罚的判决具有同等效力，在1996年刑事诉讼法修改时备受争议，虽然立法最终废除了免予起诉的规定，但直至今日仍有人对废除免予起诉制度进行理论上的抨击，为免予起诉制度辩护。这主要是由于免予起诉制度的争论囿于制度层面的利弊分析，而缺乏诉讼基本理论的支撑，难免会使论证不够深入彻底。原有的分析不能入木三分，没有能够洞悉免予起诉背后的理论支撑，也是使这种争论仍然存在的重要原因。

站在刑事诉权理论的基础上，以刑事诉权与刑事审判权的关系来审视免予起诉制度可能会在理论上使废除论更具说服力。免予起诉权虽然最后作出的是将被告人不提交司法裁判的决定，从其权力属性来说看似是一项起诉便宜主义之下的程序处分权。因为启动诉讼程序是刑事诉权的一项重要功能，因此即使是作出免予起诉的决定也是行使刑事诉权的一种表现。但是诉权只是一项裁判请求权，是一项程序性的权利，不具有作出实体裁判的功能。诉权行使的对象是审判权，实体裁判只能是审判权行使的范畴，虽然诉权可以通过终结程序来避免实体裁判的作出，但是它不能直接作出实体性的裁判。而免予起诉却是在作出不起诉决定的同时作出被告人有罪的实体裁判，这种做法打破了诉权与审判权之间平衡与制约的关系，是诉权对审判权领域的侵蚀。因而，免予起诉已经超越了刑事诉权的范畴，必须废除免予起诉制度，使刑事诉权程序权利的本质属性得到回归。

四、刑事诉权与协商性司法

刑事司法领域中的协商性司法指的是："诉讼主体通过对话与相互有效

---

① 崔敏：《为什么要废除免予起诉》，载《中国律师》1996年第7期。

磋商，达成互惠协议，以此来解决刑事争端的一种司法模式。"① 协商性司法模式在现实中表现为一系列的诉讼制度的集合，常见的有辩诉交易、附条件不起诉、缓起诉、刑事和解等。从协商性司法的特征来看，虽然均是只适用于个别的案件，但都是一种由刑事实体纠纷的双方当事人基于合意，共同探讨刑事实体纠纷的解决方案的问题，最终的解决方案往往能体现刑事实体纠纷当事人双方的共同意志。应当说，在当前的刑事司法改革中，协商性司法模式已经开始兴起，一些具体的制度在许多国家纷纷开始了探索或确立。

然而，学者们对于协商性司法或协商性司法的具体制度的阐释，往往仅从传统的刑事诉讼制度分析模式出发，只是一种在传统理论框架下的直接套用，整体上并不具有太大的新意。我们可以转换一下视角，试着从刑事诉权理论来分析协商性司法的合理性与正当性。协商性司法事实上体现了刑事诉权的处分性，在对案件的解决方案形成合意的过程中，刑事诉权主体几乎主宰了整个过程，体现了刑事诉权主体的自治性。在对刑事实体纠纷通过协商形成解决方案的过程中，此时，刑事诉权的处分性体现得相当充分，刑事诉权主体作为实体纠纷的利害关系人，对于自己的刑事诉权有着高度的主宰权，可以承认、放弃部分刑事诉权的内容和诉讼主张，最终达成刑事诉权主体双方均可接受的解决方案。具体到各种协商性司法的操作形式上，刑事诉权在其中均发挥了核心的作用，没有刑事诉权的行使，很难说这种协商会达成一致。也正是因刑事诉权带有一定的处分性，使审判权主体在一定程度上要受诉权主体处分权的制约，他不可利用其特殊地位去随意干涉诉权的处分权，并且还要在尊重诉权的基础上，结合刑事法律的特性作对这种诉权的处分权作出评价。

（一）刑事诉权与辩诉交易

辩诉交易是在英美法系国家较为推崇的一种协商性司法的具体形式。《布莱克法律辞典》对辩诉交易的定义为："辩诉交易是指在刑事被告人就较轻的罪名或者数项指控中的一项或几项作出有罪答辩，以换取检察官的某种让步，通常是获得较轻的判决或者撤销其他指控的情况下，检察官和被告人之间经过协商达成的协议。"② 英美法系国家的辩诉交易制度在运行时，虽然并未谈及诉权的行使，但其实这种交易无非是刑事诉权的一种体现。辩诉交

① 马明亮：《协商性司法———一种新程序主义理念》，法律出版社 2007 年版，第 26 页。

② 参见 Bryan A. Garner, Editor in Chief, Black's Law Dictionary (8th ed.), 2004 West, A Thomson Business 一书中对 "Plea Bargaining" 词条的解释。

易以被告人作出有罪答辩为前提条件，以此为基础，再由控方在指控上作出一定的妥协。这种做法实际上反映了控辩双方诉权的一种博弈，被告人基于利益的考量，为了回避不确定的判决所带来的风险而选择对自己来说风险更小、损失更小的案件解决方式，以实现自身利益的最大化而主动认罪，事实上是一种诉权的处分行为，被告人一旦作出这种处分便意味着其已经认可了控方的指控。在此情形下，控方基于被告人在追诉过程中的配合态度，也给予其一定的利益让渡，即通过在诉权的实体内容上作出一定的处分，这种处分主要是以承诺减轻指控以使被害人在量刑上获得一定优惠为主要表现形式。在辩诉交易的过程中，以辩方诉权的处分为先导和条件，控方诉权在此基础上再进行处分，以达到双方诉权利益在有限条件下的最大化。但是值得注意的是，辩诉交易是控辩双方在诉权行使上的一种处分，但是这种处分本质上仅仅是诉权性的，也就是说，这种处分并不一直能为法院的审判权所认可，不能直接成为裁判的结果，虽然在实践中法院一般也按交易内容进行裁判，但是诉权与审判权分属两种目标任务不同的权利与权力。需要提及的一点是，如果控辩双方所达成的协议是减少指控的诉讼标的，那么法院是否可以超越此范围裁判呢？按照诉权与诉讼标的的关系来看，当然审判权不得超越此范围作出裁判。而如果仅仅是控方依据双方交易结果提出的量刑减免的请求应属于刑事诉权的处分，虽然不能直接决定裁判结果，但法院应当从尊重诉权的角度给予充分考虑。当然，在辩诉交易的过程中，虽然控方可以进行诉权处分，但是这种处分主要是由代表国家行使行诉权的公诉方来进行的，而被害人在辩诉交易中的诉权往往未能受到尊重，也就是未能真正考虑被害人的利益，甚至于剥夺了被害人的诉权，因此辩诉交易以诉权理论的视角来看，有一定的缺陷，也正因为如此一直备受质疑。于是，在被害人运动兴起的时代背景下，协商性司法出现了一种新的样态，即刑事和解。

（二）刑事诉权与刑事和解

刑事和解打破了常规性刑事司法程序的封闭性，使其具有鲜明的开放性的特征，也贯穿了民主与自治的精神，张扬了当事双方的主体性。这无疑是对常规性司法模式的一种巨大的冲击与挑战，各国的实践中刑事和解已经成为一股不可逆的趋势。刑事和解主要是指在一些特定的案件中，被害人与加害人相互协商，恢复原有秩序的刑事纠纷解决方式。这些协商往往以赔偿、道歉等为结果，国家专门机关依据这种和解对于加害人的刑事责任进行减免。从刑事和解着眼于化解被害人与加害人之间的冲突或矛盾，对损害进行救济这一目标来看，其更为契合刑事诉讼本质为纠纷解机制之一的理论背景。其实对于刑事和解这种协商司法的具体表现形式而言，虽然是近些年才在中国的刑事司法语境兴起的一个热门词汇，许多学者也开始对此问题进行了深入的研究，也有许多地方开展了刑事和解制度的试点。但是不得不承认，刑事和解并非一种全新的协商性司法的模式，而是早已在中国刑事司法中存在的一项制度。以现有法律规范来看，我们目前已经对刑事自诉案件的刑事和解作出了原则性的规定，当下所欠缺的是对于公诉案件的刑事和解的许可性规定以及相应的程序规则。但是由于国家本位主义观念在我国刑事司法中根深蒂固的影响，公诉案件中，被害人与被告人往往成了程序的附庸，其诉权的行使受到公诉权的压制与排斥，欠缺相对的独立性，更谈不上由其自己选择来决定自己的命运，因此，十分有必要从诉权的角度来对我国的刑事和解制度的建构作一分析。

刑事和解与辩诉交易在本质上均是控辩双方刑事诉权处分权的具体表现形式，二者的最大差别恐怕还是在于对被害人诉权的考虑上，刑事和解基于辩诉交易制度对于被害人诉权漠视的弊端，充分考虑了被害人诉权在协商中的主体性地位。辩诉交易主要是在代表国家行使追诉权的公诉方与辩方之间的协商，而刑事和解则主要是在被害人与被告人之间的协商，以达成一种公法上的契约。从性质上而言，其实刑事和解与民事诉讼中的和解并无二致，二者均是在诉讼的场域中进行，并且以达成对案件实体上的处理结果为目标。在民事诉讼中，当事人之间通过协商达成合意，对案件的处理结果起着决定性的影响，这一点无疑是当事人对自身所享有诉权的一种自治性的处分。而刑事和解是否也可以借用诉权理论进行阐释呢？被害人作为遭受犯罪侵害的利益关系人，当然享有因此而产生的诉权，并且据此享有对诉权在法律限度内的处分权。而被告人作为犯罪行为的实施者与加害人，也是刑事纠纷的一方当事人，也享有诉权，两种诉权之间进行协商后进行处分，便达成了刑事和解的效果。由于刑事诉讼案件中，犯罪往往不仅直接侵犯了被害人，还侵犯了国家与社会的利益，因此，被害人诉权自身具有区别于民事诉权的特性，是一种不充分而受到限制的诉权。这种不充分主要体现在公诉案件中的被害人的诉权要受制于公诉权，而且公诉案件中真正起决定作用的往往是公诉权，被害人的诉权从我们的前面的分析来看，往往是被公诉权所包含和吸收的，不具备完全的独立性，因而，被害人对于诉权的处分是不充分的，因为这一诉权是与公诉机关所共同享有，被害人的诉权并不能对案件的最后走向起到决定性意义。当然也有必要区分自诉案件和公诉案件，在自诉案件中，由于自诉人作为诉权的主要享有者，能够在一定程度上决定自己的命运，其处分权相应而言是较为充分的，而公诉案件中，由公诉权占据着主导地位，所以公诉案件中，被害人的诉权是完全不充分的。在公诉案件中，即使是被害人基于各种考虑，不愿再行使自己的诉权也不能妨碍公诉机关代表国家和社会行使诉权，其根本的观念还是在于国家本位主义与国家利益至上观。需要强调的是，即使在刑事诉讼中，诉权主体能够充分地行使诉讼处分权，即使双方达成了刑事和解，但是这种和解的契约仍有待于审判权主体的认可，其背后的价值观念仍然是基于犯罪的社会危害性而产生的国家利益至上观。也正是这一点，决定了刑事和解与民间对于刑事案件"私了"的根本区别。"私了"也是一种诉权主体的处分，但是这种处分完全没有进入刑事化的轨道，纯属民间行为，也毫无程序规则可言。也正是为了防止出现诉权主体利用"私了"，不履行对犯罪追究的社会责任的情况发生，尽管在民间客观上存在"私了"，但从法律的角度来看，我国是禁止刑事案件中的"私了"行为。另外，"私了"丝毫不涉及国家权力对于犯罪的介入，其结果也不需要审判权主体的认可即可约束诉权的双方主体，但这种约束不具有强制性约束力。而对于刑事和解而言，诉权主体所享有的仅仅是按照程序规则对自身所享有的诉权作出处分，这种处分权的实现还需要由审判权决定。这是由于诉权先前的行使产生了诉讼系属，这种诉讼系属一旦产生就不能再由诉权主体单方面来决定诉讼的结果，而必须经由诉讼系属另一端的审判权来决定。因此，对于刑事和解诉权主体双方所达成的最后契约也必须经过审判权主体的确认，要经由审判权主体审核后，方可对双方具有约束力。也就是说，在刑事和解中的处分权很明显不是完全自由的，诉权主体的处分权的行使并非是恣意的，要受到一系列程序规则的限制。

但是对于我国目前的刑事和解而言，更为重要的是制度上欠缺相应的规范，甚至是对于公诉案件中的刑事和解缺乏许可性的规定，长期以来一直持一种否定性的态度。这种观念与态度在当下社会发展的趋势中显得滞后，刑事和解制度也亟待完善。具体分析起来，客观上我国的刑事和解制度存在两种不同的方向：一个方向是我国的刑事和解制度构建具有历史与现实的基础，有存在的空间与发展的潜力；另一个方向则是我国的刑事和解制度在具体的建构上也有许多观念和体制性的障碍，制约着刑事和解的进一步发展。

首先，刑事和解制度的完善在中国具有浓厚的传统与现代基础，这都是与刑事和解相契合的重要因素。首先，中国法律文化较为典型的就是体现"以和为贵"精神的"息讼"传统，主要通过教化来使民无争，追求人与人及人与社会的和谐。梁治平曾就此指出，"古代中国人把'和谐'奉为社会中绝对的目标，把法律看成是实现这一道德目标的手段；其法律因此只具有否定的价值，争讼乃是绝对的坏事"。① 虽然在一些朝代法律明文禁止"私了"，但是在实践中民间屡禁不止，可以说是形成了一种默认民间法与和解秩序，甚至于一些拥有裁决权的审员也允许进行私了。这种长期的刑事和解实践史提供了相当丰富的历史经验。其次，中国虽然没有法律至上的传统，然而传统法文化是以争取同意为特征的，最明显的表现为审判制度以说服为中心范畴的事实。这样一来中国与现代西方在法律上的嫁接作业于此处最易进行。② 这种通过交涉来追求合意的传统，并不仅仅表现在审判程序中，在调解制度中更是体现得深刻，通过"情理兼容"的调解方式以求得当事双方满意的解决结果当为达成和解的必备前提。再次，费孝通先生曾考察过中国基层社会，他认为中国社会是"乡土性社会"，是"没有陌生人的社会"。③当前虽然中国社会经历了转型，随着人口流动的增大，人们对土地的依附性不再如以往那样强，但是仍然在一定程度上存在安土重乡、落叶归根的观念。而在这种经济发展促成的人口流动中，又形成了一种新的小社群，如单位、社区、同乡等，在这样的小社群中人们彼此了解，在日常的生活中朝夕相处与以往那种乡土社会的本质区别不大。因为从社会整体上说，陌生人社会正开始形成，但是对于小范围的社群来说仍保持了"熟人社会"的特征。对于在这样的小社群血缘性、亲缘性、地缘性的刑事案件解决起来相对容易，通过刑事和解来实现和睦无争，恢复社群关系的可能性极大。最后，近几年，党在执政理念有了很大的转变，坚持"以人为本"的理念，提出要"按民主法治、公平正义、诚信友爱、充满活力、安定有序、人与自然和谐相处的要求，加快推进和谐社会建设"。这些都正好与刑事和解的要求和追求恢复社会和谐秩序的目标不谋而合，提供了国家政策的支持。

　　与此相矛盾的另一个面向则是，中国语境中经验主义式的刑事和解正处于一种比较尴尬的境地，虽然在实然层面上我国还较广泛地存在这样一种刑事纠纷的解决机制，但是在应然层面上除了对一些少量自诉案件的和解予以承认外，其他案件的和解还属于立法禁止的范畴；虽然从传统到现代，我国都存在孕育刑事和解的文化土壤，但是刑事和解基本上千百年来如一日，基本处于停滞不前的状态，是否完全适应了社会发展的需要受到严重质疑；虽

---

　　① 梁治平：《寻求自然秩序中的和谐和》，中国政法大学出版社 2002 年版，第 217 页。

　　② 季卫东：《宪政新论——全球化时代的法与社会变迁》，北京大学出版社 2005 年版，第 63页。

　　③ 费孝通：《乡土中国生育制度》，北京大学出版社 1998 年版，第 6～11 页。

然中国语境中的刑事和解在一定程度上能达到恢复被犯罪损害的社会关系的目的，但是整体上权利的救济性体现不足，价值取向过于单一；虽然西方国家刑事和解制度备受推崇和青睐，然而在具有刑事和解传统的中国却遭到怀疑和冷落。这样一种尴尬的现实，促使我们不得不对当前中国刑事和解制度完善进行思考，然后在考察中国当前的刑事司法制度之后，我们发现正是一种文化和制度性的障碍阻挡了刑事和解发展的进路。

第一，中国刑事和解存在一定的传统文化障碍。虽然中国传统文化中蕴涵了许多刑事和解的有利因素，但是同时也正是这种文化传统使其同时具有对刑事和解的自缚效应。中国传统文化中家国观念相当浓厚，强调国家本位，个人相对于国家势微力单，在刑事司法活动中，国家具有话语霸权，个人则几乎不具有为自己争取权利的话语权。梁漱溟先生就曾洞察到："中国文化最大之偏失，就在个人不被发现这一点上。个人简直没有站在自己立场说话机会，多少感情要求被压抑，被抹杀。"① 个人往往是被纲常礼教所约束，而在传统的民间调解中，大都也只是遵循礼教规则，而非尊重纠纷双方当事人的权利，以恢复社会和谐秩序为终极目的，而不在意双方的自主性。

第二，诉权主体的处分权空间备受压抑。刑事和解机制要求犯罪分子与被害人能有协商和对话，相应的诉权主体作为纠纷的主体能对自己的权益作出权衡和判断，自主决定放弃、抵消一部分权利，或以权利来换取更大的利益。这就要求诉权主体有较大的处分自己权益的空间。而现行的刑事司法制度却不允许如此，这一点在公诉制度中体现得尤其明显。公诉制度中刑事纠纷已成为专业法律从业者所垄断的领域，当事人只能把自己的纠纷及其处分权委托给律师、检察官和法官，自己则被排斥在复杂的诉讼程序之外。而这种刑事纠纷也就变成了国家利益与私人利益的处理，丧失了私人纠纷的特征，就更谈不上对案件的实体进行处分。当然，当事人尤其是被告人有一定的程序处分权，但是，这种权利在我国的司法体制中基本难以达到改变实体处理的效果。而被害人在现行诉讼制度中虽然可以作为当事人出庭，但是诉讼中不具有独立的诉讼地位，其意见在庭审中往往得不到尊重，甚至在更多的情况下毫无表达的机会，更谈不上其诉权的处分权。

第三，司法裁量权受限较多。运用刑事和解机制来解决刑事纠纷，可能产生要求追诉机关放弃追诉或者在定罪量刑时对和解协议予以认定并对被告人从轻处罚的结果。这样的机制就要从事刑事追诉和审判的机关报有较大的

---

① 梁漱溟：《中国文化要义》，上海世纪出版集团 2005 年版，第 221 页。

裁量权。然后我国的刑事实体上和程序上均对这种裁量权予以了过多的限制。中国有着有罪必罚的重刑传统，而在刑事实体上又有严格的罪刑法定，这都使从实体上入手，让司法机关放弃追诉或按和解协议判案处于一种困境之中。又加之检察监督职能和错案追究制的客观存在，使在诉讼程序中的裁量权进一步压缩。

第四，实事求是思想的指导使刑事和解无法进行。刑事和解并不要求对案件事实有非常清晰的认识，只要双方在平等协商的基础上自主达成和解协议，可能就会放弃对部分案件事实的认知。而在实事求是思想指导下的"以发现案件真相"为根本特征的现行刑事诉讼制度以及相应的"事实清楚，证据确实充分"的严格证据标准，使刑事和解协议难以得到司法机关的认可。

此外，诸如此类的障碍还有证据开示的透明度和范围十分有限，控辩双方彼此了解不足，对判决的估计和判断也难以作出，这也降低了达成刑事和解的可能性。

"法治现代化并不必然是一条线性的和单一的路线，使社会全面'法化'和以国家司法权统辖纠纷解决未必是法治现代化的唯一方向。"[1] "在中国的现实条件没有根本性改变的状况下，建立一个法律至上，以法官为中心的正义体系的试图很难如愿以偿。"[2] 这些看法都是在中国法制现代化进程中过分追求法制和程序的正统性，而对现行政策反思的基础之上产生的。而犯罪类型的多元化趋势日益明显，而同一类型犯罪具体情况又具有多样性，这样不同的矛盾纠纷以不同的方式，在不同的程序层面上予以解决的需求就得以产生。这也是社会价值取向多元化趋势的要求。在树立这样一种观念之后，我们就不能为中国语境中的刑事和解的未来走向设定一种框架。

第一，面临的问题是要打破刑事和解长期非制度化的历史传统，进行制度化改造，将刑事和解摆上台面来，这样才能使刑事和解在社会上确立正当地位。第二，是要对阻碍刑事和解的制度障碍予以排除，如扩大司法裁量权，放宽当事人的处分权，建立完善的证据开示制度等。第三，要扩大刑事和解的适用案件范围，不仅仅是适用于当前的一些自诉案件、轻微刑事案件，而且对于未成年人犯罪、初犯、偶犯等也可适用，甚至是对于一些有被害人犯罪的严重案件也可以适度运用。第四，是要建立多层次、多阶段的刑事和解

① 范愉：《非诉讼纠纷解决机制研究》，中国人民大学出版社 2000 年版，第 330 页。
② 季卫东：《宪政新论——全球化时代的法与社会变迁》，北京大学出版社 2005 年版，第 59 页。

及其配套机制。在案件发生后，诉讼过程中都可以进行和解，和解可以由司法所、人民调解委员会、司法机关、社区等多种主体主持。第五，还应当建立相应的和解协议的执行机制和权利救济机制，完善社区矫正制度，等等。对于刑事和解的制度架构方案，可探讨的内容还很多，本书也不准备进行重点阐述，但是总体上的指导思想应当是立足于中国的国情，借鉴世界的经验，结合传统和实践经验来完善刑事和解制度。

（三）协商性司法模式中诉权与裁判权的关系

既然我们将刑事诉权理论的导入的其中一个理论前提设定为犯罪本质上是一种社会中的法律纠纷，刑事诉讼是一种刑事法领域中的纠纷解决机制，那么，在作为纠纷双方当事人的诉权主体来看，纠纷解决的标准应当是结果满足了自身的预期需求。正因为如此，诉权主体在诉讼过程中应当可以自主地根据自身利益的需要，处分自己的权利，而且这种处分权是诉权主体所应当享有的一项基本权利。然而要使诉权主体的双方均获得让其各自满意的结果何其之难，因为毕竟作为纠纷中相对立的两方当事人而言，二者的利益取向不具有一致性，而是往往相互冲突的，如果将纠纷的解决权完全交由诉权主体去决定，那么纠纷可能永远得不到解决。此时，便需要作为中立第三方的审判权主体的介入，对于诉权主体之间的各自利益不一致的问题进行协调和统一。这一点表明了在协商性司法模式中，虽然诉权主体具有较强的自主性，但仍然需要裁判权主体的介入以平衡和协调双方的利益诉求，并且作出最终的决定。

另外，虽然纠纷的解决对于诉权主体双方而言，最好的结果是双方的诉求均能得到满足，仿佛纠纷的解决是诉权主体双方的私事，不涉及公共利益。但恰恰纠纷的解决机制对于整个社会而言具有一定的示范效应，纠纷如何解决以及解决的结果如何对社会其他成员的行为具有一定的导向作用。同时，纠纷的解决是否彻底貌似微观，但客观上却关系到原来被破坏的社会秩序是否得到修复，因而也具有较为明显的社会性。尤其是对于犯罪而言，其作为一种具有特殊性质的法律纠纷，已经不仅仅是被害人与被告人私人之间的矛盾，而在更多时候成了被告人与国家、社会之间的纠纷，需要由国家和社会授权的审判权主体予以评价，被害人与被告人双方之间的协商在某种程度上已经不能再完全决定案件的处置结果。修复已被犯罪所破坏的社会秩序与法律的权威成了诉讼程序的核心内容，被害人与被告人实现其个人的满意程度的利益诉求，已经不再是诉讼程序主要任务。裁判权也基于其代表的是公共利益，因而必须对协商性司法中主体的处分权的行使进行一定的限制，以防止出现违背法治的精神恣意处分的情况发生。而且这里产生了一对矛盾，如何协调国家、社会利益与被害人、被告人的个人诉求是摆在裁判者面前非常棘手的问题。此时，协商性司法模式的优越性便体现出来，一来诉权主体之间在法律的限度内可以行使一定的处分权，以实现其个人诉求，二来案件的最终决定权仍然由审判权主体所掌握，法官所需要做的便是在尊重诉权主体诉求的基础上，在法律的框架内发挥其自由裁量权对案件作出相应的裁判。可以看出，在这一问题上，协商性司法也并未弱化裁判权在诉讼程序中的地位，反而是赋予了裁判权更大的自由裁量的空间。

　　归结起来，在协商性司法模式中，诉权与裁判权的关系无非是：诉权的处分必须最终经由裁判权确认，裁判权在一定程度上限制了诉权的恣意处分，并在此基础上实现了国家、社会与个人、被害人与被告人之间的共赢。

五、刑事诉权与量刑建议权

　　量刑在中国被视作法官所专享的职责与权力，被害人与被告人无法参与其中，甚至于公诉机关仅仅以追究被告人刑事责任为目标，而对于具体的量刑及刑罚问题并不过多关注。长期以来量刑程序的封闭化也经常引发诉权主体仅就量刑不服而提出上诉和申诉的情形。因此，近几年量刑程序的改革问题在中国的刑事司法理论研究中一直是一个热门词汇。如何避免量刑程序过于封闭，使诉权的主体真正参与到量刑程序中，在法官对刑罚的裁判时，发挥诉权的影响作用，也一直是量刑程序改革关注的焦点。诉权主体在量刑程序中对于量刑的影响其实主要还是通过量刑建议权的形式来发表。

　　现有的理论通说认为，量刑建议权是指公诉机关根据被告人的犯罪事实、犯罪情节、性质和社会危害程度代表人民检察院建议法院对被告人处以某一特定的刑罚、刑期、罚金以及是否应缓期执行等方面提出具体意见的权力。有的著作认为量刑请求权等于求刑权，这种看法缩小了求刑权的范围，求刑权应当包含定罪请求权与量刑请求权两个部分的内容。因此量刑建议权只是求刑权的部分内容。另外，既有的理论将量刑建议权视作公诉机关所专享的权力，没有论及被害人以及被告人自身对于量刑的影响，缩小了量刑建议权的主体范围。其实，不仅仅是公诉机关在提起诉讼时有权发表量刑建议，而且作为诉权一极的被害人，也应当有权根据自己对于犯罪的感受发表相关的量刑建议。而被告人作为最后刑罚的承受者，在面临涉及自己重大利害关系的事件中，当然也应有权发表自己的意见。当然作为被告人来说，在行使其辩护权的同时，往往一并行使了量刑建议权。但我们在理论上不能否认被告人同样享有量刑建议权。

目前，对量刑建议论证的理论一般认为量刑建议权是为实现审判监督权，制约检察机关的抗诉权和为了增强诉讼中的对抗，提高诉讼效率，等等。前期一些检察院已经对量刑建议权进行了试点，2010 年 10 月由最高人民法院、最高人民检察院、公安部、国家安全部、司法部联合颁布的《关于规范量刑程序若干问题的意见（试行）》第 3 条已经明确规定，人民检察院对于公诉案件在提起公诉时可以提出量刑建议。检察机关的量刑建议权也逐步从试点走向了全面推广阶段。学者们在前一段时间在对量刑程序改革的研讨中，却似乎更加关注设计一种适合中国国情的定罪与量刑程序，对于量刑建议权的探讨并未给予足够的关注，尤其是对公诉机关量刑建议权的理论研究现状看还未能为量刑建议权找到合理的理论基础。那么从刑事诉权理论的角度有否求解呢？

求刑权即刑罚请求权是控方所享有刑事诉权中的带有实体意义的那部分。而诉权的行使带有一定的自主性，如何行使诉权及诉权的内容是什么都可以由诉权主体裁量决定，一般不得为诉权的行使限定条件。由于求刑权包含着定罪请求权和量刑请求权两部分内容，刑事诉权的享有主体完全可以选择是仅行使定罪请求权还是二者一起行使。如果行使量刑建议权更能保障刑事诉权顺利而完整地实现，当然可以选择行使量刑建议权。量刑建议权仅仅是作为一种请求权而存在，但是一旦选择行使量刑建议权，则按照诉权与审判权关系的原理，量刑建议权对审判权行使范围起到一定的限定作用，诉权内容越具体，可以使审判权的对象更为明确，但至于审判权是否对量刑建议予以采纳则是审判权自身的权力，不会受到刑事诉权的绝对影响。

值得注意的是，量刑建议权的行使使公诉机关的公诉更加具体，更加具有针对性，但是却也使得被公诉机关自身要受到自己所提出的量刑建议的限制。这种限制更多地是体现在，公诉机关需要依据自己所提出的量刑建议提供相应的依据，因为诉权的行使必须具备一定的条件，公诉机关为了使自己所提出的量刑建议能够实质性地影响审判权，需要夯实自己建议的基础。围绕着量刑建议，公诉机关需要提供相应的量刑时所需要依据的证据材料，如被告人平时一贯表现、未成年人社会调查报告等，客观上加重了公诉机关举证的负担，对于检察官的素质是一个考察。但是总体来说，量刑建议权的提出使公诉机关的诉权行使更加充分，不再是以往那种仅追求对被告人定罪的单一性诉权为核心内容，而是在诉权内容中定罪与量刑两个层次的内容一起主张，诉权的内容更加充实。量刑建议权的提出限制了法官的恣意裁判行为，进一步限定了法官量刑的空间，起到了约束审判权的作用，量刑建议权作为诉权中的重要内容，一经行使审判权也将围绕其内容来展开，也促使了在法官在审判时将量刑作为一个独立的主张来看待，促进了定罪与量刑程序的分离。同时，由于审判权必须对诉权进行回应，即使最终法官不认定公诉机关的量刑建议权，也必须要对其原因进行说明，客观上增加了判决，尤其是判决中量刑部分的说理性，使判决更具说服力和公信力。

六、刑事诉权与一事不再理

一事不再理原则是大陆法系国家传统上约束裁判权的一项重要诉讼原则，其内涵的核心是要求法院对于任何已经生效裁判加以处理的案件，不得再行审判；对于所有已被生效法律裁判确定为有罪或无罪的被告人，法院不得再予审判或科刑。从诉权理论的角度对一事不再理原则重新审视主要是从一事不再理的历史渊源进行的，通过一事不再理与诉权的关系的阐释能够更好地明确其内涵。

古罗马的审理分为法律审理（in jure）和事实审理（in judicia）两个阶段。判决是事实审理的终点，"证讼"（litis contestatio）是法律审理的终点。"证讼"是指法律审理完毕后，当事人请求参加旁听者作证的要式行为，其目的是证明在事实审理时案件确已经过法律审理以及双方争执的所在和所选定的承审员，其效力在于确定诉讼的成立。根据罗马法的规定，在法律审理阶段，证讼不仅证明诉讼成立，案件系属于法院；同时经过证讼，原告的诉权即被消耗，在诉讼终了后即不能就同一案件对该被告再行起诉，发生"一案不二讼"（bis de eadem re ne sit actio）的效力。但是由于"证讼"并不消灭权利，虽可禁止原告的重复起诉，但仍不能使已判决的案件不再重开讼争。后来法学家又在"一案不二讼"的基础上发展出了"一事不再理"或"既决案件"，即对已经正式判决的案件，不得申请再审。① 可见，正是基于古罗马诉权消耗原理的基础上才发展出了今天诉讼法上的一事不再理原则。

七、刑事诉权与程序选择权

程序选择权是赋予当事人一定范围内对程序利益取舍的权利，以决定其自身利益相关的事项。在刑事诉讼中，作为刑事诉权行使的一种具体表现的程序选择权，由刑事诉权来主动选择适用普通程序还是简易程序，以决定在

---

① 参见周枏：《罗马法原论》（下册），商务印书馆 1994 年版，第 902 页。

审判程序中刑事诉权的行使方向。也正是通过刑事诉权主体对于程序的选择权，使刑事诉权主体能够更有效地参与到程序中，对与自身利益紧密相关的实体利益和程序利益作出最有利于自己的处分。

随着立法者及司法者对刑事诉讼价值多元化趋向认识的逐步深入，在刑事诉讼制度的选择上也开始出现多元化的趋势，目前在中国的刑事一审程序中不仅有传统意义上的普通程序、简易程序，还有一种是"被告人认罪案件的普通程序简易审"程序。在 2002 年 3 月由最高人民法院、最高人民检察院、司法部通过《关于适用普通程序审理"被告人认罪案件"的若干意见（试行）》和《关于适用简易程序审理公诉案件的若干意见》，这两个司法解释的出台，意在追求刑事诉讼的效率价值，扩大简易程序的适用率，以节省日益紧缺的司法资源。从这一点而言，我们看到了制度设计者在平衡程序公正与诉讼效率两大价值上的努力。但这两个司法解释除去一些技术环节上的问题外，其在制度根基上也存在一些需要探讨的问题，其中最为重要的便是在当事人诉权的保障问题上，尤其是对当事人的程序选择权的尊重上有所缺位。

首先，在《关于适用普通程序审理"被告人认罪案件"的若干意见（试行）》中明确了，人民检察院认为符合适用被告人认罪案件程序审理的案件，可以向人民法院提出建议，而如果对于人民检察院没有建议适用本意见审理的公诉案件，人民法院经审查认为可以适用的，应当征求人民检察院、被告人及辩护人的意见。同时，在《关于适用简易程序审理公诉案件的若干意见》中也明确，人民检察院建议适用简易程序的，人民法院在征得被告人、辩护人同意后决定适用简易程序；对于人民检察院没有建议适用简易程序的公诉案件，人民法院经审查认为可以适用简易程序审理的，应当征求人民检察院与被告人、辩护人的意见。从表面上看来，该意见在适用简易程序前应当征求控辩双方的意见，相较于之前的刑事诉讼法在适用简易程序时的相关规定有了相当大的进步。但这一进步也仅仅止步于征求意见，并未赋予被告人自行主动进行程序选择的权利。被告人作为与案件裁判结果有着最直接利害关系的当事人与诉权主体，却对自己将接受何种程序的审判没有任何自主的选择权，只能被动地接受已经由审判机关与公诉机关协商安排好的程序。此外，在发生了不适宜继续适用简易程序的情形时，仅由审判权单方面即可决定程序的变更为普通程序，不再需要征求控辩双方诉权主体的意见。从以上两方面看来，目前我国在刑事诉讼中程序选择权的处理上，还是主要由审判权主导，诉权尤其是被害人和被告人发挥的空间并不大。

其次，在刑事审判程序中，除了一审程序外，在二审程序中诉权主体的程序选择权也受到一定的限制。在二审程序中对于审判方式的选择，也几乎完全是由法官说了算。在二审中，只有针对公诉机关提起抗诉的案件，或者被告方对死刑案件上诉所引起的二审案件才必须采用开庭的方式进行审理，对于其他情形，则要由审判机关根据具体情形决定是否采用开庭的形式。由此可见，在诉权的程序选择权上，审判权对待诉权采取的是一种不公平的态度，人为造成了诉权的不平等。另外，其实诉权主体在二审程序中的程序选择权几乎均被剥夺，没有适用的空间，审理程序完全由审判机关自己说了算。

由此可见，作为我国目前诉权重要内容的程序选择权的保障虽近年有一些改观，但仍然存在漠视程序选择权的思维定势。下一步的改革应当从保障诉权和充分尊重程序选择权的角度，赋予诉权主体一定的程序适应上的自主选择与决定权。

八、刑事诉权与涉诉上访

"司法是社会正义的最后一道防线"，这句谚语在中国现阶段法学研究与实践中不断地得到提及。而司法作为最后一道防线的功能发挥的渠道便是诉讼。诉讼正在这一意义上成了公民权利实现与保障的最终与最重要的手段。究其原因是社会制度进行选择与优胜劣汰的必然结果。作为诉讼制度而言，具有与其他救济方式不可比拟的优势。然而在社会的纠纷解决机制中，还有一些其他机制与诉讼并行，也使诉权主体在面临这些机制时可以充分自由地进行选择。在这些机制中，有一种权利的政治表达机制，即上访。这一机制实质上是一种行政救济方式，由信访主管部门对公民的诉求进行回应，并主要进行相应救济。上访的范畴相对较为宽泛，只要涉及公民权利保障几乎都可通过上访表达，于是，上访被一些公众视为保障权利的万能良药，只要不满即直接选择上访，而不再考虑其他渠道。在诉讼活动中的上访，往往被称为涉诉上访，主要是指诉讼案件的相关当事人由于对裁判不服，而以上访的方式向上级审判机关、信访、人大、党委等反映问题，要求保障自己权益的活动。一般来说，在民事诉讼和行政诉讼中涉诉上访更多，但其实在刑事诉讼中也不乏上访群众的身影。从定义可以看出，涉诉上访针对的对象是裁判，由于当事人对未生效的裁判可以上诉的形式行使诉权救济自己的权利，因此这里的裁判主要指的是生效裁判。当然被害人属特例，由于制度上没有赋予公诉案件中被害人独立的上诉权，其对未生效的裁判只能请求检察机关抗诉，因而，现实中被害人往往成为涉诉上访的主力军。此外，在裁判生效后，被告人或者其近亲属也往往成了上访大军中的一员。

涉诉上访作为诸多信访类型中的一种，看似普通，实质上却令人叹为观止，构成了中国刑事司法中的一道独特的风景。在这种上访中，法院往往成为被上访的对象，凸显的是中国司法权威及法院公信力的危机，更深层次来看实际上昭示着司法的政治化倾向。涉诉上访本身不仅意在表达民意，更重要的是，它成了刑事诉权享有者争取利益的重要政治手段。但这种民意表达的方式与诉权的表达渠道与方式有着显著的区别，最重要的区别在于，涉诉上访更为随意，虽然有《国务院信访条例》之类的规范，但这些规范现实中完全没有起到约束上访的作用。而诉权由于在诉讼的空间中行使，有严格的程序规则对诉权的行使予以约束。而且，涉诉上访与诉权的行使不同的是，诉权是可以被消耗的，而涉诉上访则可以永无限度，反反复复地进行。长此以往，涉诉上访所涉及的法律关系始终处于一种不稳定的状态，令法律尊严扫地，伤害的只能是中国法治的将来。因而，对于整个国家的司法体制而言，无疑涉诉上访蕴涵着较大的风险。这种风险主要在于，可能使"本来理直气壮的法律主体，结果很可能在一定条件下变为无理取闹的上访者，面临社会稳定的逻辑以及长期打官司的成本等的巨大压力。"①

诉权的行使与上访之间的紧张与困境，之所以如此尖锐而几成无法拔足的泥沼，原因众多并且复杂，但是其根源还是在于诉权的行使渠道不畅，我们对于诉权行使设置的障碍过多，对诉权保障的制度缺失，导致被害人与被告人的诉权无处表达或者经过表达却未能得到合理的尊重，而将希望寄托于长官的命令或行政干涉来实现权利。但如果诉权主体诉权行使不畅，通过涉诉信访，又遇到互相推诿的情况，那么恐怕公民的权利真的要成为虚无缥缈的东西。如此一来，公民的权利找不到公力救济的渠道，无非会出现两种结局：一种是公民对此无奈，只能就此作罢，但对法治与社会公共管理体制已完全失去信任；另一种则是最可怕的，公民采用"以牙还牙，以眼还眼"式的私力报复形式来救济自己的权利，乃至于由此产生报复社会的思想，导致纠纷的解决机制失灵，社会矛盾进一步激化。无论这两种结局的哪一种，对于现实版的中国社会而言，都是不能承受之重。

刑事诉权与涉诉上访关系的处理不啻为一个怪圈，诉权行使的渠道不畅通，纠纷当事人只得寻求通过上访解决，而通过上访来解决又会弱化法律在社会治理中的地位。反过来，法律的虚无化又使刑事诉权的行使更加障碍重

---

① 季卫东：《法律的转轨》，浙江大学出版社 2009 年版，第 114 页。

重。周而复始，法律的虚无化越发严重。我们要想要打破这个怪圈，走出恶性循环，必须对刑事诉权与涉诉上访的关系进行重新梳理，为刑事诉权的行使创造畅通的渠道，更加便利的条件，将涉诉上访的当事人重新拉回到法治的领域中，通过诉权的行使来寻求其权利的保障。

当然，刑事诉权理论的功用并不仅仅限于说明这些个别问题，对于刑事诉讼中其他一些长期争执，一直也未能在理论上获得重大突破的问题用刑事诉权理论来分析都可能得到意外的效果。以上所列举的八个问题只是为了说明从刑事诉权理论的角度对一些问题的重新审视可以在一定程度上避免学术视野狭窄，观点表述上陈旧僵化等刑事诉讼法学研究中所存在的一些问题，为一些长期以来刑事诉讼法学理论都未能作出令人信服的回答的问题探求新的分析路径。

参考文献

中文论著：

1. 蔡枢衡：《刑事诉讼法教程》，河北第一监狱印刷 1947 年版。

2. 柴发邦主编：《体制改革与完善诉讼制度》，中国人民公安大学出版 1991 年版。

3. 常怡主编：《比较民事诉讼法》，中国政法大学出版社 2002 年版。

4. 陈朝璧：《罗马法原理》，法律出版社 2006 年版。

5. 陈光中、江伟主编：《诉讼法论丛》（第一卷），法律出版社 1998 年版。

6. 陈光中、江伟主编：《诉讼法论丛》（第五卷），法律出版社 2000 年版。

7. 陈光中、江伟主编：《诉讼法论丛》（第六卷），法律出版社 2001 年版。

8. 陈光中主编：《中国司法制度的基础理论专题研究》，北京大学出版社 2005 年版。

9. 陈弘毅：《法治、启蒙与现代法的精神》，中国政法大学出版社 1998 年版。

10. 陈瑾昆：《刑事诉讼法通义》，法律出版社 2007 年版。

11. 陈瑞华：《刑事审判原理论》，北京大学出版社 1997 年版。

12. 陈瑞华：《刑事诉讼的前沿问题》，中国人民大学出版社 2000 年版。

13. 陈瑞华：《问题与主义之间——刑事诉讼基本问题研究》，中国人民大学出版社 2003 年版。

14. 陈瑞华：《程序性制裁理论》，中国法制出版社 2005 年版。

15. 陈卫东：《程序正义之路》，法律出版社 2005 年版。

16. 陈卫东主编：《模范刑事诉讼法典》，中国人民大学出版社 2005 年版。

17. 陈兴良：《本体刑法学》，商务印书馆 2001 年版。

18. 陈兴良：《刑法哲学》，中国政法大学出版社 2004 年版。

19. 陈允、康焕栋：《民事诉讼法论》，上海法学编译社 1933 年版。

20. 程燎原、王人博：《赢得神圣——权利及其救济通论》，山东人民出版社 1998 年版。

21. 程荣斌主编：《刑事诉讼法》，中国人民大学出版社 2002 年版。

22. 程荣斌主编：《外国刑事诉讼法教程》，中国人民大学出版社 2005 年版。

23. 崔敏：《呼唤法制文明——为健全诉讼法制呐喊》，警官教育出版社 1999 年版。

24. 崔敏：《刑事诉讼法学的学科前沿问题》，中国人民公安大学出版社 2002 年版。

25. 崔敏：《求真集——我的治学之路》，中国人民公安大学出版社 2006 年版。

26. 樊崇义主编：《诉讼原理》，法律出版社 2003 年版。

27. 顾培东：《社会冲突与诉讼机制——诉讼程序的法哲学研究》，四川人民出版社 1991 年版。

28. 顾培东：《法学与经济学的探索》，中国人民公安大学出版社 1994 年版。

29. 过守一：《民事诉讼法精义》，大陆法律事务所发行 1933 年版。

30. 郝银钟：《刑事公诉权原理》，人民法院出版社 2004 年版。

31. 何兵：《现代社会的纠纷解决》，法律出版社 2003 年版。

32. 贺海仁：《谁是纠纷的最终裁判者——权利救济原理导论》，社会科学文献出版社 2007 年版。

33. 黄东熊：《刑事诉讼法论》，三民书局 1985 年版。

34. 黄娟：《当事人民事诉讼权利研究——兼谈中国民事诉讼现代化之路径》，北京大学出版社 2009 年版。

35. 季卫东：《法治秩序的建构》，中国政法大学出版社 1999 年版。

36. 季卫东：《宪政新论——全球化时代的法与社会变迁》（第二版），北京大学出版社 2005 年版。

37. 季卫东：《法制的转轨》，浙江大学出版社 2009 年版。

38. 江伟主编：《民事诉讼法学原理》，中国人民大学出版社 1999 年版。

39. 江伟、邵明、陈刚：《民事诉权研究》，法律出版社 2002 年版。

40. 江伟主编:《民事诉讼法专论》,中国人民大学出版社 2005 年版。

41. 李心鉴:《刑事诉讼构造论》,中国政法大学出版社 1992 年版。

42. 梁治平:《在边缘处思考》,法律出版社 2003 年版。

43. 梁治平:《法治十年观察》,上海人民出版社 2009 年版。

44. 林俊益:《程序正义与诉讼经济》,台湾元照出版公司 1990 年版。

45. 林榕年:《外国法制史》,中国人民大学出版社 1999 年版。

46. 林钰雄:《检察官论》,台湾学林文化事业有限公司出版社 1999 年版。

47. 林钰雄:《刑事诉讼法》,中国人民大学出版社 2005 年版。

48. 刘敏:《裁判请求权——民事诉讼的宪法理念》,中国人民大学出版社 2003 年版。

49. 刘荣军:《程序保障的理论视角》,法律出版社 1999 年版。

50. 龙宗智:《相对合理主义》,中国政法大学出版社 1999 年版。

51. 龙宗智:《刑事庭审制度研究》,中国政法大学出版社 2001 年版。

52. 龙宗智:《理论反对实践》,法律出版社 2003 年版。

53. 马明亮:《协商性司法——一种新程序主义理念》,法律出版社 2007 年版。

54. 彭勃:《日本刑事诉讼法通论》,中国政法大学出版社 2002 年版。

55. 渠敬东:《缺席与断裂:有关失范的社会学研究》,上海人民出版社 1999 年版。

56. 桑本谦:《私人之间的监控与惩罚——一个经济学的进路》,山东人民出版社 2005 年版。

57. 邵锋:《中国民事诉讼法论》,北平朝阳学院 1935 年版。

58. 施霖:《中国民事诉讼法论》,世界法政学社出版 1933 年版。

59. 宋冰主编:《程序、正义与现代化》,中国政法大学出版社 1998 年版。

60. 宋世杰:《中国刑事诉讼发展与现代化》,湖南人民出版社 2002 年版。

61. 宋英辉、孙长永、刘新魁等:《外国刑事诉讼法》,法律出版社 2006 年版。

62. 宋英辉、吴宏耀:《刑事审判前程序研究》,中国政法大学出版社 2002 年版。

63. 宋英辉主编:《刑事诉讼原理》,法律出版社 2003 年版。

64．苏力：《送法下乡——中国基层司法制度研究》，中国政法大学出版社 2000 年版。

65．苏力：《法治及其本土资源》（修订版），中国政法大学出版社 2004 年版。

66．苏力：《制度是如何形成的》，北京大学出版社 2007 年版。

67．孙长永：《探索正当程序——比较刑事诉讼法专论》，中国法制出版社 2005 年版。

68．谭兵主编：《外国民事诉讼制度研究》，法律出版社 2003 年版。

69．唐纪翔：《民事诉讼法》，朝阳学院讲义 1932 年版。

70．汪建成：《冲突与平衡——刑事程序理论的新视角》，北京大学出版社 2006 年版。

71．王福华：《民事诉讼基本结构》，中国检察出版社 2002 年版。

72．王锡三：《民事诉讼法研究》，重庆大学出版社 1996 年版。

73．王新环：《公诉权原论》，中国人民公安大学出版社 2006 年版。

74．王亚新：《社会变革中的民事诉讼》，中国法制出版社 2001 年版。

75．王亚新：《对抗与判定：日本民事诉讼的基本结构》，清华大学出版社 2002 年版。

76．王以真主编：《外国刑事诉讼法学》（新编本），北京大学出版社 2004 年版。

77．吴学义：《民事诉讼法要论》，正中书局印行 1942 年版。

78．吴敬琏、江平主编：《洪范评论》（第 11 辑·法治与获致正义），三联书店 2009 年版。

79．夏勇：《人权概念起源——权利的历史哲学》，中国政法大学出版社 2001 年版。

80．夏勇：《走向权利的时代——中国公民权利发展研究》，中国政法大学出版社 2001 年版。

81．肖建华：《民事诉讼当事人研究》，中国政法大学出版社 2002 年版。

82．徐静村主编：《刑事诉讼法学》（修订本），法律出版社 1999 年版。

83．徐静村主编：《刑事诉讼前沿研究》（第二卷），中国检察出版社 2004 年版。

84．徐向东：《自由主义、社会契约与政治辩护》，北京大学出版社 2005 年版。

85．徐昕：《论私力救济》，中国政法大学出版社 2005 年版。

86．徐昕主编：《纠纷解决与社会和谐》，法律出版社 2006 年版。

87．徐忠明：《众声喧哗：明清法律文化的复调叙事》，清华大学出版社 2007 年版。

88．薛刚凌：《行政诉权研究》，华文出版社 1999 年版。

89．杨诚、单民主编：《中外公诉制度》，法律出版社 2000 年版。

90．杨海坤：《宪法基本权利新论》，北京大学出版社 2004 年版。

91．杨建华：《民事诉讼法论文选辑》，五南图书出版公司 1984 年版。

92．杨荣馨主编：《民事诉讼原理》，法律出版社 2003 年版。

93．张明楷：《法益初论》，中国政法大学出版社 2000 年版。

94．张卫平、陈刚：《法国民事诉讼法导论》，中国政法大学出版社 1997 年版。

95．张卫平：《诉讼构架与程式》，清华大学出版社 2000 年版。

96．张卫平：《转换的逻辑——民事诉讼体制转型分析》，法律出版社 2004 年版。

97．张学尧：《中国民事诉讼法论》，中华法学社 1947 年版。

98．周枏：《罗马法原论》，商务印书馆 1994 年版。

99．左卫民等：《诉讼权研究》，法律出版社 2003 年版。

中文论文：

1．包健：《刑事自诉案件视野下的和解制度》，载《法学》2006 年第 4 期。

2．曹鸿澜：《刑事诉讼行为之基础理论——刑事诉讼行为之效力》，载《法学评论》（台湾）1974 年第 6 期。

3．陈卫东：《我国检察权的反思与重建——以公诉权为核心的分析》，载《法学研究》2002 年第 2 期。

4．陈志龙：《跨世纪刑事司法改革的专业认知盲点》，载《法学丛刊》（台湾）2000 年第 1 期。

5．崔自力：《民事诉讼中审判权与诉权的冲突与制衡》，载《河南科技大学学报》（社会科学版）2003 年第 1 期。

6．段明学：《刑事抗诉制度改革研究——以刑事诉权理论为切入点》，载《成都理工大学学报》（社会科学版）2007 年第 1 期。

7．范明辛：《诉与诉权刍议》，载《法学家》1998 年第 4 期。

8．高家伟：《论行政诉权》，载《政法论坛》1998 年第 1 期。

9. 顾伟：《刑事诉权导论》，载《福建公安高等专科学校学报》2005 年第 5 期。

10. 关涛：《诉权私权说刍议》，载《烟台大学学报》（哲学社会科学版）2003 年第 3 期。

11. 贺卫方：《法学：自治与开放》，载《中国社会科学》2000 年第 1 期。

12. 贺海仁：《从私力救济到公力救济——权利救济的现代性话语》，载《法商研究》2004 年第 1 期。

13. 胡水君：《权利与诉讼》，载《开放时代》2001 年第 11 期。

14. 冀祥德：《检察官自主退庭法律后果论——从刑事诉权理论之视角》，载中国法学网 http：//www. iolaw. org. cn/shownews. asp？id＝11213。

15. 江国华：《无诉讼即无法治——论宪法诉讼乃法治之精义》，载《法学论坛》2002 年第 4 期。

16. 江国华：《无诉讼即无宪政》，载《法律科学》2002 年第 1 期。

17. 蒋秋明：《诉权的法治意义》，载《学海》2003 年第 5 期。

18. 李丽峰：《诉权是一项程序性权利：诉权性质新探》，载《辽宁大学学报》（哲社版）1999 年第 3 期。

19. 李祥琴：《论诉权保护》，载《中国法学》1991 年第 2 期。

20. 刘家兴：《有关诉和诉权的几个问题》，载《政治与法律》1985 年第 6 期。

21. 刘晴辉：《诉权约定的效力与公民诉讼权的保护》，载《社会科学研究》2002 年第 5 期。

22. 刘少军、蒋鹏飞：《刑事诉讼中司法权力与诉讼权利关系探析》，载《杭州商学院学报》2003 年第 6 期。

23. 刘学在：《略论民事诉讼中的诉讼系属》，载《法学评论》2002 年第 6 期。

24. 龙宗智：《刑事公诉权与条件说》，载《人民检察》1999 年第 3 期。

25. 毛玮：《论诉和诉权》，载《中央政法管理干部学院学报》1998 年第 1 期。

26. 莫纪宏、张毓华：《诉权是现代法治社会第一制度性权利》，载《法学杂志》2002 年第 4 期。

27. 莫纪宏：《论人权的司法救济》，载《法商研究》2000 年第 5 期。

28. 沈德咏、江显和：《公诉转自诉程序之检讨》，载《人民司法》2005

年第 5 期。

29. 苏力：《司法制度的合成理论》，载《清华法学》2007 年第 1 期。

30. 孙宁华：《诉权理论对刑事司法改革的启示》，载《西南师范大学学报》2004 年第 5 期。

31. 汪建成、祁建建：《论诉权理论在刑事诉讼中的导入》，载《中国法学》2002 年第 6 期。

32. 汪建成、俞嘉颖：《通过正当程序平衡审判权与诉权的紧张关系》，载《中国律师》2001 年第 1 期。

33. 王国征：《诉权和诉讼权利的区别》，载《法学杂志》1992 年第 2 期。

34. 王红岩、严建军：《广义诉权初探》，载《政法论坛》1994 年第 5 期。

35. 吴宏耀：《刑事自诉制度研究》，载《政法论坛》2000 年第 3 期。

36. 吴卫军：《我国刑事自诉制度的反思与重构》，载《河北大学学报》2004 年第 4 期。

37. 吴英姿：《诉权理论重构》，载《南京大学法律评论》2001 年春季卷。

38. 熊秋红：《论刑事司法中的自诉权》，载《环球法律评论》2003 年第 4 期。

39. 徐静、任瑞兴：《论诉权的宪法保障》，载《郑州航空工业管理学院学报》（社会科学版）2003 年第 2 期。

40. 徐静村、谢佑平：《刑事诉讼中的诉权初探》，载《现代法学》1992 年第 1 期。

41. 姚莉：《关于两类自诉案件若干问题的研究》，载《中国法学》1999 年第 2 期。

42. 尹丽华：《略论刑事自诉主体及其处分权》，载《法学评论》2000 年第 5 期。

43. 尹西明：《诉和诉权若干理论的批判》，载《河北法学》1999 年第 6 期。

44. 张家慧：《诉权意义的回复——诉讼法与实体法关系的理论基点》，载《法学评论》2000 年第 2 期。

45. 张卫平：《法国民事诉讼中的诉权制度及其理论》，载《法学评论》1997 年第 4 期。

46．张智辉：《论公诉权的法治意义——兼论检察权的性质》，载《人民检察》2003 年第 8 期。

47．周永坤：《诉权法理研究论纲》，载《中国法学》2004 年第 5 期。

48．朱孝清：《中国检察制度的几个问题》，载《中国法学》2007 年第 2 期。

中文译著：

1．［奥］凯尔森：《法与国家的一般理论》，沈宗灵译，中国大百科全书出版社 1996 年版。

2．［澳］菲利普·佩迪特：《共和主义：一种关于自由与政府的理论》，江苏人民出版社 2006 年版。

3．［德］K. 茨威格特、H. 克茨：《比较法总论》，潘汉典等译，法律出版社 2003 年版。

4．［德］奥斯瓦尔德·斯宾格勒：《西方的没落》，齐世荣等译，商务印书馆 1963 年版。

5．［德］弗里德里希·卡尔·冯·萨维尼：《论立法与法学的当代使命》，许章润译，中国法制出版社 2001 年版。

6．［德］贡塔·托依布纳：《法律：一个自创生系统》，张骐译，北京大学出版社 2004 年版。

7．［德］哈贝马斯：《在事实与规范之间：关于法律和民主法治国的商谈理论》，童世骏译，三联书店 2003 年版。

8．［德］黑格尔：《法哲学原理》，范扬、张企泰译，商务印书馆 1961 年版。

9．［德］卡尔·吉恩施：《法律思维导论》，郑永流译，法律出版社 2004 年版。

10．［德］卡尔·拉伦茨：《法学方法论》，陈爱娥译，商务印书馆 2005 年版。

11．［德］康德：《法的形而上学原理——权利的科学》，沈叔平译，商务印书馆 1991 年版。

12．［德］考夫曼：《法律哲学》，刘幸义等译，法律出版社 2004 年版。

13．［德］克劳思·罗科信：《刑事诉讼法》，吴丽琪译，法律出版社 2003 年版。

14．［德］拉德布鲁赫：《法学导论》，米健、朱林译，中国大百科全书出版社 1997 年版。

15. ［德］李斯特著，施密特修订：《德国刑法教科书》，徐久生译，法律出版社 2006 年版。

16. ［德］马克思、恩格斯：《马克思恩格斯选集》（第一卷），人民出版社 1995 年版。

17. ［德］马克思·韦柏：《经济与社会》，林荣远译，商务印书馆 1998 年版。

18. ［德］韦伯：《法律社会学》，康乐、简惠美译，广西师范大学出版社 2005 年版。

19. ［法］埃米尔·涂尔干：《社会分工论》，渠东译，三联书店 2004 年版。

20. ［法］卡斯东·斯特法尼等：《法国刑事诉讼法精义》，罗结珍译，中国政法大学出版社 1998 年版。

21. ［法］莱翁·狄骥：《宪法论》（第一卷 法律规则和国家问题），钱克新译，商务印书馆 1959 年版。

22. ［法］卢梭：《论人与人之间不平等的起因和基础》，李平沤译，商务印书馆 2007 年版。

23. ［法］罗伯斯庇尔：《革命法制和审判》，赵涵舆译，商务印书馆 1965 年版。

24. ［法］孟德斯鸠：《论法的精神》，张雁深译，商务印书馆 1961 年版。

25. ［法］米歇尔·福柯：《规则与惩罚》，刘北成、杨远婴译，三联书店 2004 年版。

26. ［法］皮埃尔·勒鲁：《论平等》，王允道译，商务印书馆 1988 年版。

27. ［法］让·文森、塞尔日·金沙尔：《法国民事诉讼法要义》，罗结珍译，中国法制出版社 2005 年版。

28. ［法］托克维尔：《论美国的民主》，董果良译，商务印书馆 1991 年版。

29. ［古罗马］查士丁尼：《法学总论》，张企泰译，商务印书馆 1989 年版。

30. ［古罗马］盖尤斯：《法学阶梯》，黄风译，中国政法大学出版社 1996 年版。

31．［古罗马］优士丁尼：《法学阶梯》，徐国栋译，中国政法大学出版社1999年版。

32．［美］E.博登海默：《法理学——法律哲学与法律方法》，邓正来译，中国政法大学出版社1999年版。

33．［美］H. W.埃尔曼：《比较法律文化》，贺卫方、高鸿钧译，清华大学出版社2002年版。

34．［美］爱伦·豪切斯泰勒·斯黛丽、南希·弗兰克：《美国刑事法院诉讼程序》，陈卫东、徐美君译，中国人民大学出版社2002年版。

35．［美］安东尼·奥罗姆：《政治社会学导论》，张华青、何俊志、孙嘉明等译，上海人民出版社2006年版。

36．［美］昂格尔：《现代社会中的法律》，吴玉章、周汉华译，中国政法大学出版社1994年版。

37．［美］本杰明·卡多佐：《司法过程的性质》，苏力译，商务印书馆1998年版。

38．［美］博西格诺等：《法律之门》（第八版），邓子滨译，华夏出版社2007年版。

39．［美］布莱克：《法律的运作行为》，唐越、苏力译，中国政法大学出版社1994年版。

40．［美］戴维·波普诺：《社会学》（第十版），李强等译，中国人民大学出版社1999年版。

41．［美］德沃金：《法律帝国》，李常青译，中国大百科全书出版社1996年版。

42．［美］戈尔丁：《法律哲学》，齐海滨译，三联书店1987年版。

43．［美］科塞：《社会冲突的功能》，孙立平译，华夏出版社1989年版。

44．［美］克里斯托弗·沃尔夫：《司法能动主义》，黄金荣译，中国政法大学出版社2004年版。

45．［美］劳伦斯.M.弗里德曼：《法律制度》，李琼英、林欣译，中国政法大学出版社1994年版。

46．［美］理查德·A.波斯纳：《超越法律》，苏力译，中国政法大学出版社2001年版。

47．［美］理查德·A.波斯纳：《法理学问题》，苏力译，中国政法大学出版社2002年版。

48．［美］列奥·施特劳斯：《自然权利与历史》，彭刚译，三联书店

2003 年版。

49. ［美］罗·庞德：《通过法律的社会控制法律的任务》，沈宗灵、董世忠译，商务印书馆 1984 年版。

50. ［美］罗伯托·曼戈贝拉·昂格尔：《法律分析应当为何?》，李诚予译，中国政法大学出版社 2007 年版。

51. ［美］罗斯科·庞德：《法理学》（第一卷），邓正来译，中国政法大学出版社 2004 年版。

52. ［美］罗斯科·庞德：《法理学》（第二卷），邓正来译，中国政法大学出版社 2007 年版。

53. ［美］罗斯科·庞德：《法理学》（第三卷），廖德宇译，法律出版社 2007 年版。

54. ［美］迈克尔·D. 贝勒斯：《法律的原则——一个规范的分析》，张文显、宋金娜、朱卫国、黄文艺译，中国大百科全书出版社 1996 年版。

55. ［美］米尔伊安·R. 达玛什卡：《司法和国家权力的多种面孔——比较法视野中的法律程序》，郑戈译，中国政法大学出版社 2004 年版。

56. ［美］乔纳森·H. 特纳：《社会学理论的结构》，邱泽奇、张茂元等译，华夏出版社 2006 年版。

57. ［美］孙隆基：《中国文化的深层结构》，广西师范大学出版社 2004 年版。

58. ［美］伊恩·罗伯逊：《社会学》，黄育馥译，商务印书馆 1990 年版。

59. ［美］约翰·亨利·梅利曼：《大陆法系》，顾培东、禄正平译，法律出版社 2004 年版。

60. ［美］约翰·罗尔斯：《正义论》，何怀宏、何包钢、廖申白译，中国社会科学出版社 1988 年版。

61. ［日］阿部照哉等：《宪法》，周宗宪译，中国政法大学出版社 2006 年版。

62. ［日］川岛武宜：《现代化与法》，王志安等译，中国政法大学出版社 1994 年版。

63. ［日］高桥宏志：《民事诉讼法制度与理论的深层分析》，林剑锋译，法律出版社 2003 年版。

64. ［日］宫泽俊义著，芦部信喜补订：《日本国宪法精解》，董璠舆译，中国民主法制出版社 1990 年版。

65. ［日］谷口安平：《程序的正义与诉讼》（增补本），王亚新、刘荣军译，中国政法大学出版社 2002 年版。

66.［日］棚濑孝雄：《纠纷的解决与审判制度》，王亚新译，中国政法大学出版社 1994 年版。

67.［日］千叶正士：《法律多元：从日本法律文化迈向一般理论》，强世功等译，中国政法大学 1997 年版。

68.［日］松尾浩也：《刑事诉讼法》，中国人民大学出版社 2005 年版。

69.［日］田口守一：《刑事诉讼法》，刘迪、张凌、穆津译，法律出版社 2000 年版。

70.［日］田中英夫、竹内昭夫：《私人在法实现中的作用》，李薇译，法律出版社 2006 年版。

71.［日］小岛武司等：《司法制度的历史与未来》，汪祖兴译，法律出版社 2000 年版。

72.［日］曾根威彦：《刑法学基础》，黎宏译，法律出版社 2005 年版。

73.［斯洛文尼亚］卜思天·M. 儒攀基奇：《刑法——刑罚理念批判》，何慧新等译，中国政法大学出版社 2002 年版。

74.［苏］A. A. 多勃洛沃里斯基：《苏维埃民事诉讼》，李衍译，法律出版社 1985 年版。

75.［苏］M. A. 顾尔维奇：《诉权》，康宝田、沈其昌译，中国人民大学出版社 1958 年版。

76.［意］贝卡利亚：《论犯罪与刑罚》，黄风译，中国大百科全书出版社 1993 年版。

77.［意］彼德罗·彭梵得：《罗马法教科书》，黄风译，中国政法大学出版社 1992 年版。

78.［意］莫诺·卡佩莱蒂：《比较法视野中的司法程序》，徐昕、王奕译，清华大学出版社 2005 年版。

79.［意］莫诺·卡佩莱蒂编：《福利国家与接近正义》，刘俊祥等译，法律出版社 2000 年版。

80.［意］莫诺·卡佩莱蒂等：《当事人基本程序保障权与未来的民事诉讼》，徐昕译，法律出版社 2000 年版。

81.［意］朱塞佩·格罗索：《罗马法》，黄风译，中国政法大学出版社 1994 年版。

82.［意］朱塞佩·格罗索：《罗马法史》，黄风译，中国政法大学出版社 1994 年版。

83.［英］A. J. M. 米尔恩:《人的权利与人的多样性——人权哲学》,夏勇、张志铭译,中国大百科全书出版社 1995 年版。

84.［英］安东尼·吉登斯:《社会学》,赵旭等译,北京大学出版社 2003 年版。

85.［英］彼得·斯坦、约翰·香德:《西方社会的法律价值》,王献平译,中国法制出版社 2004 年版。

86.［英］戴维·米勒:《社会正义原则》,应奇译,江苏人民出版社 2001 年版。

87.［英］戴雪:《英宪精义》,雷宾南译,中国法制出版社 2001 年版。

88.［英］丹宁勋爵:《法律的正当程序》,李克强、杨百揆、刘庸安译,法律出版社 1999 年版。

89.［英］弗里德利希·冯·哈耶克:《自由秩序原理》,邓正来译,三联书店 2003 年版。

90.［英］昆廷·斯金纳、［瑞典］博·斯特拉思主编:《国家与公民——历史·理论·展望》,彭利平译,华东师范大学出版社 2005 年版。

91.［英］罗伯特·巴特莱特:《中世纪神判》,徐昕、喻中胜、徐昀译,浙江人民出版社 2007 年版。

92.［英］罗杰·科特威尔:《法律社会学导论》,潘大松等译,华夏出版社 1989 年版。

93.［英］洛克:《政府论》,瞿菊农、叶启芳译,商务印书馆 1982 年版。

94.［英］迈克尔·莱斯诺夫等:《社会契约论》,刘训利等译,江苏人民出版社 2005 年版。

95.［英］麦考密克、［奥地利］魏因贝格尔:《制度法论》,周叶谦译,中国政法大学出版社 1994 年版。

96.［英］梅因:《古代法》,沈景一译,商务印书馆 1959 年版。

97.［英］约翰·斯普莱克:《英国刑事诉讼程序》,徐美君、杨立涛译,中国人民大学出版社 2006 年版。

98.［英］约翰·密尔:《论自由》,许宝骙译,商务印书馆 1959 年版。

学位论文:

1. 李军海:《刑事诉权研究》,山东大学 2006 届硕士论文。

2. 任瑞兴:《诉权的法理分析》,吉林大学 2007 届博士论文。

3. 王长鋆:《刑事诉权研究》,中国政法大学 2006 届硕士论文

4. 温克志:《刑事诉权初步》,中国政法大学 2006 届硕士论文。

5. 相庆梅:《民事诉权论》,中国政法大学 2006 届博士论文。

6. 张晓薇:《民事诉权滥用规制论》,四川大学 2005 届博士论文。

法典类:

1. 卞建林译:《美国联邦刑事诉讼规则和证据规则》,中国政法大学出版社 1996 年版。

2. 黄道秀译:《俄罗斯联邦刑事诉讼法典》(新版),中国人民公安大学出版社 2006 年版。

3. 黄风译:《意大利刑事诉讼法典》,中国政法大学出版社 1994 年版。

4. 李昌珂译:《德国刑事诉讼法典》,中国政法大学出版社 1995 年版。

5. 罗结珍译:《法国刑事诉讼法典》,中国政法大学出版社 2006 年版。

6. 宋英辉译:《日本刑事诉讼法》,中国政法大学出版社 2000 年版。

7. 中国政法大学刑事法律研究中心编译:《英国刑事诉讼法选编》,中国政法大学出版社 2001 年版。

外文文献:

1. Akhil Reed Amar, The Constitution and Criminal Procedure: First Principle, Yale University Press, 1997.

2. Bruce, ASC Criminal Procedure: Trial on Indictment Butterworth Asia, 1998.

3. Deborah Rhode, Access to Justice, Oxford University Press, 2004.

4. Gehm, John R. Victim – Offender Mediation Programs: An Exploration of Practice and Theoretical Frameworks. Western Criminology Review, 1998.1 (1).

5. Grays. Becker, Crime and Punishment: An Economic Approach, J, Pol, Ecom, 1968.

6. Jerold H. Israel, Yale Kamisar, Wayne R. LaFave, Criminal Procedure and the Constitution, West Publishing Co. 1997.

7. John Hatchard, Comparative Criminal Procedure, British Institute of International and Comparative Law, 1996.

8. John Langbein, The Orighins of Adversary Criminal Trial, Oxford University Press, 2002.

9. Joshua Dressler, Understanding Criminal Procedure, Lexis Nexis, 2002.

10. Michele Taruffo, Abuse of Procedural Rights: A Comparative Standards of Procedural Fairness, Kluwer Law International ,1998.

11. W. S. Holdsworth, A History of English Law, Vol. 1, London 1956.

12. Wright M, Justice for Victims and Offenders. Winchester Waterside Press, 1996.

后　记

英国哲学家罗素曾经有这么一段至理名言："最终证明是正确的和重要的理论，最初是由于它们的发现者有一些不切实际的、荒谬的考虑而想出来的。由于最初人们不可能知道一个新的学说是否正确，因此，在提出新真理的自由中必然包含着相等的犯错误的自由。"本书将诉权理论导入刑事诉讼研究之中，将刑事诉权理论作为刑事诉讼的具体制度分析的一种新理路，总体看来也只能说是一种尝试与探索。在本书杀青之时，我却忐忑不安，非常担心这种尝试在各位看官看来显得荒谬，不知道自己的想法是否能真正自圆其说。在写作的过程中我也是真正尝尽了甘苦，当然也抱了相当的期望，希望近两年来的心血不会辱没了这一个好题目。同时我十分清醒，自己仅仅在学步，文中的谬误和缺漏自是难免，由于本人学识与能力有限，因此，有笔力不逮之处，敬请大家批评指正。

本书是在我博士论文的基础上修改而成。其中，在修改时，并未在主体结构上大动手术，在听取答辩委员会各位老师意见的基础上增补了一些重要内容与篇幅，出版前根据一些在博士论文后新出的司法解释进行了修正和补充。博士毕业已两年有半，本书早应面世，但在这两年多的时间里，一方面由于刚参加工作，教学任务繁重，杂事繁多，为生计所奔波，无法静心修改，另一方面自己散漫的性格也使本书的出版一拖再拖，实在觉得惭愧。

作为一部主要内容完成于人大三年博士在读期间的成果，理所应当首先对在三年的求学期间得到的无私帮助表示感谢。

首先，我要深深地感谢我的导师程荣斌教授。程先生宽阔的胸怀、慈祥的音容、与世无争的生活态度以及开明的风范，都给我留下了深刻的印象。在博士论文完成时，程先生对论文进行了全面、细致的审阅和修改，不仅提出了重要的修改意见，而且逐字逐句地修改，甚至连标点符号都一一推敲，令我感动不已。本书的出版筹备经过了很长一段时间，程先生的序言也早已准备，但迟迟未见本书的出版。此时此刻，在即将交付出版之即，程先生却不觉间已卧于病榻半年多。程先生虽无法再帮学生把最后一关，但每次看望程先生，他却总是惦念本书的出版，虽吐词不够清晰，但仍能感受他老人家的一片殷切之情。师母杨崇英女士一直将我当成自己的孩子对待，在求学期间和工作后均给予了我极其周到的关怀，令我感到十分温馨。这半年多的时间，师母每天奔波于医院和家之间，不觉间苍老了许多。祝愿程先生早日康复，二老健康长寿。

其次，我要诚挚地感谢教研室的陈卫东教授。陈卫东教授虽然不是我的导师，但却事实上将我视作自己的学生，提供了许多调研与科研项目的参与机会，给予我这个晚辈许多指导。王新清教授、甄贞教授作为导师组的成员在开题时给予了我许多中肯的指导和点拨，在此深表谢意。感谢答辩时卞建林教授、顾永忠教授、汪建成教授的指导和批评。求学期间刘计划副教授、李奋飞副教授作为师兄，在三年的学习和生活中也给予我颇多关心，一并致谢。

此外，还应当感谢我的硕士导师樊学勇教授。尽管早已毕业，但樊学勇教授与师母一直十分关注我的学习和生活。感谢崔敏教授，虽然已毕业三年，但每次遇到崔老师，总不忘他给予我的许多教诲与鞭策，他孜孜以求的学术精神、一丝不苟的学术作风深深感染和教育着我。

本书虽是我自己操笔完成，但其中的思想实际上是在和与同学们一起读书、学习和思考的过程中形成的，谨此对三年来给予我关心和帮助的师兄程雷博士、胡铭博士等，以及同学李伟博士、王静博士、吴文志博士等致以诚挚的谢意，他们或者为我提供域外文献，或者与我一同探讨问题，帮助我理清了思路。另外，还需要感谢现工作单位的毕颖副院长、南玉霞主任，是她们为我提供了一个自由的空间和无微不至的关怀。

同时，我还应当感谢我父母，他们养育了我，开明的教育给了我一生最大的财富，他们的关爱与期待一直是我奋斗与努力的源泉。感谢我的妻子刘杨博士在博士就读的三年期间与我同甘共苦，工作后始终如一地给予我的理解与支持。感谢我的岳父母多年以来的支持与关爱。

本书得以荣幸入选"诉讼法学文库"并顺利出版，得益于中国政法大学樊崇义教授的关怀与帮助，这样的提携之情让我由衷感激。

陶　杨
2010 年 12 月 30 日于 北京

诉讼法学文库书目

诉讼法学文库 2006

1　刑事正当程序原理
2　自白制度研究
3　警察作证制度研究
4　司法公正的理念与制度研究
5　人本精神与刑事程序
6　刑事诉讼平衡论
7　刑事诉讼关系的社会学分析
8　刑事证明责任分配研究
9　刑事司法权力的配置与运行研究
10　行政诉讼原告论

诉讼法学文库 2007

1　刑事诉讼交叉询问之研究
2　检警关系论
3　鉴定结论论
4　检察职能研究
5　美国死刑程序研究
6　行政诉讼问题研究与制度改革
7　刑事司法民主论
8　被追诉人的宪法权利
9　刑事裁判权研究

诉讼法学文库 2008

1　论证据与事实
2　法院调解制度研究
3　弱势群体的法律救助
4　刑事赔偿制度研究
5　秘密侦查比较研究
6　非法证据排除规则：话语解魅与
　　制度构筑
7　民事当事人证明权保障
8　现代社会中的诉讼功能
9　诉讼认识、证明与真实
10　中国刑事审前程序制度构建

诉讼法学文库 2009

1　检察官证明责任研究
2　刑事诉讼生态化研究
3　对质权制度研究
4　无效刑事诉讼行为研究
5　刑事诉讼中的财产权保障
6　论对抗式刑事审判
7　案件事实认定方法
8　中国区际刑事司法协助研究